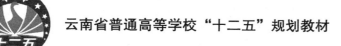

云南省普通高等学校"十二五"规划教材

ZEYEXUE

择业学

赵光辉　编著

知识产权出版社
全国百佳图书出版单位

图书在版编目（CIP）数据

择业学 / 赵光辉编著. —北京：知识产权出版社，2015.6

ISBN 978-7-5130-3441-8

Ⅰ.①择… Ⅱ.①赵… Ⅲ.①大学生—职业选择 Ⅳ.①G647.38

中国版本图书馆 CIP 数据核字（2015）第 070848 号

内容简介

人生有三个选择不可错：第一，男怕选错行，选对行；第二，女怕嫁错郎，选对人；第三，一方水土养一方人，选对地。本书告诉刚刚毕业大学生，踏入社会第一步，如何实现学业与职业成功转换？主要内容包括：择业问题的分析、批判和反思；择业的理论、思想与成功案例；择业的核心影响因素；择业的方法与技巧；择业的社会环境与法律武器；择业的背景与重要人脉。这是一本帮助读者借助管理学原理来思考问题的手册，譬如"数一数二战略：人生定位时不要离开任何一个国家的前两个最大城市"到底对不对？真的是"哪里有挑战，哪里就有机会"吗？它将告诉你答案。全书可以用一句话概括：生命源自父母，出身不可选择；择业决定发展，命运能够掌控！

责任编辑：兰　涛　　　　　　　　　责任校对：孙婷婷

封面设计：春天书装　　　　　　　　责任出版：卢运霞

择业学

赵光辉　编著

出版发行：知识产权出版社有限责任公司		网　　址：http://www.ipph.cn	
社　　址：北京市海淀区马甸南村 1 号		邮　　编：100088	
责编电话：010-82000860 转 8325		责编邮箱：lantao@cnipr.com	
发行电话：010-82000860 转 8101/8102		发行传真：010-82000893/82005070/82000270	
印　　刷：北京中献拓方科技发展有限公司		经　　销：各大网络书店、新华书店及相关销售网点	
开　　本：787mm×1092mm　1/16		印　　张：18.25	
版　　次：2015 年 6 月第 1 版		印　　次：2015 年 6 月第 1 次印刷	
字　　数：358 千字		定　　价：48.00 元	

ISBN 978-7-5130-3441-8

王永庆（台塑集团创办人）给儿女的一封信

子女们：

财富虽然是每个人都喜欢的事物，但它并非与生俱来，同时也不是任何人可以随身带走。人经由各自努力程度之不同，在其一生当中固然可能累积或多或少之财富，然而当生命终结，辞别人世之时，这些财富将再全数归还社会，无人可以例外。因此如果我们透视财富的本质，它终究只是上天托付作妥善管理和支配之用，没有人可以真正拥有。面对财富问题，我希望你们每一个人都能正确予以认知，并且在这样的认知基础上营造充实的人生。

我本出身于贫困家庭，历经努力耕耘，能够有所成就。在一生奋斗过程中，我日益坚定地相信，人生最大的意义和价值所在，乃是借由一己力量的发挥，能够对于社会作出实质贡献，为人群创造更为美好的发展前景，同时唯有建立这样的观念和人生目标，才能在漫长一生当中持续不断自我期许勉励，永不懈怠，并且凭以缔造若干贡献与成就，而不虚此生。

基于这样的深刻体会，我希望所有子女都能够充分理解生命的真义所在，并且出自内心的认同和支持，将我个人财富留给社会大众，使之继续发挥促进社会进步，增进人群福祉之功能，并使一生创办之企业能达到永续之经营，长远造福员工与社会。与此同时，我也殷切期盼所有子女，在择业与日常生活中，不忘以服务奉献社会、造福人群为宗旨，而非只以私利作为追求目标，如此才能建立广阔和宏伟的见识及胸襟，充分发挥智慧力量，而不负于生命之意义。

目　录

ZE YE XUE

择业需要训练

1932 年，在美国经济大萧条的时候，一个年轻人刚刚大学毕业，获得了社会科学的学士学位。对于自己未来的生活，他没有任何的想法，也没有进行任何的努力。他的理由总结起来只有一条——现在是一个失业的时代。他只是等待，希望有一天会好运临头。同时，为了生存，他不得不在一家游泳池干起了救生员。

一个经常来游泳的老人很喜欢和这个年轻人聊天。久而久之，他们成了忘年交，年轻人把自己的心里话讲给老人，老人很喜欢用自己的人生经验启发年轻人。有一天，老人的一句话触动了年轻人："你究竟能做什么？你最想做什么？"年轻人开始检讨自己，随后便确定了自己的人生理想——成为一名电台播音员。

在老人的鼓励下，这个年轻人制订了一个详细的目标行动计划。他按照这份计划走遍了美国的伊利诺伊州和爱荷华州，同时也一步一步地提升自己的能力。无数的拒绝和痛苦都没能动摇他实现这个计划的决心，终于，他在爱荷华州的达文特市成为 WKOC 公司的一名体育播音员。

"我终于有了职业了！这太美好了！"后来，这个年轻人坦率地说："这段心路历程，最有意义的是让我懂得了如何为自己的人生制订行动计划，并始终坚持自己的目标！"这个年轻人就是前美国总统——里根。

每个人都有好多的想法，好多的梦想，好多的打算。可是你的梦想还闲置于树枝上面，没有飞得更高，何也？原因是你没有找到高人相助，没有找对教练！甚至根本就没有教练。

大学生择业，就是要自己做自己的教练！

一英里赛跑，当第一个职业运动员跑过 4 分钟后，全世界几乎所有运动专家、生理学家都断言：4 分钟跑一英里是人类极限，不可能有人突破。之后的 50 年里没有人超越这个极限。但是，一个名不见经传的教练，用并不复杂的方法，帮一位业余运动员率先突破了这个极限。他把一英里分成 8 等份，根据选手体能，计算出通过每等份应该用的时间。然后在每个等份处都有一个教练掐秒，并报告给运动员："太快了，悠着点儿！"或"慢了，该加油冲了！"值得深思的是，这个最早突破"极限"的人竟然是个医学院的学生！从这个故事中，我们看到了教练的重要性。

现在的用人单位比以往任何时候都更需要从员工身上获得持续的出色表现。企业的人力资源择业，就是一个企业或组织在人力资源供给和需求环境变化的情况下，科学预测、及时制定合理的政策和措施，以确保企业随时可获得各种必需人才（包括数量和质量两个方面），从而使组织和个体长期获益。我们大学生的择业就是，在高度变化的社会环境中，科学地预测、规划自己一生的职业，要把自己的一生划分为一个一个的阶段，然后逐个阶段地执行和超越，这样才能发现自己最擅长的岗位，并在这个岗位上随时拿出看家本领，自由愉快地走完自己的人生历程。

大学生择业，原本是人力资源开发与管理这个体系中的一个分支。过去很长一段时间，人力资源开发与管理的重心是人事管理，偏重于人力资源的配置、选、培、管、用，针对的主要是既有的人才。但那些尚未成才，特别是经过长时间专业教育培养而准备走上国家经济与社会建设第一线的大学生，还未成为人力资源开发与管理的重心。大学生应该如何择业，除了影响其个体的发展，也会全方位触及产业结构、经济结构、社会结构的深层次调整，因此是亟待解决的重大课题。

第一个问题　择业是一种思想：思想的光芒能够指引人生的发展

如果你不知道方向在哪里，你就永远达不到目标。择业，无非就是从人生的终点来看起点，用明天的视角看今天，揭开人生的悬念看人生的过程。"人生的尽头非得是灰暗的吗？它能否成为最美好的时光呢？"这句话是一位叫尤金·奥凯利的美国人说的。尤金出生并成长于纽约市，1972 年进入毕马威（KPMG，全美最大的会计师事务所之一），担任助理会计师，经过 30 多年的努力，于 2002年 4 月成为公司的首席执行官。这个时候他正处于人生和事业的巅峰，事业蒸蒸日上，生活美满，他也在脑中企划更好的未来：准备下一次商务旅行，永续公司的长青基业；安排和妻子在一起的周末活动；参加女儿初二的开学仪式。然而，仿佛晴天霹雳，2005 年 5 月，奥凯利被诊断为脑癌晚期，最多还能活上 3 到 6 个月。命运就是这般无常。在反思过往人生的日子里，他写成了一部《追逐日光》。此书饱含深情，记录了他自己在重病之后对生命不断深入的理解，其中包括他与病魔抗争的点点滴滴，以及他对生与死、爱与成功、精神与人生价值的不断追思。

同年9月10日，奥凯利去世。他的临终感悟对所有准备进入职业生涯的人乃如当头棒喝：人生不可以重来，不可以跳过，我们只能选择以一种最有意义的方式度过——活在当下，追逐日光！

我一直对这样一个问题感到好奇，甚至感到有些不可思议："如果怎样走完最后一段人生路，是我们所能作出最重要的决定之一（当然，需要再次强调，前提是在我们可以掌控的范围之内，也能大致推断出生命最后一天何时到来），那为什么很多人却不重视作出决定背后的责任呢？"倘若如此，不仅对他们自己没有好处，也无法给留在世上的亲友带来福音。要是有人想等到哪天空闲了，再来考虑最后几周或是几个月的安排，我的忠告是"宜早不宜迟"。如果你现在是50岁，准备55岁再考虑这一问题，我建议你"宜早不宜迟"。如果你现在才30岁，打算过20年再考虑这一问题，我还是建议你"宜早不宜迟"。身患绝症、时日不多的人感到有必要调整自己的日程安排，使之变得更有效率，而一个身体健康的人则不会有这样的紧迫性，觉得哪怕往后推延一分钟都是好的，可是等他们明白过来后，可能已经太晚了。到时候就很不利了，可能还会成为魔魇，所以"宜早不宜迟"。我的一位好友获邀参加了一次名为"重生周末"的沙龙，参加者是一些政要、艺术家、学者、商界大贾、诺贝尔奖获得者和其他社会名流。这位朋友告诉我说，那个周末，每个到场嘉宾都要对现场的每个人发表一个简短的演讲，限时三分钟。演讲者还要假定自己的演讲一结束，生命也就宣告结束。我朋友说这些演讲无一例外都非常精彩，而且让人印象深刻的是，这些演讲的内容都有些出人意料。所有受邀的演讲者都绞尽脑汁地想要"最后"告诉世人心底最重要的话，而你根本想不到一个参议员、世界闻名的物理学家或是一个公司首席财务官会发表出什么高论。一句话："宜早不宜迟。"

在生命结束时能够对自己说些什么呢？我们从小就耳熟能详的《钢铁是怎样炼成的》有这样一段至理名言："人的一生是应该这样度过的，当他回首往事的时候，不因虚度年华而悔恨，也不因碌碌无为而羞耻。"这其实就是一种人生的方法，一种思维模式，可视为择业时的基本导语。《与成功有约》（*Seven Habits of Highly Successful People*）这本全球畅销书自出版以来，各种译本已经销售一千万册以上。在柯维（Stephen R.Covey）博士的成功七要素，有一项是结果决定法（Begin with the end in mind），即"以终为始"。每一个人可以自问，在自己的葬礼上希望朋友和亲人如何描述自己。"他是个重视家庭的人""他是个成功的企业家""他是个诚实的人""他是个好的学者"……先预设一个什么样子，再按照那样来实现。希望有哪一种结果，就以那种结果为最高指导原则；生命中的重要决策，都依据这最高指导原则来取舍。

为什么登月太空人巴兹在完成任务后不久即精神崩溃？为什么某些精英人物在退休后过早辞世？还有，为什么很多人成功后反而感到失落？柯维认为，原因并不复杂，许多人在埋头苦干时尚未思考人生的终极目标，他们只是为忙而忙，未曾探明自己心灵深处的所欲所求，也不曾在万籁俱寂时审视过自己的人生信条。

中国书法艺术的精神讲求"意在笔先""胸有成竹"，生活也是一门艺术，同样讲求意在笔先，讲求胸有成竹。艺术的表现形式并不是画到哪儿是哪儿，而是在艺术作品形成之前，先有一个预测、一个构思，而这些，却恰恰被我们的大学生所忽视。

世界有名的日本企业——松下集团，它的择业做了五百年！五百年的择业，反映出的是一种精神，一种深谋远虑的精神。日本民族这种注重长远的精神，值得我们学习。

另外一家日本企业，叫索尼公司。1956 年 2 月，公司副总裁盛田昭夫又踏上美利坚的土地。这是他第 100 次横跨太平洋，寻找产品的销路。纽约的初春，寒风刺骨，蒙蒙细雨夹着朵朵雪花，大街上的行人十分稀少。身材矮小的盛田昭夫带着小型的晶体管收音机，顶着凛冽的寒风，穿街走巷，登门拜访那些可能与索尼公司合作的零售商。然而，当那些零售商们见到这小小的收音机时，既感到十分有趣，又感到迷惘不解。他们说："你们为什么要生产这种小玩意儿？我们美国人的住房特点是房子大、房间多，他们需要的是造型美、音响好，可以做房间摆设的大收音机。这小玩意儿恐怕不会有多少人想要的。"盛田昭夫并不因此气馁，他坚信这种耗费了无数心血而研究制成的小型晶体管收音机，一定会让美国人所接受。果然，凭借其小巧玲珑、携带方便、选台自由、不扰他人等优势，这种"小宝贝"很快就被美国人接受了，销路也迅速打开。有一家叫宝路华的公司表示乐意经销，一下子就订了 10 万台，但附有一个条件，就是把索尼更换为宝路华牌子。盛田昭夫拒绝了这桩大生意，他认为决不能埋没索尼的牌子。宝路华的经理对此大感不解："没有听过你们的名字，而我们公司是 50 年的著名牌号，为什么不借用我们的优势？"盛田昭夫自信地告诉他："50 年前，你们的名字和今天的我们一样名不见经传。我向你保证，50 年后我的公司一定会像你们公司今天一样著名！"不久，盛田昭夫遇上了另一位经销商，这个拥有 151 个连锁商店的买主说，他非常喜欢这个晶体管收音机，他让盛田昭夫给他一份数量从 5 千、1 万、3 万、5 万到 10 万台收音机的报价单。这是一桩多么诱人的买卖啊！盛田昭夫不由得心花怒放，他告诉对方，请允许给一天的时间考虑。回到旅馆后，盛田昭夫刚才的兴奋逐渐被谨慎的思考取代了，他开始感到事情并非这么简单。一般说来，订单数额越大当然就越有钱可赚，所以价格就要依次下降。可是眼前索尼公司的月生产能力只有 1000 台，靠现有的老设备来完成 10 万台的订单，简直难于上青天！公司必须立即新建厂房，扩充设备，雇佣和培训更多的工人，这同时意味着要进行大量的投资，而这应该是一笔危险的赌注。因为万一来年得不到同样数额的订货，新进的设备就会闲置，大量人员就要被解雇，而公司必将因此陷入困境，甚至破产。　夜深了，盛田昭夫仍在苦思良策，他反复设想着接受这笔订货可能产生的后果，测算着价格和订货量之间的关系。他要在天亮之前想出一个既不失去这桩生意，又不使公司冒险的两全其美的妙计。他在纸上不停地计算着，比画着，忽然他随手画出一条 U 字形曲线。望着这条曲线，他的脑海里如闪电般出现了灵感——如果以 5 千台的订货量作为起点，那么 1 万台将在曲线最低点，此时价格随着曲线的下滑而降低，过最低点，也就是超过 1 万台，价格将顺着曲线的上升而回升。5 万台的单价超过 5 千台的单价，10 万台那就不用说了，差价显然是更大了。按照这个规律，他飞快地拟出一份报价单。第二天，盛田昭夫早早地来到那家经销公司，将报价单交给了经销商，并笑着说："我们公司在于与众不同，我们的价格先是随订数而降低，然后它又随订数而上涨。就是说，给你们的优惠折扣，1 万台内订数越高，折扣越大，超过 1 万台，折扣将随着数量的增加而越来越少。"经销商看着手中的报价单，听着他怪异的言论，眨巴着眼。他感到莫名其妙，觉得似乎被这位日本人所玩弄。他竭力控制住自己的感情说："盛田先生，我做了快 30 年的经销商，从没有见过像你这样的人，我买的数量越大，价格越高。这太不合理了。"盛田昭夫耐心地向客商解释他制定这份报价单的理由，客商听着、听着，终于明白了。他会心地笑了笑，很快地和盛田昭夫签署了一份 1 万台小型晶体管收音机的订购合同。这个数字对双方来说，无疑都是最合适的。就这样，盛田昭夫用一条妙计就使索尼公司摆脱了一场危险的赌博。

这些都说明：无论是做事情，还是做人，处理问题时都要有预见，凡事预则立、不预则废。《老子·道德经》的"其安易持；其兆易谋；其脆易判；其微易散。为之于未有，治之于未乱。合抱之木，生于毫末；九层之台，起于累土；千里之行，始于足下"就是很好的说明。我们常说"要将问题解决在萌芽状态""治于未病时"。为什么？因为等问题发展起来，变成参天大树了，"木已成舟"了，"生米做成熟饭"了，即使是神仙也都没办法了。要将问题"解决在萌芽状态"，那就离不开人生的择业、人事的择业、解决问题的择业，然而"萌芽状态"虽然容易解决，但往往被人们所忽视，因为它很细微。正如《孙子》说："见胜不过众人之所知，非善之善者也。……故举秋毫不为多力，见日月不为明目，闻雷霆不为聪耳。"

日本这个国家，特别善于择业，从一个人，到一个企业，到一个行业，都非常注重择业。让我们看看他们怎样通过办餐厅来推动国家纺织业发展的。19 世纪中叶，英国的棉纺工业发展很快，当时的布拉泽公司生意兴隆，其纺织品像潮水般地涌向世界各地，从而引起了日本同行的注意。不久，有日本人在该公司附近新开了一家餐馆，由于物美价廉、服务热情，吸引了布拉泽公司的职工甚至高级工程师前来就餐。几年后的一天，餐馆突然宣布亏损倒闭，经理以照顾本店职工、使其进入布拉泽公司做工为条件，希望筹集资金回国。布拉泽公司答应了日本人的请求。但他们做梦也没有想到，这些日本人全是一流的纺织专家。日本人一边工作，一边把英国先进的纺织机械设备的部件、结构及用途等牢记在心。等这批人回国后，日本的纺织工业马上就有了大的飞跃。

择业的方法，就是在观察、分析、决策时能够超前运作，在确立方向、制定战略、描绘愿景时能够趋利避害，在高度变化和不确定的环境下能够运筹帷幄、把握大局、掌握事态。全局情况熟，对大局看得远，对具体事物认识深，对问题想得全，有见地、办法多，对未来深谋远虑、足智多谋、坚持不懈，这才能够穿透扑朔迷离的表象，从本质上把握外部环境与内部资源的平衡与发展。"观十步走一步""走一步观十步"，总能见人之所未见，想人之所未想，自然能守正出奇、技高一筹、妙然取胜。由于对未来很多变化准备得充分，因而能够采取非常精确的措施，使自己领导的组织在资源最为稀缺的状态下完成看上去不可能完成的任务。日本人的战略眼光是值得我们学习的，他们通常利用资源的转换，以小资源换取大资源，以近资源换取远资源，以有形资源换取无形资源，获得决定性的成功。

大学生朋友，现在我们可以考虑：公司是这样，具体到一个人，是不是也一样呢？

第二个问题 择业是一种技术：技术的力量能够改变人的生活

生活是需要技术的。两位不同的小伙子追求同一个女孩，有两种可能取胜：一是依靠真挚的感情，二是依靠精湛的技术。遗憾的是，好多美貌的女孩子往往难以辨识到底是什么打动了自己的芳心，结果往往被一些"爱情高手""少女杀手"使用"非常规武器"所俘获，有的甚至因此受骗，一生悔恨。然而，谁能说技术本身有错呢？任何人都可以选择一种属于自己的职业生涯技术，正像选择自己用筷子吃饭还是用刀叉用餐一样，最终实现自己人生的目标就是好的。19世纪美国幽默作家阿蒂默斯·沃德（Artemus Ward）说过，办事不力非因无知，实因误知（It's not the things we don't know that gets us in trouber. It's things we know that aint so.）。无知，即对事物一无所知或知之甚少，固然不可以。但是误知，即对事实的错误认识，或对理论一知半解就错误地加以运用，其后果更可怕。这句话对我们掌握并运用择业的知识指导我们的生活，有着相当的重要性。

大家都知道的士司机，这样的职业平淡得基本上没有什么技术含量了。可是一旦加入了职业生涯的技术，你就能够看到不同寻常的变化。作家哈维·麦凯讲述了一次从曼哈顿到一个机场之间的计程车之行：

首先，这位司机给我一张卡片，说："嗨！你好！我叫瓦尔特，是您的司机。我要把您安全、准时、周到地送到目的地。"简直是一位司机的就职宣言！然后他拿出一份《纽约时报》和一份《美国的今天》，问我是否要看。于是我就接过报纸，我们还没有出发呢，他又递给我一篮子水果，篮子很漂亮，水果也不错，然后他又问道："您是喜欢听摇滚乐还是古典音乐？"他车上有 4 个频道。

麦凯总结道："你知道吗？这个人每年的小费就收入 1 万到 1.4 万美元。你要是见了我给他的小费，你会吓一跳。"汤姆·彼德斯在他的大作《管理的革命》中评价道："此举大有深意啊！把最简单的工作做得出色，做得富有想象力。它暗示了一条我们不曾想过的做生意的准则，而这个准则更重要。"

那么这个"准则"在什么地方呢？就是身为一名司机，他的一切行动都围绕着实现这个职业的最大价值。择业的目的就是把这个准则一点点地渗透在工作过程中。同样是司机，让我们看看中国上海的一名的士司机的表现：

一个冬日的傍晚，上海大众出租车公司司机孙宝清在浦东接到一位要去浦西赴宴的客人。车进隧道不久，客人突然要求掉头。孙宝清解释，隧道里不能掉头，掉头只有到浦西再说。客人告诉他，出门时换了裤子，身上没有带钱。如果到浦西再掉头，赴宴就来不及了。

孙宝清笑着回答，没关系，我可以免费送你去。车到饭店，孙宝清递过三张大众乘车证给了这位客人，并告诉他，身上没有钱，回来可以按上面的号码打电话，让大众出租车接你。这三张票子可以抵付 30 元车费，即便不够用，大众司机也会送你回去。孙宝清两天后被聘请到纽约银行上海分行担任行长的司机。原来那个晚上坐车要掉头的客人就是纽约银行上海分行的行长。

我曾经在课堂上把这个故事讲到第一段，然后问我的学生们：假如你是那名的士司机，你会怎么办？近百名左右的学生的回答，有代表性的是这样几种：
——我让他下车。
——没有钱还打车，送他到派出所或者其他机构。
——留下他的身份证或者其他证件，拿钱来换。
——把车开到他的朋友的地方，让他找朋友去借，借了再走。

ZE YE XUE

——到饭店以后一直等他，等他结束吃饭以后送他返回，然后按照计时器计时收费。

——把车掉头，迟到一些应该不会有太大的问题，可是不付钱白跑一趟，说不过去。

——算了，把他送到酒店，就当是倒霉了。

……

没有一个人考虑到：客人没有带钱，怎样返回？也就是说，近百名左右的学生当中，没有人考虑到顾客会怎样。他们没有孙宝清考虑得周详。

这只不过是表面现象，背后的深层问题，是一种以自我为中心的习惯，这种"我的眼里只有我"的习惯，比"我的眼里只有钱"更可怕，从人生的技术角度而言，就是失去了"准则"。

后来我完整地把这个故事讲完，让大家讨论。这时有同学逐渐感觉到自己缺乏的"准则"，是从幼儿园到大学全部的学习过程中没有传授过的。他们开始反省，要通过择业，找到相关准则，以指导未来的职业选择与生活方式。

你是要社会为你服务、以自我为中心？还是你要服务社会、以社会为中心？两种截然不同的思维必然会造就不同的职业发展。以自己为中心，世界的一切资源服务于我的思维模式，这样就会造成不能及时与外界环境交换资源，不能及时适应既定环境，这样一来，外部资源就很难为我所用，难以形成"吸附"资源的能力，久而久之，自我的天性得不到外界资源的滋润，终将难以有所作为。如能改换模式，改为服务社会、以社会为中心，为自己的顾客、单位、事业、他人服务，为自身发展的环境源源不断地贡献资源，始终保持自身资源与外在资源的良性互动，个体就能够适应社会上不断发生的各种复杂变化，并能在自己的职业中如鱼得水。

马克·桑布恩[①]所著《邮差弗雷德》一书的弗雷德是美国的一名普通邮差，然而却是一个改变了两亿美国人工作观念的人。他在最平凡的工作中做出了杰出的业绩，其成功之道，就在于通过自己的想象力和创造力每天都为客户提供超值的服务，让每一天都成为自己的代表作。这本小小的邮差故事，在美国家喻户晓，各行各业的人们纷纷从邮差弗雷德那里得到启示。

---

① 马克·桑布恩在国际上以"杰出的激励演说大师"著称。他每年在领导艺术、团队建设、客户服务以及把握变革等方面开展了90~100个激励项目。他是桑布恩联合公司的总裁，这是一间致力于在商务和生活中培养领导人才的实验室。《展示》（Presentations）杂志把他评为全球"5位金麦克风大师"之一。马克拥有C.S.P.（演讲认证）头衔，是著名演讲家协会有史以来最年轻的会员之一，还是演说家圆桌会议（一个由20位世界顶尖演讲人才构成的门槛极高的组织）的成员之一，同时他还是MentorU.com公司（一家利用互联网传播知识的公司）最年轻的元老级教授。他还是9本畅销书的作者或合著者，包括：《团队建设：让团队工作行之有效》《桑布恩的成功之道》《最佳客户服务实践》《国商旅人士的沉思》，他录制及参与了20个电视培训节目以及许多的广播培训节目。

邮差弗雷德是一个金光灿灿的模范，他的想象，他的创新，他的尽责，在我们这个转型的社会具有榜样的力量，特别是对于那些仍在彷徨中的企业更有现实的指导意义。第一次遇见弗雷德，是在我买下新居——一栋老房子之后不久。房屋地点在丹佛的华盛顿公园，一个绿树成荫的小区。生平第一次，我有了属于自己的房子。迁入新居几天后，有人敲门来访，我打开房门一看，外面站着一位邮递员。"上午好，桑布恩先生！"他说起话来有种兴高采烈的劲头："我的名字叫弗雷德，是这里的邮递员。我顺道来看看，向您表示欢迎，介绍一下我自己，同时也希望能对您有所了解，比如您所从事的行业。"

弗雷德中等身材，蓄着一撮小胡子，相貌很普通。尽管外貌没有任何出奇之处，但他的真诚和热情却溢于言表。这真让人惊讶。我收了一辈子的邮件，还从来没见过邮递员作这样的自我介绍，但这确实使我心中一暖。我对他说："我是个职业演说家，这算不上真正的工作。""如果你是位职业演说家，那肯定要经常出差旅行了？"弗雷德问我。"是的，确实如此。我一年总要有 60 到 200 天出门在外。"弗雷德点点头继续说道："既然如此，如果你能给我一份你的日程表，你不在家的时候我可以把你的信件暂时代为保管，打包放好，等你在家的时候再送过来。"

这简直太让人吃惊了！不过我对弗雷德说，没必要这么麻烦："把信放进房前的信筒里就好了，我回家的时候再取也一样的。"他解释说："桑布恩先生，窃贼经常会窥探住户的邮箱，如果发现是满的，就表明主人不在家，那你就可能要身受其害了。"弗雷德比我还关心我的邮件！不过，毕竟在这方面，他才是专家。他继续说道："我看不如这样，只要邮箱的盖子还能盖上，我就把信放到里面，别人不会看出你不在家。塞不进邮箱的邮件，我搁在房门和屏栅门之间，从外面看不见。如果那里也放满了，我就把其他的信留着，等你回来。"

此时我不禁暗自琢磨：这人真的是美国邮政的雇员吗？或许这个小区提供特别的邮政服务？不管怎样，弗雷德的建议听起来真是完美无缺，我没有理由不同意。

两周后，我出差回来，刚把钥匙插进锁眼，突然发现门口的擦鞋垫不见了。我想不通，难道在丹佛连擦鞋垫都有人偷？不太可能。转头一看，擦鞋垫跑到门廊的角落里了，下面还遮着什么东西。

事情是这样的：在我出差的时候，美国联合递送公司误投了我的一个包裹，给放到沿街再向前第五家的门廊上。幸运的是，我有邮递员弗雷德。

看到我的包裹送错了地方，他就把它捡起来，送到我的住处藏好，还在上面留了张纸条，解释事情的来龙去脉，又费心用擦鞋垫把它遮住，以避人耳目。

他的行为使我震动。作为一个职业演说家，不管是在客户服务还是一般的业务中，我可以很容易地发现并指出服务质量上的问题。但要找到优秀的例子，甚至是稍堪称许的，都要困难得多。但弗雷德是一个金光灿灿的例子，人性化的贴心服务正该如此，他为所有渴望在工作中有所作为的人树立了榜样。

第三个问题　择业是一种管理：管理的革命能够完善人生的历程

美国《幸福》杂志在前不久的读者征答专栏中登过这么一道题：假如让你重新选择，你将会做什么？一个军官的回答是：回我的家乡开一间杂货店，过太平的日子；一位议员的回答是：到海滨经营一家不太大的小酒店；一位市长的回答是：当一名人像摄影家；一位作家的回答是：当一位从事手工制作小提琴的工匠；而一些平常老百姓的回答则是，有的想当总统，有的想成为议员或大老板、作家，而没有一个希望再成为普通人，过普通日子。总之，无论是前者或后者，反正谁也不愿意再成为自己了。人在寻找什么呢？

"在紧要的关头，你首先选择抢救的是什么呢？"这个问题，是媒体拿来询问美国加州山林大火灾民的。一个不满 10 岁的小男孩抢救出的是自己的游戏机，这是他曾经苦苦等待的礼物；一名华裔男子抢救出的是家族的历史档案，在他心目中，这是不能丢弃的家庭财富；这位男子的儿子，仅仅抢救出了一个枕头，因为这是陪伴他进入梦乡的忠实伙伴；有位妇女随身带上了儿子的照片；一位先生救出的是自己的宠物猫……事实就是如此。我们每天苦苦追索的东西，我们为之煎骨熬血的东西，我们以为自己离了它就活不成的东西，在那一瞬间突然灰飞烟灭，我们突然发现自己是由一种力量在牵引着，是一种在关键时刻显现的追求，原来，人的一生就是围绕着这样一些东西在转。这些东西到底是什么呢？

它就是一种安排，是我们自己对自己的一种安排，这种安排就叫人生择业。

管理是有境界的。自己管理自己的事情，是处理人与事的关系，掌握的是事理的管理；自己带一个团队，是处理人与人的关系，掌握的是人事的管理；自己请人来管一个公司，打点一些事情，处理的是代理人与自身的关系，掌握的是治理的管理；自己出一些思想，从思想上、战略上去解决一些发展的核心问题，掌握的是思想的管理。世事洞明皆学问，人情练达即文章。自己做事情、带人做事、让人做事、让人想事，一个层次一个层次地上升，体力劳动的分量越来越少，脑力劳动的分量越来越多，知识与智慧的作用越来越强，自我管理的思路也就越来越明确了。

作为一名大学生，毕业以后的第一件事情，就是要把自己的本职工作做好，本职工作都是一些具体的工作，要一点一滴地做好。我们经历了一些事情，积累了一些经验，然后再把自己的知识扩散开来，承担更重大的任务。一个人完成不了的任务，要凭借团队的力量来完成。完成得好了，人缘也不错了，人际关系的道路也通畅了，就有了自己的一亩三分地。自己的能力越来越强，事业的项目也越来越多，光凭自己以及一些核心团队成员，还是难以完成一个又一个伟大的构思与理想。那就请别的团队来为你的一些创意服务吧！

一步一步，你成功了。总结一下自己成功的背后，原来是一些个个心中有、人人笔下无的创意、想象、豪情和壮志。你这就要开始从思想上提炼，让人家沿着先进思想的路线去走，让他们同样获得一次一次的成功。当自己看着这些成功、欣赏这些创举的时候，人生也差不多从辉煌与高峰淡出了。这就是一生的轨迹与曲线。

最后我要说明，本书将职业生涯的发展阶段、职业目标、职业定位以及择业的步骤等内容融入到了生动的案例、典型视点的分析、名人的经历及专家的理解之中，并针对大学生的实际状况，设计了一些贴近现实的讨论题，以便帮助他们尽多了解职业生涯的全貌，从而制定一份切实可行的择业。

第一章

择业的现状：挑战与反思

我在第一节课提问学生的时候，发现很多同学没有什么信仰。他们崇拜与注意的对象，大多数还是父母、小学老师、中学老师，还有一些奇怪的人在影响着他们的人生发展思想。这就是现在生活中的事实，你不会感到奇怪。

第一节
毕业致辞（一）——胡适的四个方子

1932 年，胡适先生在北大担任校长，他曾对当年的毕业生说：

我要根据我个人的观察和经验，赠送三个防身的药方给那些大学毕业生：

第一个药方是：寻一两个值得研究的问题去研究。若没有一两个值得解答的疑难问题在脑子里打旋，就很难保持学生时代的追求知识的热心。

第二个药方是：总得多发展一点非职业的兴趣。毕业生寻得的职业未必适合他所学的；或者是他所学的，而未必真是他所心喜的。最好的救济是多发展他的职业以外的正当兴趣和活动。

第三个药方是：总得有一点信心。我们应该信仰：今日国家民族的失败都是由于过去的不努力；我们今日的努力必定有将来的大收成。一粒一粒的种，必有满仓满屋的收。成功不必在我，而功力必然不会白费。

两年之后，又有大学邀请胡适先生做关于大学毕业生的演讲。胡适说：我心里要说的话，想来想去，还只是这三句话，要寻问题，要培养业余兴趣，要有信心。

有一个大学毕业生写信给他："胡先生，你错了。我们毕业之后，就失业了！吃饭的问题不能解决，那能谈到研究的问题？职业找不到，那能谈到业余？求了十几年的学，到头来不能糊自己一张嘴，如何能有信心？所以你的三个药方都没有用处！"

对于这样失望的毕业生，胡适先生贡献了第四个药方：

你得先自己反省：不可专责备别人，更不必责备社会。你应该想想：为什么同样一张文凭，别人拿了有效，你拿了就无效呢？还是仅仅因为别人有门路有援助而你没有呢？还是因为别人学到了本事而你没学到呢？为什么同叫作"大学"，他校的文凭有价值，而你的母校的文凭不值钱呢？还是仅仅因为社会只问虚名而不问实际呢？还是因为你的学校本来不够格呢？还是因为你的母校的名誉被你和你的同学闹得毁坏了，所以社会厌恶轻视你的学堂呢？——我们平心观察，不能不说今日中国的社会事业已有逐渐上轨道的趋势，公私机关的用人已渐渐变严格了。凡功课太松，管理太宽，教员不高明，学风不良的学校，每年尽管送出整百的毕业生，他们在社会上休想得着很好的位置。偶然有了位置，他们也不会长久保持的。反过来看那些认真办理而确能给学生一种良好训练的大学——尤其是新兴的清华大学与南开大学——他们的毕业生很少寻不着好的位置的。我知道一两个月之前，几家大银行早就有人来北方物色经济学系的毕业人才了。前天我在清华大学，听说清华今年工科毕业的四十多人早已全被各种工业预聘去了。现在国内有许多机关的主办人真肯留心选用各大学的人才。两三年前，社会调查所的陶孟和先生对我说："近年北大的经济系毕业生远不如清华毕业的，所以这两年我们没有用一个北大经济系毕业生。"刚巧那时我在火车上借得两本杂志，读了一篇研究，引起了我的注意；后来我偶然发现那篇文字的作者是一个北大未毕业的经济系学生，我叫他把他做的几篇研究送给陶孟和先生看看。陶先生看了大高兴，叫他去谈，后来那个学生毕业后就在社会调查所工作到如今，总算替他的母校在陶孟和先生的心目中恢复了一点已失的信用。这一件事应该使我们明白社会上已渐渐有了严格的用人标准了；在一个北大老教员主持的学术机关里，若没有一点可靠的成绩，北大的老招牌也不能帮谁寻着工作。在蔡元培先生主持的中央研究院里，去年我看见傅斯年先生在暑假前几个月就聘定了一个北大国文系将毕业的高才生。今年我又看见他在暑假前几个月就要和清华大学抢一个清华史学系将毕业的高才生。这些事都应该使我们明白，今日的中国社会已不是一张大学文凭就能骗得饭吃的了。拿了文凭而找不着工作的人们，应该要自己反省：社会需要的是人才，是本事，是学问，而我自己究竟是不是人才，有没有本领？从前在学校挑容易的功课，拥护敷衍的教员，打倒严格的教员，旷课，闹考，带夹带，种种躲懒取巧的手段到此全失了作用。躲懒取巧混来的文凭，在这新兴的严格用人的标准之下，原来只是一张废纸。即使这张文凭能够暂时混得一只饭碗，分得几个钟点，终究是靠不住保不牢的，终究要被后起的优秀人才挤掉的。打不破的"铁饭碗"不是父兄的势力，不是阔校长的荐书，也不是同学党派的援引，只是真实的学问与训练。能够如此，才是反省。能够如此反省，方才有救援自己的希望。

"毕了业就失业"的人们怎样才可以救援自己呢？没有别的法子，只有格外努力，自己多学一点可靠的本事。二十多岁的青年，若能自己勉力，没有不能长进的。这个社会是最缺乏人才又是需要人才的。一点点的努力往往就有十倍百倍的奖励，一分的成绩往往可以得着十分百分的虚声。社会上的奖掖只有远超过我们所应得的，决没有真正的努力而不能得着社会的承认的。没有工作机会的人，只有格外努力训练自己可以希望得着工作，有工作机会的人而嫌待遇太薄地位太低的人，也只有格外努力工作可以靠成绩来抬高他的地位。只有责己是生路，因为只有自己的努力最靠得住。

时代洪流中，绝不乏各类成功者。成功不是偶然获得的，而是通过实施精心设计的择业取得的。

第二节
择业价值观

一、择业价值观是一种心智模式

当问及学生的择业，我发现几乎所有学生的择业都是围绕着金钱来考虑的，而且这种情况在各大高校都极其普遍。这引起了我的思考，为什么中国大部分学生都是如此呢？一个人的择业涉及的原始动机是什么，我个人觉得是一个人在现有阶段的认知水平及人生价值观的体现。而对于这种关乎人生价值观的培养，在中国应试教育的模式下，是存在一定的缺陷的，从而导致大多数学生缺乏批判精神。

所以择业首先要思考的问题，就是人生的价值观问题。那么什么是价值观呢？价值观是人们对社会存在的反映，价值观是社会成员用来评价行为、事物，以及从各种可能的目标中选择自己合意目标的准则。价值观通过人们的行为取向及对事物的评价、态度反映出来，是世界观的核心，是驱使人们行为的内部动力。它支配和调节一切社会行为，涉及社会活动的各个领域。

人们所处的自然环境，包括人的社会地位和物质生活条件，决定着人们的价值观。处于相同的自然环境和社会环境的人，会产生基本相同的价值观，每一个社会都有一些共同认可的普遍的价值标准，从而形成普遍一致的或大部分一致的行为定式，或曰社会行为模式。

美国心理学家洛克奇（Milton Ro Keach）于 1973 年在《人类价值观的本质》（The Nature of Human Values）中，提出 13 种价值观。

（1）成就感：提升社会地位，得到社会认同；希望工作能受到他人的认可，对工作的完成和挑战成功感到满足。

（2）美感的追求：能有机会多方面地欣赏周围的人、事、物，或任何自己觉得重要且有意义的事物。

（3）挑战：能有机会运用聪明才智来解决困难；舍弃传统的方法，而选择创新的方法处理事务。

（4）健康（包括身体和心理健康）：工作能够免于焦虑、紧张和恐惧；希望能够心平气和地处理事务。

（5）收入与财富：工作能够明显、有效地改变自己的财务状况；希望能够得到金钱所能买到的东西。

（6）独立性：在工作中能有弹性，可以充分掌握自己的时间和行动，自由度高。

（7）爱、家庭、人际关系：关心他人，与别人分享，协助别人解决问题；体贴、关爱，对周围的人慷慨。

（8）道德感：与组织的目标、价值观、宗教观和工作使命能够不相冲突，紧密结合。

（9）欢乐：享受生命，结交新朋友，与别人共处，一同享受美好时光。

（10）权力：能够影响或控制他人，使他人照着自己的意思去行动。

（11）安全感：能够满足基本的需求，有安全感，远离突如其来的变动。

（12）自我成长：能够追求知性上的刺激，寻求更圆融的人生，在智慧、知识与人生的体会上有所提升。

（13）协助他人：体会到自己的付出对团体是有帮助的，别人因为自己的行为而受惠良多。

价值观是影响人们职业选择的深层因素，同时会影响人们从事某种职业时的内在感受。例如，很多大学生在毕业时费尽心力进入了心仪的企业，工作一段时间后感到没有意义，内心非常失落，这种情况就是在选择职业时没有注重内在的深层价值观，只是注重了一些表面的东西。对于大学生来说，职业的现实意义首先是谋生，其次是获得个人发展的空间。在职业生涯中越早追问自己的价值取向，就能越早一天实现职业与自我价值选择的内在统一。

择业中的价值观还将影响学生将来就业的心理调试。如果大家都以金钱为择业的动机，那将大大增加择业焦虑、择业忌妒心理、择业怕苦心理等心理疾病产生的可能性。所以说，正确向上的价值观是好的择业的第一步。从某种意义上来说，择业价值观就是一种内在地指导个体行为、影响其情绪的心智模式。

哲学家们谈论心智模式起码已经有两千多年。《列子》一书中有一个故事。故事的大致内容为：有一个人遗失了一把斧头，他怀疑是邻居孩子偷的，便暗中观察他的行动，怎么看都觉得他的一举一动像是偷他斧头的人。当后来他在自己的家中找到了遗失的斧头，他再碰到邻居的孩子时，便怎么看也不像是会偷他斧头的人了。

心智模式是我们认识和理解世界的大脑活动过程。它像一面透镜，将来自外部的真实信息放大、缩小、过滤甚至歪曲，形成我们对世界的认识。心智模式不仅决定我们如何认知周遭世界，并影响我们如何采取行动。为什么心智模式对我们的所作所为有这么大的影响力？

首先，心智模式影响我们所"看见"的事物。两个具有不同心智模式的人观察相同的事件，会有不同的描述。因为他们看到的重点不同。譬如你和我一起去参加一个热闹的宴会，我们的视觉所收到的基本资料都相同，但是我们所留意的面孔却不尽相同。正如心理学家所说的，我们做了选择性观察。

其次，心智模式影响我们认知的方式。几十年来，底特律三大汽车公司相信人们购买汽车所考虑的是式样，而不是品质或可靠性。根据他们收集到的证据判断，他们是对的，调查结果一致显示美国消费者对式样的关切高于品质。于是，通用汽车最初取得成功所坚持的假设包括：通用的事业是以获取利益为首要；汽车是地位的象征，所以式样比品质重要；美国的汽车市场不受世界其他市场的影响；工人对于生产力或产品的品质没有重大的影响；坚信企业分工以及功能导向的组织结构。这些假设多年来一直很有效，但是德国和日本汽车制造者，慢慢地教育了美国消费者品质与式样并重的好处，使美国消费者的偏好逐渐改变，结果这两国在美国汽车市场的占有率在1983年从接近于零提高为38%。

美国汽车产业把上面的那些假设当作放之四海而皆准的神奇公式，最后却发现它们只是在有限的时段内有效。

一种正确的择业价值观和对这种价值观的不断反思，就是一种趋向成熟的心智模式，它将指导你一生职业的营运模式，甚至人生的兴衰。

二、易变性职业生涯

随着科技的快步发展、经济全球化和一体化，企业和组织相应地发生了很大变革，缩小规模、减少层级、兼并、裁员等，这些都对个人职业生涯产生了极大影响。一些学者提出了"无边界职业生涯"（Boundaryless Career）（Michael Arthur，1994）和"易变性职业生涯"（Protean Career）（Hall & Mirvis，1994，1996）的概念。

无边界职业生涯强调打破组织界限和组织内部职业界限的职业转移和职业流动。

易变性职业生涯借助能够随意改变形状的希腊神"Protean"的名字，强调驾驭自己职业生涯的是自己而不是组织，个人在需要时可以随时重新创立其职业，一个人可以在不同的产品领域、技术领域、组织和其他工作环境中出入自由。

员工与企业不仅有书面劳动合同，而且还存在心理契约。过去员工与企业的心理契约往往是：员工好好工作，企业负责员工不被解雇、负责员工的升迁与福利。但是随着市场经济的发展，随着视工作任务定人员的虚拟企业的出现，企业为员工提供生活保障的基础开始动摇，企业是员工的"屋顶"的契约难以为继。员工与企业建立了新的心理契约，即员工努力工作，企业提供培训机会，提升员工的就业能力，企业是提升员工综合能力和就业能力的"土壤"。在新的心理契约下，员工的职业生涯往往具有易变性。易变性职业生涯与传统职业生涯的不同见表1-1。

表1-1　传统职业生涯和易变性职业生涯

维度	传统职业生涯	易变性职业生涯
目标	晋升	心理成就感
心理契约	工作安全感	灵活的受聘能力
运动	垂直运动	水平运动
管理责任	公司承担	员工承担
方式	直线型、专家型	短暂性、螺旋型
专业知识	知道怎么做	学习怎么做
发展	很大程度上依赖正式培训	更依赖人际互助和在职培训

易变性职业生涯的目标往往是心理成就感。心理成就感是一种自我感受，它和个人价值、幸福感、健康等人生目标实现所共同带来的一种自豪感和满足感。这种追求在新一代人中更为突出。例如，新一代人对地位、工作稳定性不是很在意，他们更在意工作灵活性、挑战性，渴望从工作中获得乐趣和良好的个人感受。这种择业思想的变动需要我们更多的思考。

三、企业的人才需求

1. 全面型人才
全面型人才知识面广博，基础深厚，善于出奇制胜、集思广益，有很强的综合、移植、创新能力，善于站在战略高度深谋远虑。当领导者本身不是这类通才时，一定要选拔通才为副职。

2. 补充型人才

补充型人才最适合当领导者的副职。该类人才可以分为两种：一是自然补充型，即具有领导所不及的长处，进入管理层后，便能以其之长补领导之短，强化领导班子的集体优势。此类人才主要在于领导善于挑选。二是意识补充型，即能自觉地意识到自己的地位、作用，善于领会领导者的意图，明白领导者的长处与短处，积极地以己之长去补领导者之短。

3. 实干型人才

实干型人才是每一个领导班子中必需的人才。这类人才以埋头苦干、任劳任怨、高效率、高质量、高节奏而出名，是领导者身边不可或缺的人才。但是，这类人才在大多数情况下缺乏自我保护的意识与能力，因此他们总为明枪暗箭所伤。作为有责任心的一把手，领导者要善于为他们保驾护航。

4. 忠实型人才

可以说，忠诚型人才是任何时代、任何领导都欢迎的人。他们忠心耿耿的优秀品质成就了他们在领导者心中不可动摇的地位。当然，这种忠诚不是"愚忠"，而是踏实地执行领导者的意图，维护集体的利益是他们的最高使命，当领导者的某些言行与政策相抵触时，或与单位的共同目标发生偏差的时候，他们又会义不容辞地以适当的方式向领导者提出中肯的建议。

5. 独立型人才

独立型人才有能力，能在复杂多变的环境下独立地处理好公司的问题，面对困难敢于拼搏，无妒忌之心，有"敢为天下先"的魅力与激情，不达目的绝不罢休，直至取得重大成就。正是这种人才不屈不挠的斗志与咄咄逼人的锐气，对领导者容易造成心理压力。因此，这类人才常常成为某些心胸狭窄的领导者不予重用、甚至贬斥的对象，他们也将比常人遭受更多的非议和委屈。作为一个英明的领导者，应该懂得这种人才是开创新局面拓宽道路所必需的。当他们遇到各方面的困难时，要多给予他们以关怀、爱护，并以一种豁达的心境主动地与他们展开友谊的竞赛。

6. 发展型人才

发展型人才以年轻人为主，年轻人充满朝气，敢为天下先，锋芒毕露，但未成熟，其才能处于隐性阶段，需要经过一段时间的培养实践及严格训练，方能脱颖而出，担当大任。所以对这类人才，领导者要有长远眼光，要有关怀爱护之心。

调查。

当代大学生参加社会实践活动的反思

（一）调查的对象和方法

本问卷是对新时期某在校大学生参加社会实践情况的调查，利用大学生的课余时间，一共发放了 2400 份调查表，调查对象是在校本科生。问卷涵盖了哲学、经济学、法学、教育学、文学、历史学、理学、工学、医学和管理学等十大学科门类。实际回收有效问卷 2344 份，回收率为 97.7%。问卷采用 SPSS10.0 进行了统计分析。

（二）大学生参加社会实践活动总的意向和观念

1. 多数大学生认为社会实践活动是自我成才的重要环节。

所谓社会实践，是指人类能动地改造自然和社会的全部活动，而这里所说的社会实践相对狭义，是指高校大学生在校园外更广阔的社会环境中获取并掌握新知识、认识社会、了解社会、服务社会，从而使其德、智、体等各方面得到全面、协调发展的教育形式。

作为高等院校教育教学的一种特殊形式，社会实践具有相对的独立性，概括起来，可划为三种类型：认识型——主要形式是参观访问、调查研究；锻炼型——主要形式是参加劳动锻炼，生产实习；服务型——主要形式是智力服务和劳动服务。大学生参加社会实践的意义主要是：有利于大学生了解国情、了解社会，增强社会责任感和使命感；有利于大学生正确认识自己，对自身成长产生紧迫感；有利于大学生对理论知识的转化和拓展，增强运用知识解决实际问题的能力；有利于增强大学生适应社会、服务社会的能力；有利于发展大学生的组织协调能力和创新意识；有利于提高大学生个人素养，完善个性品质。调查结果表明，当代大学生普遍能够认识到社会实践的重要性，认为"非常重要"的占29%，认为"重要"的占 57%，认为"一般"的占 3%，认为"不重要"的占 1%。

2. 参加社会实践活动的目的和爱好明确

从表 1-2 中的数据可以看出，当代大学生参加社会实践的突出亮点是"扶贫"，占48%。作出这样的选择，一方面是近几年来科技与文化下乡、扶贫的政策宣传的结果；另一方面是大学生的社会实践观发生了根本变化，由过去进企业单位或经济发达地区，转变为今天的下乡扶贫，这种变化反映了大学生充分展示自己才能和学有所用的理想。"赚钱"不是大学生参加社会实践的主要目的，仅有 0.8% 的学生想通过社会实践来赚钱。以"调查"为目的的占36%，说明大学生了解社会的心理还是广泛存在的，因为社会是大学生走出象牙塔后必须面对的，所以大学生非常渴望了解社会、洞察社会，为自己日后走上工作岗位做好准备。值得注意的是，"宣传"和"志愿者"分别占22%和16%，这样的比例说明大学生还是关心社会、有社会责任心的，愿意为社会无私地去做自己力所能及的事情。

表1-2 大学生参加社会实践活动的类型（多选）

类型	调查	宣传	扶贫	服务	促销	志愿者	打工	考察	赚钱
频数（%）	36	22	48	14	9	16	4	6	0.8

从表1-3看，大学生参加社会实践活动的主要目的是"锻炼自己"，提高自己的实际工作能力。另外，认识社会、服务社会、结交朋友、赚钱等，也是大学生参加社会实践的重要目的。可见，大学生是带着多重目的参加社会实践的，以锻炼自己为主，同时希望取得多重收获。

表1-3 大学生参加社会实践活动的目的（多选）

目的	服务社会	锻炼自己	结交朋友	赚钱	认识社会	其他
频数（%）	24	66	17	20	24	3

3. 社会实践的时间安排与学生时间的关系

大学生的主要任务是进行专业学习，因此，在大学生中，考研与实习的矛盾、专业学习与求职择业的矛盾、专业学习与社会实践的矛盾等比较突出。

4. 大学生选择参加社会实践活动的途径

大学生选择参加社会实践活动，一般有个人组织、学校组织、社会组织等多种形式。调查结果（多选）发现：大学生加入学生社团的占14%，参加学生组织和团体的占37%，通过家庭联系的占18%，个人联系的占41%。从这个结果我们可以看出，大学生参加社会实践的途径有些过窄，社团和团体组织在提供大学生参加社会实践的渠道方面没有发挥主导作用。

（三）当前高校社会实践活动存在的问题

作为大学教育不可或缺的重要环节，社会实践活动在高校的广泛开展已取得了相当可观的成绩。同时，也暴露了不少问题，这些问题主要表现在以下4个方面。

1. 认识上的不足

很多管理者和教育者没能深入地认识到开展社会实践活动对大学生的巨大作用，而且因为涉及财力、物力和组织管理等诸多问题，导致对社会实践往往停留在口头上或只做片面的指导。对于实践的主体——大学生来说，因涉世不深、阅历尚浅，强烈的参与意识与对活动的盲目自信又常导致行动上的草率和对困难的估计不足。

2. 组织管理的不善

高校的社会实践活动常常存在团委、学生处等多头管理的问题，缺乏统一的指导和协调。组织形式不够灵活，活动多限于假期，不能充分利用课余时间，而且常常不能根据不同的知识结构、兴趣爱好安排实践活动。学校不能及时提供适当的平台和机会，使得实践活动未能及时总结、交流。

3. 实践与教学结合不够紧密

在部分高校中，实践与教学常被割裂开来，没能纳入到教学内的计划安排中，只是作为教学计划外的补充，没有以学分制的形式出现，加上实践考核的不完善，所以实践活动很难有效地调动大学生参与的积极性。

大学生的社会实践活动，可以说是大学生择业的前奏。以上调查至少可以让我们感受到，大学生的社会实践活动要有健康的指导思想，要加强活动的组织领导，要真正把理论与实际紧密结合起来，真正能够提高学生的思想政治素质和专业技术能力，从而使大学生的择业有一个良好的基础。

提示

大学生在职业生涯中应如何改变自己

改变自己是职业生涯的良好开端，可是如何改变呢？

第一，要学会自省。许多时候，我们的思维都是习惯性思维，不善于换个角度重新审视问题，不善于换种方法重新处理问题。

夏朝时候，一个反叛的诸侯有扈氏率兵入侵。夏禹派他的儿子伯启抵抗，结果伯启被打败了。他的部下很不服气，要求继续进攻，但是，伯启说："不必了。我的兵比他多，地也比他大，却被他打败了，这一定是我的德行不如他，带兵方法不如他的缘故。从今天起，我一定要努力改正。"从此以后，伯启每天很早便起床工作，粗茶淡饭，关心百姓，任用有才干的人，尊敬有品德的人。过了一年，有扈氏知道了伯启的"改过自新"，不但不敢再来侵犯，反而自动投降了。

职场中，假如我们遇到失败或者挫折，也能像伯启那样及时、虚心地检讨自己，改正缺点，那么，最后的成功者一定是我们自己。

第二，要学会放下。在我们一生的职业生涯中，无非是"三谋"。一是谋人。谋人，就是广结人缘，找到事业的靠山，建立同盟，打造稳固的后盾，"借人之力，成己之实"。二是谋职。人想"出头"，天经地义。想"出头"但不能强"出头"。在主观能力尚未修炼到家，客观条件还不够成熟之际，暂时的委屈还是要忍受的。

ZE YE XUE

三是谋事。谋事有两个方面的含义：其一，谋大事，成大业；其二，伴随着要想谋大事，就不可避免有权力的欲望和成功的渴望。这都是正常的，我们不妨暂时把"找靠山"、"出人头地"、权力欲、成功欲等先放下，踏踏实实做事，老老实实做人，这对改变我们的逆境不失为一种好的态度和办法。有时，为了前进三步，在战术上不得不后退两步。我们常常放在口边的一句话就是：拿得起，放得下。所以我们不光要能干，还要能作出正确的选择。

很多时候，我们就是拿不起放不下，导致人生中自己负载的东西太多。

第三，要让自己变得更好。要让事情变得更好，那得先让自己变得更好。在这样一个激烈竞争的社会，如果要发展自己，获得财富，首先就要改变自己的心态，改变自己的思想，让自己变得能够适应社会的需要。社会不会因某个人的意志而改变，需要改变的终究是我们自己。

我国战国时期，赵武灵王打破了传统的思想，把象征至高无上权力的大袍改成了打猎时轻便的胡服。他开启了这道枷锁，消除了束缚，于是开始了"胡服骑射"，建立了一个强盛的国家。可见，改变自己有多么重要。

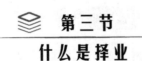

第三节
什么是择业

一、明确"愿景"和"使命"

大学生应有不安于现状的思想，应明白自己的愿景和使命，做好人生择业。《血色浪漫》中有一个片段讲的是，北京部队大院的军人子弟插队落户到陕北，他们与当地一位憨厚老实的年轻人开玩笑说："憨娃，你一年到头放羊图啥？"憨娃说："挣钱。"知青又问："挣钱图啥？"憨娃说："挣钱娶媳妇。"知青再问："娶媳妇图啥？"憨娃说："娶媳妇生娃。"知青接着问："生娃图啥？"憨娃回答说："生娃放羊。"一个圈子又拐回来了。但是，更多的时候，更多的场合，人们又不甘于这样的现状："我为什么而活着？""我存在的价值是什么？""我要什么？""我是谁？"

我们要清楚明白地知道自己的"愿景"和"使命"。什么是愿景？愿景就是来自我内心深处的追求，内心意愿的表达，未来的蓝图，或者说自我期望未来成为什么样子。愿景回答的是："我要什么""我是谁"。什么是使命？使命就是我承担的责任和义务。使命回答的是："我为什么而活着？""我存在的价值是什么？"人生在做两件事，做梦和圆梦，没有梦想的人生是悲哀的人生。一般而言，人们都希望自己日臻完美，能从优秀到卓越。

二、择业的基本含义

所谓职业生涯，就是一个人在就业领域所经历的一系列岗位、工作或职业，以及相关的态度、价值观、愿望等的连续过程。从广义上讲，是指人们在某一特定领域的发展轨迹，如艺术生涯等。

择业是指个人和组织相结合，在对单个人职业生涯的主客观条件进行测定、分析、总结研究的基础上，结合时代特点，围绕自己的职业倾向，确定自己的最佳职业奋斗目标，并为实现这一目标预先进行行之有效的生涯系统安排的过程。也称作职业生涯设计，或职业生涯自我设计与管理。

大学是进入职业的一段准备期，也是最关键的职业探索阶段。因此，这一阶段对职业的选择对于个人职业生涯的发展有着重要意义。

1908 年，美国波士顿大学教授帕森斯创办了波士顿职业指导局，开拓了职业辅导领域。在 20 世纪 50 年代以前，让求职者了解职业信息资料是职业辅导最重要的内容。50 年代初期，许多心理学、社会学的研究开始探讨职业行为与生涯发展的问题。60 年代是西方生涯辅导理论成型和发展的重要时期。70 年代在美国又兴起了生涯教育运动。生涯教育的最终目标是让每一个人都能享受成功及美满的人生，过上适合自身特点的美满生活。生涯辅导已成为美国、英国、加拿大等国广泛开展的一种活动过程与咨询方式，成为学校教育与心理辅导的一个重要组成部分，并且日益显现其教育与开发功能。我国生涯辅导才刚刚起步，还停留在职业指导的层面上，生涯教育体系、生涯辅导机构、生涯发展支撑体系都处在初始化阶段。

三、择业的分类

择业按社会隶属关系来分类，可分为个人择业和组织择业。在任何社会、任何体制下，个人择业都是更为重要的。它是人的职业生涯发展的真正动力和加速器。

择业按照时间的维度来分类，可分为人生择业、长期择业、中期择业与短期择业，具体见表 1-4。

表1-4　择业按照时间维度分类

类型	定义及任务
人生择业	整个职业生涯的择业，包括从求学阶段的学业择业到退休之后的生活择业，设定整个人生的发展目标，如择业成为一个有数亿资产的汽车公司董事等
长期择业	5~10年的择业，主要设定较长远的目标，如30岁时成为一家中型汽车公司的部门经理，40岁时成为一家大型汽车公司的副总经理等
中期择业	一般为2~5年内的目标与任务，如择业到汽车店不同业务部门做经理，从小型汽车公司部门经理到小型汽车公司总经理等
短期择业	2年以内的择业，主要是确定并完成近期目标，如对汽车专业知识的学习，2年内掌握哪些业务知识和技能等

同时，职业生涯还可以分为内职业生涯与外职业生涯。

内职业生涯是指在职业生涯发展中通过提升自身素质与职业技能而获取的个人综合能力、社会地位及荣誉的总和。

外职业生涯是指在职业生涯过程中所经历的职业角色（职位）及获取的物质财富的总和，它是依赖内职业生涯的发展而增长的。

四、择业的基本特征

（1）个性化特征。个人择业必须由我们自己来主导。每个人的成长环境、教育背景、个性类型、文化资本构成、价值观、年龄、性别、资历、能力、学历、专业、学科、职业生涯目标、对成功评价的标准等不尽相同，所以，不同人的择业也必不相同。因此，择业具有鲜明的个性化特征。

（2）可行性特征。择业要结合实际情况进行，它不仅包含个人自身的实际情况，而且包括所处的经济、社会环境等实际情况，因此，必须在主客观条件允许的情况下择业，方能取得成功。否则，只能是空谈。

（3）阶段性特征。职业生涯目标的制定与实现并不是一蹴而就的，因此，在择业的过程中，需要将总体目标分解为阶段性目标，并为此制定相应的具体措施。当然，在实现或即将实现某一阶段性目标时，应该及时着手制定下一阶段的具体措施。

（4）连续性特征。虽然择业的具体措施是分阶段进行的，但是，各阶段之间并不是割裂开的，而是连续的。前一阶段目标的实现是为实现下一阶段、更高一级目标做铺垫的，而后一阶段是在前面各阶段完成的基础上起步的。

（5）动态性特征。择业本身就是一个动态的概念，很少有人一生从事同一个职业，因而择业也应该是动态的，需要随着自身情况或外界环境的变化而进行适当的调整，甚至变更原来的择业。另外，择业应该有一定的弹性，以便在需要进行调整时有可以调整的空间，不要让计划束缚了自己的手脚。

（6）相对稳定性特征。一个人的择业一旦确定之后，如无特殊情况，一般应该保持其相对稳定性。如果一个人朝三暮四，摇摆不定，那么，注定他的一生将一事无成。

五、择业的相关重要概念

（1）生涯发展（career development）：通过社会、教育以及辅导的共同努力，协助个人建立实际的自我概念，熟悉以工作为导向的社会价值观，并将其融入个人的价值体系内，通过生涯选择、生涯择业以及对生涯目标的追求实现社会价值，使个人能有一个成功、美满并有利于社会的生涯。

（2）生涯成熟（career maturity）：指生命中不同阶段有不同的发展任务，发展任务的完成即代表成熟达到某种程度。因此生涯成熟的程度是由发展过程中个人所处的阶段来决定的。

（3）生涯管理（career management）：个人对自我前程的主动与自觉的计划，包括准备、执行及自我检查的过程。

六、择业的必要性

1. 社会竞争的残酷性

俗话说，凡事预则立，不预则废。我们迈入社会的第一步应该做好择业。好的择业能够在一定程度上避免"就业错位"，使职业与自身的实际状况、所处的客观环境紧密结合。就接受过大学教育的人群来说，大约55%的人感觉自己的职业发展方向出现错误，"就业错位"往往引发多米诺效应。目前，有大批农村人口转移到城市就业，面对巨大的就业竞争，"我是什么样的一个人？什么样的工作有利于我能力的最大发挥？我为什么要选择这个工作？为什么要考取各种资格证书？我近期的目标是什么？我一生要达到什么样的目标？"这些问题在很多人的心目中依然是一个比较模糊的意识，甚至很多人从没有静下心来对这些问题进行过仔细思考。由于缺少职业生涯设计，许多人在职业的选择方向上被迫掉进一个无助的旋涡。

2. 人员流动的频繁——个人选择组织

在计划经济时代，人才是固化的，大多数人对工作的态度是从一而终。人们对自己的期望也是强调自己是一块砖，哪里需要就往哪里搬。现在，人员流动已

经大大提高，人们经常更换职业和单位，这种现象越来越多。在美国，人才流动率更高，人们经常更换职业；美国人一生有效的工作时间不过是三十几年，平均一生要换四种职业。总之，在当今社会环境中，对于职业流动性极高的人员来说，合理而客观的择业也是为个人提供自我调整的机会，以便更好地实现自我发展。

3. 组织结构的调整——组织选择个人

外界环境变幻莫测，各种组织也变化万千。短短 20 多年的时间，国内有不少企业曾轰轰烈烈然后又悄然无声，如史玉柱的"巨人"、牟其中的南德集团，郑州的"亚细亚"等企业纷纷倒下去了，"秦池""同创"的衰落也是记忆犹新。20 世纪 80 年代的十大民营企业家如今已经很少像当年那样辉煌。可以说，想找一个长期不变的企业和组织很难。即便在各个企业相对短暂的辉煌过程中，也总是需要根据外部市场的变化不断地进行组织调整、业务重组。这一过程中，在淘汰一些人的同时，又给许多人重新安排了职位。因此，在组织结构的调整中，如果你事先对自己的职业生涯没有一个很好的设计，只能是被动、盲目的。

4. 人的需要是变化发展的

人的行为与其动机和需要有密不可分的联系，而人的需要具有层次性，是不断变化发展的，所以需要的不同产生了职业行为上的差异。因此，我们应该根据人的不同层次需要，制定相应的择业。人的需要，从低级到高级，可分为以下 4 个层次。

（1）生存需要。作为生物，人具有寻求自我保存的本能。所以，人们要先具有能换取经济性报酬的知识、技术和能力，才能获得维持生存的基本物质。

（2）安全需要。安全主要是指已经获得的生活方式与生活水平得以维系。一方面，外在的环境会随时改变，政治体制、经济制度、战争、暴乱、通货膨胀会对人的安全产生威胁。另一方面，个人的心理与生理都会随年龄的增长而衰退，风险也会随之而来。

（3）人生内容丰富。丰富的意义在于：一是指一生之中接触到的人、事、物、地方的广泛性；二是指对于所接触到的人、事、物、地方有较为深刻的理解。视野拓展、宽阔包容，使短暂的人生显得瑰丽多彩。

（4）人生理想的实现。人生的终极需要在于，能够将自己的知识、能力贡献给他人，以造福人类。人生最大的喜悦是自己的能力得到社会的认可，因而主动创造社会财富，寻求自身价值的实现，使之成为人生努力的一个方向。

七、大学生择业的意义

当今社会正处在变革的时代，到处充满着激烈的竞争，职业活动的竞争尤为突出。大学生要想在激烈的竞争中脱颖而出并立于不败之地，必须设计好自己的职业生涯，这样才能使自己有明确的发展方向。因此，大学生的择业具有重要意义。

（1）提高求职的成功率。大学生对自己进行准确的评估和择业并明确自己的求职目标，有助于充分发现自己的工作优势，从而提高职业选择的成功率。

（2）有利于降低求职成本。大学生一旦有了明确的职业目标，就可以有的放矢地去寻找适合自己的职业机会。这既有利于节约经济成本，又有利于提高求职速度，大大缩短求职时间。

（3）工作的持久性增强。很多人快速离职在很大程度上是因为对工作的不认同，而当我们有了明确的择业时，就会知道我为什么在这里工作，是为了积累经验、提升技能，还是为了锻炼自己，这时候哪怕有再多的诱惑、再多的挑战，对于工作的选择也会更加慎重。

（4）工作满意度更高。对工作岗位的认可，对从事职业的认同，都会使得大学生对工作的投入程度以及对工作的主动性大大增强，工作满意度也会随之增加。

（5）充分提升个人的职业竞争力。当大学生有了自己的择业，明确了自己的选择的时候，就会很自然地明确哪些是需要提升的，哪些是需要锻炼的，哪些是自己追求的终极目标。当你在某个领域有足够资质时，不是你去努力找好工作，而是好工作来找你。

（6）获得更多的回报。当大学生找到一份适合自己的工作并致力于提高他们的职业竞争力时，他们会给企业、给社会创造更多的价值，同时，大学生自己也能得到丰厚的回报，包括名誉上的、物质上的以及精神上的。

第四节

本讲小结

（1）职业生涯是指与工作相关的整个人生历程，它几乎贯穿每个人的一生，并且处于不断发展变化状态。职业生涯中与工作相关的经历既包括客观事件或情境，又包括对与工作有关的事件的主观解释。实际上，一个人确定自己一生的理想目标，并根据这一目标来进行相关努力，这就是择业。

（2）职业生涯可分为内职业生涯和外职业生涯。内职业生涯是指在职业生涯发展中通过提升自身素质与职业技能而获取的个人综合能力、社会地位及荣誉的总和，它是别人无法替代和窃取的人生财富。外职业生涯是指在职业生涯过程中

所经历的职业角色及获取的物质财富的总和,它是依赖职业生涯的发展而增长的。

（3）良好的价值观是成熟心智思考模式的关键,好的择业应该是建立在正确的、批判性价值观的基础之上。国外部分发达国家的职业生涯教育已经成为了一个贯穿幼儿园到入职后教育的完整体系,在学校教育阶段则是非常重要的课程组成部分之一。国外的职业生涯教育基本上都是以培养人的就业、择业意识与择业能力为主要目的,我国的职业生涯教育包括大学生择业教育起步较晚,所以我们可以从中得到许多借鉴。

第五节

思考与阅读

一、价值观的思考

针对第二节中洛克奇提出的13种价值观,我们可以问自己以下几个问题（按1~5排序,1代表最重要,5代表最不重要）:

（1）我重视的价值观是什么？

（2）我所标示的这五个价值观是我一直都重视的吗？如果曾经有改变,是在什么时候？

（3）有哪些价值观是我父母认为重要,而我却不同意的？

（4）价值观的改变是否曾经改变我安排生活的方式？

（5）我理想的工作形态与我的价值观之间是否有关系？

（6）是否因为谁说的一句话或者某件事情,如考试的成绩,而对自己的价值观感到怀疑？

（7）以前我曾经崇拜哪些人？他们目前对我有什么影响？

（8）我的行为可以反映我的价值观吗？例如,重视工作的变化、成长与突破的你,会选择单调枯燥、一成不变的工作吗？你会在爸妈的期望下,选填自己不喜欢的专业或岗位吗？

以上8点,是了解价值观的基础。这些问题的回答并不容易,也不是短时间就能有完整的答案。因为价值观的显现有时候像是调皮、好动的小孩,不好掌握,动向不明;有时又像是个文静高雅的淑女,没有明显的动作,却是人们注意的焦点。

二、对照引例综合思考

引例：当外职业生涯遭遇寒流时

2006年4月24日，普华永道上海分公司年仅24岁的员工胡宗凯，因长期得不到公司重用，唯恐这种状况延续下去自己可能被公司炒鱿鱼，不堪压力，徘徊再三，最后从公司大楼的20层跳下。胡宗凯曾是一位非常优秀的学生，毕业后即进入PWC（普华永道）工作，但不知什么原因，一直得不到公司的重用，自杀前他一直担心自己会被炒鱿鱼。

在学校里，胡宗凯一直都是出类拔萃的优秀学生，可以想象他必定深受老师和同学的尊敬，而他所期望的一切也都可以凭借自己的努力得到。但进入PWC以后，周围的竞争异常激烈，能够过关斩将进入"四大"（指世界四大会计师事务所，PWC是其中之一）的都是高手，胡个人先前的优越性自然大打折扣。再加上由于某些潜规则的存在，个人如果不能很好地去理解和适应，也很可能使自己处于比较被动的境地。

 思考

1. 为什么择业和管理对人生发展很重要？
2. 如何促进内职业生涯和外职业生涯的发展？
3. 如何让员工个人发展目标和组织发展目标保持一致？

三、小测试

下列题目中有A、B两种观点和态度，比较同一题中的A和B，选择和自己平时考虑接近的选项打上钩，如果两者都不符合则打叉。

（1）A. 做事果断，认为即使有所损失，以后可以再挣回来。

B. 做事三思而后行，没有切实可靠的赢利把握就不会去做。

（2）A. 经济力量在发挥作用，从而国家繁荣。

B. 军事力量在发挥作用，所以国家才繁荣。

（3）A. 想当政治家。

B. 想当法官。

（4）A. 对一个人的了解，始于他（她）的穿着打扮或居住条件。

　　　B. 认识一个人不能够仅从外表进行判断。

（5）A. 认为大刀阔斧地工作需要养精蓄锐。

　　　B. 必要时愿意献血。

（6）A. 想领养孤儿抚养。

　　　B. 不愿让任何其他人留在自己家中。

（7）A. 买汽车时会选择买全家能乘的大型汽车。

　　　B. 买汽车比较注重汽车外形和颜色。

（8）A. 留意他人和自己的服装。

　　　B. 对于自己和他人的事，不考虑以后的事。

（9）A. 结婚前首先确保自己有房间。

　　　B. 认为眼前的事最重要，不考虑以后的事。

（10）A. 与人相处能够照顾到各个方面，被认为是个考虑周到的人。

　　　B. 认为自己是有判断力的人。

（11）A. 不随波逐流，认为自己的生活方式同他人不一样也无所谓。

　　　B. 愿意与人攀比，认为其他人家里有的东西自己也应凑齐。

（12）A. 为能被授予勋章而奋斗。

　　　B. 心地善良，暗地帮助不幸的人。

（13）A. 时常自以为是，认为自己的想法比别人的都正确。

　　　B. 比较客观，认为必须尊重他人的价值观。

（14）A. 最好是婚礼能上电视，而且有人赞助。

　　　B. 希望把自己的婚礼搞得比别人更有气派。

（15）A. 被周围的人认为有眼光，能推断将来的事。

　　　B. 被认为是处事果断的人。

（16）A. 有事业心，店面虽小，但也想自己经营。

　　　B. 不干被人轻蔑的工作。

（17）A. 很关心佣金、利息。

　　　B. 在陌生的环境里，对自己的能力和适应性十分关心。

（18）A. 认为人的一生中只有获胜才有意义。

　　　B. 认为人应该互相帮助。

（19）A. 在社会地位和收入两者中，认为前者更有吸引力。

　　　B. 认为安定和社会地位相比更实惠。

（20）A. 对社会惯例并不重视。

　　　B. 善于表达并且有幽默感，经常被邀请主持婚礼。

（21）A. 乐于同独身生活的老人交谈。

　　　B. 不愿为别人做事，嫌麻烦。

（22）A. 生活中的每一天都过得十分充实。

　　　B. 时常得过且过，只要还有生活费就不想干活。

（23）A. 认为学习在人的一生中有很重要的地位，有空闲就想学习、"充电"。

　　　B. 时常考虑被他人喜欢的方法。

（24）A. 总想一鸣惊人。

　　　B. 对生活没有过高的要求，同别人一样就行了，平平淡淡才是真。

（25）A. 认为用金钱就能买到别人的好意。

　　　B. 在人的一生中，爱比金钱更重要。

（26）A. 对未来有一种恐惧感，一考虑到未来就紧张不安。

　　　B. 认为将来无论能否成功都不重要。

（27）A. 总是认为自己还有机会，伺机大干一番。

　　　B. 关心发展中国家人民的生活情况。

（28）A. 认为应该尽量地利用亲戚们的关系网。

　　　B. 亲戚之间应该友好相处，并且互相帮助。

（29）A. 如果来世托生成动物的话愿变成狮子。

　　　B. 如果来世托生成动物的话愿变成熊猫。

（30）A. 生活有规律，严格遵守时间作息。

　　　B. 愿意轻松地生活，讨厌忙忙碌碌。

（31）A. 有空的话想读成功者的传记，以便从中得到启示。

　　　B. 有空的话看电视或者干脆睡觉。

（32）A. 认为干不挣钱的事是没有意思的。

　　　B. 时常请客或送礼给对自己有用的人。

（33）A. 对于能够决得出胜负的事情感兴趣。

　　　B. 擅长于改变家室布局和修理东西。

（34）A. 对自己的行为十分有自信心。

　　　B. 认为协作十分重要，所以注意与对方合作。

（35）A. 常向别人借东西，却不愿意借东西给别人。

　　　B. 时常忘记借进或者借出的东西。

（36）A. 认为人生由命运决定是错误的。

　　　B. 玩世不恭，认为被命运摆布也很有趣。

计分方法：

打钩者，不论选择 A 还是 B，都得 2 分，打叉者得 1 分。把 Ⅰ～Ⅸ 的得分分别按照各个类型纵向统计起来，计入"职业价值观测验得分表"的合计栏里，总计得分为 72 分。得分超过 12 分的项目就是你的职业价值观。Ⅰ～Ⅸ的职业价值观分别为：自由型、经济型、支配型、小康型、自我实现型、自愿型、技术型、合作型和享受型。

职业价值观测验得分

	I	II	III	IV	V	VI	VII	VIII	IX		I	II	III	IV	V	VI	VII	VIII	IX
1	A	B								19				A			B		
2		A	B							20					A			B	
3			A	B						21						A			B
4				A	B					22					A				B
5					A	B				23				A			B		
6						A	B			24				A			B		
7							A	B		25		A				B			
8								A	B	26	A			B					
9							A		B	27	A					B			
10						A		B		28	A						B		
11					A		B			29			A				B		
12				A		B				30				A					B
13			A		B					31			A						B
14		A		B						32	A							B	
15	A		B							33	A					B			
16	A			B						34	A							B	
17		A			B					35				A					B
18			A			B				36				A					B
										合计									

四、阅读

"惟思将来也，故生希望心。惟希望也，故进取。惟进取也，故日新。""使举国之少年而果为少年也，则吾中国为未来之国，其进步未可量也。"

——梁启超在《少年中国说》

（一）华中科技大学：走向事业的远方

不管你愿意不愿意，你的未来一定与国家的未来联系在一起。30 多年来，我们的国家一直在摸着石头过河，我们还没有完全蹚过社会主义初级阶段的那条河。未来，前面是否还有石头可摸？党和政府号召创新社会管理，我们如何能有一个健全的公民社会？未来是否有你的一份责任？

同学们，请你们关注，科技的发展会给社会的未来、你们的未来带来何种变化。你们是否准备好了如何面对未来波澜壮阔的能源革命、不可思议的生命科学？

还有似乎无止境的信息技术和人工智能？或许，不久的未来，你们就可能得到物联网、云计算而致的享受，你们就可能尝试器官再生、个性化医疗的成功。这些技术可绝不是浮云，相反地，能够很好地运用它们、驾驭它们，你们或许真如"神马"，能驰骋在天际，遨游于云端。

同学们，你们一定希望拥有一个美好、幸福的未来。未来的美好和幸福在哪里？

要想有一个美好灿然的未来，先使自己的内心美丽起来。最近中国青年报详细报道了我们的校友、你们的学长占美丽执着地投身于垃圾处理的平凡事业。看看那平凡事业中的不平凡事迹吧，你们一定会感动。她内心的美丽和强大使她非常自信："花开的时候，我最美丽！"

未来的幸福在内心的安宁，在自身的和谐。你堂堂正正地做人，踏踏实实地做事，你就能守住内心的安宁。你靠自己的努力和拼搏，你不需要在别人面前说你爸是谁。未来你们可以在不断努力拼搏的过程中自然地实现自我，但切切不要偏执的自我实现。

未来的幸福在感恩和报答。成功既需要贵人的提携与相助，又需要众多普普通通人的烘托与帮衬，那都值得你感恩。懂得感恩，你一辈子或许有贵人相助；知道感恩，你未来的生活将充满阳光。至于你伟大的母亲，你更要感恩，更要报答。母亲的伟大不在于她有多大能耐，不在于她有多么完美，更不在于她有多么高贵。你们一定知道被网友称为"暴走妈妈"的、平凡的陈女士，咱们华中科技大学同济医院陈孝平教授和她一起创造了不平凡的奇迹。为了孩子，其实很多母亲都有可能做那样的事情。未来你赚了钱，常常寄点钱回去补贴父母，即使他们说有钱；未来你条件稍好的时候，把父母接过去享享清福，即使他们说不习惯；未来偶尔亲手做一点他们想吃的饭菜，即使他们说不用你做；更要常回去，量量他们的血压，看看是否有骨质疏松，即便他们说感觉还好。同学啊，感恩和报答可是你一辈子的为人之要。

同学们，看清未来不容易。未来是矛盾的，神奇的，难以言说的。

某些未来是很确定的。一方面意味着事物发展的规律终将不以人们的意志为转移，另一方面意味着，你时时在不知不觉中确定你的未来，未来就在眼前的努力与拼搏中。

然而更多的时候，未来是不确定的，有时候甚至是那么不可思议。我年轻时也憧憬过未来能穿上白大褂，我还当过一个多月的赤脚医生，为乡亲的健康效力而感到兴奋的时刻还刚刚开始时，就被下岗了。后来差不多有机会走到医学院的门口时，我又被拒绝了。在失去理想中的未来时，我不得不面对现实中的未来。日后或许你们会逐渐明白，你很精细地设计自己的生涯、规划自己的未来，你是那么迷恋未来的某一目标，但很可能你迷恋的对象未来却不跟你玩。别难为你的未来。其实，你若真把自己的未来看得那么透彻，人生可能也不那么有意思了。华中大教给你大智慧，不教给你小聪明。

任何社会都存在好些令人不满意的事情。一方面需要人们有质疑批判精神，另一方面更需要建设精神。未来，倘若一切都令你看不惯，你只知道毫无顾忌地怀疑一切、批判一切，却不知道如何建设，那你很可能被边缘化。不要嘲笑人们对未来美好的憧憬，不要玩弄人们对未来希翼的真诚。人间的美好需要你们去建设，社会的互信需要你们去呵护。同学啊，华中大教给你质疑批判精神，不教给你犬儒主义。

未来是大度的。少数同学可能在茫然、疑惑、不解、甚至痛苦中沉思着未来。也许过去你过分消遣和娱乐过未来，你浪费了不少宝贵的光阴，今天方知往事不堪回首，你不知道未来路在何方。站起来，前行就有路。未来依然愿意迎接你，依然愿意把你拥入怀中。同学啊，华中大教给你雄起，不教给你趴下。

希望你们将来能走向事业的远方，我似乎看到你们的远方将是色彩斑斓的。深蓝的天空和海洋或许是你事业的远方；或许你从事环境保护、节能减排，或许你从事先进制造，无论如何，你们都会把绿色带给远方；或许你穿着白大褂，生命就在你心中、在你手上；远方或是红色的。或许你是官员，希望你成为改革的弄潮儿，在不断革除时弊的过程中，或许你在远方有机会让老百姓生活得更有尊严。为官可别忘了政治伦理，要懂得穷人，懂得草民。

你们事业的远方肯定和世界及国家的远方联系在一起，希望未来母校能够看到你们参与人类社会和国家重大发展进程的宏大叙事。科技的发展日新月异，智能、生命等科学的飞速进展有可能把我们带向神秘的远方，有些科学家和工程师们追求超能、长生，人类在这条道路上还能走多远？最近几年，国际上经济颇为萧条的时刻，我们国家的发展依然强劲，国内外都有人谈论"中国模式"，中国模式——我们还能走多远？这些年，一方面人们觉得"民主是个好东西"，另一方面又懂得民主不能解决所有问题，民主和自由——在中国还能走多远？这些年，中央强调社会创新管理，我们距离一个健全的公民社会还有多远？这些年，中央强调对腐败"零容忍"，我们距离清廉的社会还有多远？

人生的远方，不完全在于你能够挣多少钱，有多大的权，成多大的名。你们之间的多数人未必能在钱、权、名方面走得多远，但你们却可以抵达心灵的远方。

同学们，你们是否思考过将要把什么带到远方？

你们要把人文情怀带到远方，那是一定不能少的，不管你为学、为商、为官。能如此，你们不枉在华中大几年所接受的文化素质教育。你们要把诚信带到远方，且不说学术、商务，即便娱乐、体育也不能没有诚信。正在进行的欧洲杯，在诡异莫测的小组赛最后一轮，还是体现了诚信与文明；你们要把互信带到远方，今天的中国社会太需要了！如果我们的社会对教育和医疗都不再有互信，中国又何以崛起于远方；希望你们把独立的人格带到远方。独立人格需要真实，需要正直，不要虚伪。你们的学姐李娜不就是一个很真的人吗？要挺起你们的脊梁！最后，我还想请你们带一点浪漫去远方，那就是喻园四季的四华。你们要像喻园春天的桃花，尽情地绽放，无须问到底为谁妆、为谁容，连春雨和东风都会知晓你们的热情和奔放；你们要像喻园夏日的荷花，出淤泥而不染；你们要把喻园的桂花带到远方，像她那样不羡娇艳，不慕华贵，然而那浮动的暗香，却长久地沁人肺腑；你们也要把喻园冬天的腊梅带到远方，像她那样冷眼笑看，凌霜傲雪，香韵却自苦寒来。

亲爱的同学们，你们想过没有，何以致远？

不要忘了，读书致远。尽管你们已经读过很多书，读书却是一辈子的事，阅读会给你智慧与精神，给你到远方的方向与方法；请记住宁静致远，浮躁不会把你带至远方，不要为眼前的名和利而耗尽你终生的利益；要知道"知止"可以致远，尤其走得很快的时候，稍微歇一歇，想一想，你会走得更远；你们要善于与他人协力，携手共进而更容易致远，神九的三位宇航员若不齐心协力，何以到达远方的天宫？

同学们，要想到达远方，还需要注意什么？

请注意，千万别在错误的方向走得太远。别在精明的方向走得太远，切莫以为别人都是傻子；别在抱怨的方向走得太远，多想想如何建设；别在仇恨的方向走得太远，人不能生活在仇恨之中；别在功利和俗气的方向走得太远，千万别嘲笑老一辈的执着和爱；别在自以为是的方向走得太远，而错把理想和情操当成天真；千万要注意事关国家和社会的发展方向，尤其当你作为一名领导者的时候。我们的国家曾经在"文革"的路上走得太远，使中国人民付出了惨痛的代价。所幸今天我们的国家和党中央没让某些人走得更远。

请注意，记住为什么而出发。黎巴嫩诗人纪伯伦说："我们已经走得太远，以至于我们忘记了为什么而出发。"我们总不能为了科技而科技，以至于忘记了对科技目的的人文拷问；总不能为了利润而利润，以至于忘记了企业的社会责任；总不能为了国家的发展而发展，以至于忘记了发展的根本与要义；总不能为了特色而特色，以至于忘记了本应遵循的原则和前进的方向。

也请注意，同学们，到远方的路上，也不必走得太快。印第安人知道，不要跑得太快，要让灵魂跟上。今天的时代似乎在拷问我们，可不可以在过度物质化、功利化的道路上慢下来，让精神回归？

也不必太刻意追求，一定要走多远。常常仰望星空，那就足够远了！

亲爱的同学们，勇敢地走向你们事业的、理想的、人生的、心灵的远方吧！"

（本文节选自华中科技大学校长李培根于毕业典礼上的致辞——《未来》《远方》）

（二）复旦大学：理想主义者

我们将要面对的世界是复杂的，这个社会既有黑暗、也有光明。"神舟"的飞天和"蛟龙"的深潜可以激发我们极大的爱国热情，但官员贪腐、百姓权利被侵、食品安全和就业压力等，又让我们义愤填膺，深感失望，恨不能把所有的丑恶都一并"掷出窗外"！但是，恰如许纪霖先生所言，"不要说自己无可奈何，没有选择，不要以环境不好、现实黑暗而原谅自己的怯弱，更不要一边诅咒黑暗，一边加入黑暗。""与其诅咒黑暗，不如点亮蜡烛。这根脆弱的蜡烛，即使不能照亮别人、照亮周围，也能照亮你的内心，让自己看得起自己。"许多复旦人确实就是在这样实践着。

"人言数无味，我道味无穷。良师多启发，珍本富精蕴。解题岂一法，寻思求百通。幸得桑梓教，终身为动容。"

谷超豪先生这首诗，讲述了一名典型的复旦人从最初的学术志趣到坚定的学术追求，从有幸登上三尺讲台到终生视教育为责任和奉献的完整过程。谷先生的人生如此，朱维铮先生、金重远先生等，都是如此，他们被学生所珍爱、怀念，不仅在于学问的高深，更在于他们崇高的师德。朱维铮先生忍受着肿瘤晚期的剧痛上完最后一堂基础课，金重远先生把他在复旦最后一课的日子看作自己的生日。同学们眼中复旦的博大和包容，就是这一位位可敬、可亲的老师，用他们平凡而又伟大的人生演绎出来的！复旦精神，就是由这样的一代代复旦人所铸就，他们有血有肉，有理想有追求！更重要的是，他们对世俗的"成功"一点也不屑，既不羡慕，也不怨恨！

昨天下午，在学校召开的"庆祝中国共产党建党91周年的纪念大会"上，优秀党员、援藏数年的钟扬教授在他的"生命的高度"的演讲中谈到了他在西藏所发现的一种草本植物，它只有数十公分的高度，远没有高达150米的所谓的美国红杉那样伟岸，但它扎根于海拔6000多米的高原，它能够经受早晚45℃的温差，它虽然似乎没有其他的媒介来为它传授花粉，却顽强地开花、结果、繁衍后代，它是比美国红杉更为成功的生存竞争者。钟扬教授称其为"生存的先锋者"，它是"成功的奠基者"，它代表了一种"生命的高度"，而且是一种生命的精神的高度。我想，这也是包括钟扬教授在内的所有复旦人应具有的"精神高度"，它足以抵抗任何（无论是"精致的"还是"原始的"）"极端利己主义"的诱惑！"

（本文节选自复旦大学校长杨玉良在2012届本科生毕业典礼上的讲话。）

第二章

择业的思想：理论与行动

第一节

毕业致辞（二）——理想与时代

上海交通大学：执着理想，不惧小事

上海交通大学校长张杰对怀着远大的梦想继续前行的交大学子说过这样三句话：

第一，坚守理想，不骄不馁。前行之路并不平坦，然而坎坷崎岖却是对人生的历练。没有一条溪流，不经过岩石的阻碍就能和大海汇合。从来没有一次日出，不经过黎明前的黑暗。重要的是，对理想的坚守，对前途的信心以及对自身修养的不断提高。中国正在快速成为世界的经济大国、政治大国和文化大国。这个过程意味着艰苦卓绝的奋斗。所以，作为中流砥柱的交大人，你们的人生，也一定会直面创业的艰苦，也因此一定是多彩而辉煌的。

第二，不惧挑战，承担重任。交大人的根本内涵，不只是一般意义上的成功的人，而是有勇气、有能力开启想象，有力量、有智慧进行创造的人；你们不仅要具有一流的个人职业能力，更要有在竞争中相互赞许和支撑的交大品质；你们不仅要有坚持一生顽强开拓的自我期许，更要有创造知识、影响世界的勇气和能力；你们是中华文明在创新中传承的青年先行者。

第三，志存高远，从小事做起。"勿以恶小而为之，勿以善小而不为"，非此，无以成就"直挂云帆济沧海"的志向。交大的学子，当以天下为己任。可是，一屋不扫，何以扫天下？老子云："合抱之木，生于毫末；九层之台，起于垒土；千里之行，始于足下。"我们厌恶浮躁虚假，就要耐得平凡寂寞，我们拒绝平庸浅薄，就要经受睿智深邃的磨炼。

（本文节选自上海交通大学校长张杰在 2011 届本科生毕业典礼上的讲话《坚守大学精神　思源致远》）

中国人民大学：需无愧于时代

中国人民大学校长纪宝成则给人大的学子们提出这样的问题："什么样的人大人才才能无愧于母校的教诲？无愧于这个伟大的时代呢？"

他对毕业生提出了三点希望：

一、博学而笃志，把知识能力的提高和思想品德的修养紧密结合起来

"博学而笃志"探讨的是学问和道德、志向之间的人生价值取向。"成才立业德为基"，决定一个人走得多远、飞得多高的，不仅在于知识、能力，更在于崇高的理想、坚定的信念、坚韧的毅力和高尚的情操。爱因斯坦曾经说过，用专业知识教育人是不够的。通过专业教育，他可以成为一种有用的机器，但是不能成为一个和谐发展的人。要使学生对价值有所理解并且产生热诚的感情，那是最基本的。所谓价值，就是要形成正确的世界观、人生观和价值观。我希望大家做到"行为精英，心为平民"，行为精英，就是要有远大理想，心怀敬畏之心，自强不息、探索新知、追求真理；心为平民就是要树立人民观念和平民意识，心系大众、扎根实际、深入基层，从点滴做起，从小事做起，踏踏实实服务于人民群众，逐步实现心中的理想和自身的价值。

二、切问而近思，把创新实践和忧患意识紧密结合起来

"切问而近思"反映的是为求索真理与知识创新，进而关照现实、知行合一的状态。创新是一个民族和国家发展的不竭动力，是新时期合格人才的必备素质，无论什么样的工作岗位，都需要创新，也都能够创新。创新动力来源于哪里？来自于对科学、真理的不懈追求，来自于对国家、民族乃至人类未来的深切关爱，来自于对传统的继承、扬弃和社会生活的广阔实践。钱三强先生曾说："虽然科学没有国界，科学家却是有祖国的"，个人的命运与国家的命运是紧密相连的。我看到今年学校有关部门挂出的毕业标语"祖国最终选择那些选择了祖国的人"说得就很好。人民大学"立学为民、治学报国"的精神和宗旨，就是希望同学们能把个人的前途和命运同国家的前途和命运紧紧联系起来，服务人民，报效国家。当今世界并不平静，我们国家的和平与发展面临着来自国内外各种各样的困难和挑战。古人讲"位卑未敢忘忧国"，同学们一定要有"先天下之忧而忧，后天下之乐而乐"的忧患意识，居安思危，居危思危，将具体工作中的创新实践与为民报国的忧患意识结合起来，为人民的幸福和国家的富强贡献自己的力量。也只有这样，才是个人工作中持续创新、不断进步的动力和源泉。

三、宁静而致远，把全面发展和个性发展紧密结合起来

"宁静而致远"反映了一种由个人的专心致志、全面修为，从而成就专攻、厚积薄发的人生境界。我们这个伟大的时代，既尊重个性、承认个人规划和设计，

更倡导以国家的需要和人民的满意为人生最大需求。做宁静致远、淡泊明志的人大人，就要在发展个人兴趣专长的过程中，在正确处理个人、集体、国家关系的基础上保持个性、彰显本色，并在心怀天下、心系人民中不断净化、升华。要做到内心世界光明而崇高，行为举止自然而得体，生活情趣清新而多彩，人文情怀深沉而厚重，艺术修养高雅而丰富。要始终坚持"德智体雅"的发展目标，践行"真善美爱"的行为模范。要用终身学习、"吾日三省吾身"的努力，塑造质朴、善良、诚信、勇敢、高尚的人格素质，既有仰望星空的豪情，也有脚踏实地的淡定，既有虚怀若谷的大气，也有敢为人先的豪气，既能经得起成功，也能受得住挫折，"想干事、能干事、干成事"的人生旅途上，实现自己的优雅人生、光彩人生、有成就的人生，以赤子情怀成为让人民满意的"国民表率、社会栋梁"。

（本文节选自中国人民大学校长纪宝成在 2010 届毕业典礼上的致辞）

一、落实行动更重要

大凡择业者，对自己的事业都是有责任心，有美好的愿望的。谁不愿意自己的事业兴旺发达？谁想自己忽悠自己？可是，择业要能成功，光有好的愿望与责任心还不行，还需要本领，需要能力，需要落实行动。

《伊索寓言》里有这样一个故事：一位隐士和一头熊是好朋友。一天，隐士和熊在野外散步，隐士感到疲惫，就躺在草地上睡着了，熊在一旁等候。这时一只苍蝇落在了隐士的脸上，爬来爬去。熊想，小小的苍蝇还敢欺侮我的好朋友，一掌朝苍蝇打去，苍蝇被打死了，隐士的头也成了肉酱。从动机上讲，熊对隐士的负责和忠诚是不容置疑的，但是隐士的头成了肉酱也是不争的事实。这个故事启示我们，大到党和国家的事业，小到个人的生活细节，良好的愿望固然重要，但如果没有与愿望相适应的能力与素质，这种责任和愿望是注定要落空的。

责任心是抽象的，但体现在工作和生活中是具体的尽责，反映在实践中是指有干好某项工作的基本素质。任何事物都有自己的特点和规律，尽责任就要熟悉事物的特点，掌握事物的规律，而熟悉特点、把握规律，需要在实践中认真探索、总结、提高，需要在平凡、具体、琐碎的工作中付出和奉献。另外，虽说事物的特点和规律具有一定的稳定性，但也不是一成不变的，事物在不同的历史时期会呈现不同的特点。要把责任心落实到具体问题和工作的实践中去，把热情和愿望转化为钻研问题和干好具体工作的素质，就要着眼于情况的变化需要，积极探索，潜心琢磨，不懈追求，注重在动态中熟悉事物的特点，在变化中把握事物的发展规律，在实践中总结提高，锤炼干好具体工作的能力，成为解决某些具体问题和工作事项的内行，成为驾驭这项工作的能手。

另外，有些人事业无成，其原因尽管是多方面的，但从个体角度讲，缺乏水滴石穿的坚韧精神，缺乏持久的恒心，不能不说是一个重要原因。古人讲"慎终如始，几无败事"，就是说对于某项工作，既要有高度的责任心，更要有尽好责的恒心，不仅在一时一事上尽责任，而且要时时、事事、处处干好工作，保持责任的一贯性、连续性。

二、做好就业准备

无论是从全世界范围来看，还是从近百年来的经济发展史来看，经济发展都具有周期性、波段性的特点，"金融海啸"特别是美国的次贷危机只是"导火索"。一方面，中国经济发展本就处于转型期，相当一部分企业遭遇到很大的困难，一部分企业可能面临破产倒闭，就业形势更加严峻；另一方面，近些年高等教育从"精英教育"迈向"大众教育"，特别是持续扩招，大学生就业难的问题日益突出。

外围环境的变化肯定对就业形势有相当大的影响，但就业质量的高低还是主要取决于个体本身的素质，特别是个体的岗位胜任力。斯宾塞和麦克利兰等人认为，胜任力是指特质、动机、自我概念、社会角色、态度、价值观、知识、技能等能够测量的，并可以把高绩效员工与一般绩效员工区分开来的个体特征。

为了提高就业质量，求职者特别是大学生必须练好"内功"，提高自己对目标职业或岗位的胜任力。首先，在校期间勤奋学习，打好基础，积极实践，提升能力；其次，从社会需求出发，根据自己的情况，如特长、兴趣等，设定就业目标；另外，在经济不景气时期求职，应适当降低预期，更注重未来的职业发展。

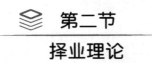

第二节

择业理论

经典择业理论

1. 特质—因素论

"特质—因素论"是职业指导中历史最久的理论，它源于19世纪的官能心理学研究，由美国职业指导专家弗兰克·帕森斯（Frank Parsons）创立，并由威廉逊（Williamson）发展成型，一般也被称为"特性—因素匹配理论"。特质—因素论基本上是一种以经验为向导的指导模式，其主要特点就是人—职匹配。这一模式的理论基础是差异心理学思想。差异心理学理论的核心是人与职业的合理匹配。它在职业指导方面的应用，则是建立在帕森斯关于职业指导三要素（人、职业、匹配）思想的基础上。

特质—因素论认为每个人都具有自己独特的能力模式和人格特性（特质）。而所有人在其成长发展的各个方面也都存在差异，差异现象普遍地存在于个人心理和行为中。而人的特性是可以用科学手段测量的，可以通过使用量表，并辅之以观察法、谈话法、问卷法等，测量被指导者的体质与心理特性，对其进行全面的特性评价，从而得出每个人不同于其他人的特性。而某种能力模式及人格模式又与某些特性职业相关。每种人格模式都有其适应的职业，人人都能找到适合自己的职业。

同时，职业因素也可以运用一定方法进行分析确定，该理论采用工作分析法，研究有关职业特性的工作任务、程序以及工作环境等对工作人员的要求。

职业指导就是研究两者的相关性，解决个人的兴趣、能力与工作机会相匹配的问题，通过职业指导达到人与职业之间的合理匹配，即将职位要求与人的特性相对应，以求达到人职匹配的目标，帮助个人寻找与其特性相一致的职业。

根据帕森斯所揭示的职业指导三要素，职业指导的过程由以下三部分组成。

（1）评价求职者的生理和心理特点

通过心理测量及其他手段，获得有关求职者的身体状况、能力倾向、兴趣爱好、气质与性格等方面的个人资料，同时通过谈话、调查等方法获得有关求职者的家庭背景、学业成绩、工作经历等情况，并对这些资料进行评价。

（2）分析职业对人的要求（因素）

职业对人的要求（因素）包括以下几个方面。

①职业的性质、工资待遇、工作条件，以及晋升的可能性。

②求职的最低条件，如学历要求、所需的专业训练、身体要求、年龄、各种能力及其他心理特点的要求。

③为准备就业而设置的教育课程计划，以及提供这种训练的教育机构、学习年限、入学资格和费用等。

④就业的机会。

（3）人—职匹配

指导人员在了解求职者的特性和职业的各项指标的基础上，帮助求职者进行比较分析，以便选择一种符合个人特质又有可能获得成功的职业。

ZE YE XUE

2. 霍兰德的职业类型理论

约翰·霍兰德（John Holland）假设人的职业选择是其人格的反映。"职业选择反映了人的动机、知识、人格和能力。职业代表一种生活方式、生活环境，而不仅仅是一些工作职能和技巧。做一个木匠不只意味着使用工具，也意味着特定的地位、社会角色和生活模式。"

职业类型理论是 20 世纪 50 年代兴起的，它强调人的整体性和工作环境的整体性，注重个人的人格类型同工作环境的一致性。

霍兰德认为，在当代的文化中，大多数人的人格可以区分为 6 种类型：现实型（realistic）、研究型（investigative）、社会型（social）、艺术型（artistic）、企业型（enterprising）和常规型（conventional）。各种类型的人格在职业方面会表现出不同的特征。

（1）现实型。这种类型的人通常身体强健，动作灵活敏捷，具有较好的操作技能。他们可能在自我表达和向他人表达情感方面遇到麻烦或感到困难。他们喜欢在户外活动，喜欢使用和操作工具，尤其是操作那些大型机械。他们宁愿与机械和工具打交道，也不愿与人打交道。他们通常持有较保守的政治、经济观点，对激进的新观点兴趣不大。他们热衷于通过自己的双手创造出新事物。他们主要喜欢熟练的手工工业和技术工作，即通常要运用手工工具或机器工作。如机械制造、建筑、渔业、野外工作、实验技师、工程安装、某些军事职业及木匠、铁匠、产业工人、运输工人等，这类人长于动手技能，能够独立钻研业务，完成任务。

（2）研究型。这种类型的人对科学研究和科学探索有热情，并表现出对工作的极大热情，对周围的人并不感兴趣。他们习惯于通过思考在思想中解决所面临的难题，而并不一定实现具体的操作。他们喜欢面对疑问和不解的挑战，不喜欢那些必须遵循许多固定程式的任务，喜欢从事那些需要创造力的工作。在科学领域中，他们常常具有非常传统的观念，倾向于创新和怀疑。他们主要喜欢科学研究和实验工作，从事自然界和人类社会的调查研究工作。如工程设计、生物学、物理学、气象学、实验研究工作及其他自然科学和社会科学的各类科研人员。这类人往往智力水平较高。

（3）社会型。这类人关心社会的公正和正义，责任感强，具有较强的人道主义倾向，社会适应能力强。他们通常善于表达，善于与周围的人相处，喜欢处于集体的中心地位，喜欢通过与他人讨论来解决存在的难题。他们善于通过调整与他人的关系来解决存在的难题。他们不喜欢需要剧烈身体运动的工作，不喜欢与机器打交道。他们喜欢为人办事的工作，如教师、医生、护士、服务员、其他社会工作者等。这类人往往愿意与人交往，热心助人。

（4）企业型。这类人通常善于辞令，尤其适合做推销工作和领导工作。他们通常精力充沛、热情洋溢、富于冒险精神、自信、支配欲强。他们喜欢担任负有领导责任的社会工作。他们喜欢与人争辩，总是力求使别人接受自己的观点。他们缺乏从事精细工作的耐心，不喜欢那些需要长期智力劳动的工作。他们通常追求权力、财富、地位。他们喜欢那些劝说、指派他人去做某事的工作，即从事决策性、管理性的工作。如国家干部、厂长、经理、推销员、电影电视节目制作人、政治家、社会活动家、房地产经纪人等。这类人往往性格直率果断，处理问题有魄力。

（5）艺术型。这类人的兴趣在于艺术型工作，喜欢具有许多自我表现机会的艺术环境。他们不喜欢从事那些粗重的体力活动，对那些高度规范化的任务不感兴趣。他们与研究型的人相似，喜欢单独一个人活动；不同之处在于他们有强烈的自我表现欲望，对自己往往过于自信。他们喜欢艺术创作工作。如作家、诗人、作曲家、歌唱家、舞蹈家、戏剧导演、演员、音乐演奏家、摄影师、书画家等。从事这些工作要用语言、音响、动作、色彩等创造艺术作品。这类人往往性格活泼，勤于创作。

（6）常规型。这类人喜欢从事高度有序性的工作，包括言语方面和数量方面那些规范性较强的工作。通常，他们在办公室工作。这类人在大型机构中从事一般性工作，并且很知足，不寻求担任领导职务。他们习惯于服从命令，愿意执行上级命令，而不习惯于自己对事物作判断和决策。他们不喜欢那些模棱两可的指示，希望能精确地了解要求自己做什么。这类人通常保守、忠诚、可靠、自我控制能力强。他们既不喜欢从事笨重的体力劳动，也不喜欢在工作中与别人形成过于紧密的联系。对于明确规定的任务可以很好地完成。

在霍兰德看来，有些人的人格类型可能并不是非常清晰，但总与某一类比较接近。同样，霍兰德认为，社会环境的类型也是可以区分开来的。在清楚地了解了人格类型和社会环境的类型之后，是可以使两者适当地配合的。

但在实际的测试中，很少有人属于其中某种单一类型，多数人属于其中几种的混合型。每个个体都会测得分数最高的某种职业人格类型，也有分数次高与之相近的职业个性类型，还有再次的与之成中性关系的职业人格类型。一般又都有分数最高与分数最低的相斥的两种职业人格类型。个体在实际选择职业时，可以选择与自己职业人格类型完全一致的职业，如果不能实现，也可以选择与之相近或成中性关系类型的职业，但尽可能注意避免选择与之成相斥关系类型的职业。

人们在选择职业时发生困难，往往是由于对自己的兴趣、能力不够了解，或者过于笼统，也有可能是由于对社会环境缺乏了解，从而无法实现其职业计划。因此，霍兰德认为，如果没有严重的心理障碍和精神异常，大部分人只要得到必要的信息，有一定的机会进行职业探索，每个人都是可以自行解决其职业问题的。

霍兰德还认为，个体最初表现出的是对某些活动的偏好和兴趣，后来才逐渐发展成为某一方面的能力和专长,在此基础上形成职业价值观。个体职业的偏好、能力和价值观又会引导其朝着这一职业目标前进。因此,一个人的人格类型是遗传与环境相互作用的结果。从这个意义上讲,早期的职业兴趣培养,在人格类型的形成中起着重要作用。

3.施恩的职业周期阶段划分

美国心理学家施恩(E.H.Schein)采用了另一种划分法,分别按生物社会周期和职业周期(Career Cycle)来划分职业生涯阶段,而每一阶段所面临的问题及任务又各不相同,如表2-1、表2-2所示。

表2-1　生物社会周期阶段的任务

年龄范围	面临的广义问题	特定任务
青少年至20岁	1.进入成人世界 2.对各种成人角色作出暂时性承诺 3.发展个人的自我意识,获得与自己和朋友亲密相处的能力 4.变得更能辨别个人和各种关系 5.建立个人自身的活动结构和方式	1."拔腿就走",脱离个人原来的家庭(18~24岁) 2.凭借同辈群体的力量,获得支持而不是一味依赖支持 3.作出有效的教育和职业选择 4.学会与配偶相处 5.不靠父母支持或依赖个人的原有住房条件,建立自己的住房和家庭 6.确立新的个人和群体成员资格及社团承诺 7.发展未来的一种自我图像,即一个人的"梦" 8.寻找良师,吸取从他们身上学到的东西 9.克服全知全能,自信早期选择不可改变和唯一有效的感情
20岁到30岁:过渡	1.应付30岁的过渡,不论它对个人有什么样的意义 2.第一次进行重估的时期,面临"我是自己所要成为的那种人吗"和"我对生活有什么要求"的问题 3.第一次认识到人终有一死	1.复查个人职业、婚姻、子女和社会参与方面的全部暂时性承诺 2.开始作出更多的属于最终选择的过程,这些选择将导致长期持久的成人承诺 3.如果必要,选择方向上做出重要的变化
30岁	1."而立之年"——扩展、深化和稳定个人承诺 2.承认"时间有限"的事实 3.从个人的幻想中成熟起来 4.从观念和感情上为40岁做准备 5.关心亲生子女和双亲角色	1.安常处顺,立足于成人世界 2.承认自己的职业和一生——或是加倍努力工作,"向上爬";或是放弃部分梦想,满足于安全感 3.承认个人的婚姻,以一种现实评估取代20岁时理想图像 4.管理家庭和职业之间的潜在冲突 5.让配偶接受自己实际上是怎么回事 6.一味沉湎于家庭与工作之间的潜在冲突,继续参与社团和朋友活动 7.学会承认子女实际上是怎么回事 8.学会承认父母实际上是怎么回事——开始意识到为个人的灾难、命运和个性负责 9.结束与良师的关系:渐渐清醒过来,中止非现实的交往,代之以自身的价值观,开始为自己成为一名良师做准备

年龄范围	面临的广义问题	特定任务
30岁到40多岁：中年过渡或危机	1.面临个人梦想和实际成就之间的不一致——青春期冲突复活 2.认识到体力下降的征兆，接受"衰老"；更强烈地认识到人终有一死	1.复查和承认个人梦想的要素、实际现状及两者间的不一致 2.作出新的选择——接受和寻找工作、家庭和自我的新意义，或朝新的方向前进
40岁到50岁	1.一个重估潜在的烦恼的时期，但是如果对策适当，也是发现幸福和内心平静的时期 2.查找个人自身的生活目标和价值观，取得一种更稳定的整合和生活方式，摆脱以往角色模式或压力 3.一个时期的封闭之后，向世界重新开放自我 4.开始懂得子女业已成人，承认他们的成人角色 5.父母角色完成之后，确立与配偶的亲密模式；或解散家庭，开始新的生活模式 6.与下属和其他人有更多的交往	1.增强自主意识和自愿承诺，这是一种个人自己作出选择的意识 2.应付明显的抑郁，承认抑郁感是生命的组成部分——"木已成舟" 3.承认生命只有一次 4.作出最终的职业决策——继续往上爬，讲求安稳，或重新选择职业 5.成为一名良师——给人以监护、教诲和支持 6.应付空巢综合征——帮助配偶适应父母角色的消失，向其他角色过渡 7.应付能力丧失的恐惧和"崭露头角"的年轻人的竞争 8.应付年纪大、有所依赖父母的去世 9.开始自我发展的具体计划，使这种发展与职业、家庭的需要相均衡
50岁至退休	1.一个相对稳定的时期，但对时光飞逝惴惴不安，身体衰退 2.一个圆熟、宽厚，珍视配偶、子女和朋友的时期 3.最终承认自我的本来面貌，不会为自己的问题而责怪父母 4.复查个人的工作、生活和对世界的贡献 5.日益关心广泛的社会和社区问题，专业化丧失，智慧增长	1.保证个人处在与朋友的交往中，但没有兴趣建立新的交往和友谊 2.适应社交能力的衰退，沉浸在自我和新建立的模式中 3.使生活更简单和更舒适——避免感情负担 4.与子女建立成人关系，礼尚往来 5.学会做祖辈
60岁至去世	1.应付退职 2.体力、脑力和社会角色发生变化，一个过渡和不确定的时期 3.应付不再健康和精力下降及出现的内在偏见 4.适应配偶的去世 5.适应对孩子、朋友或机构的依赖 6.为自己的去世做准备	1.适应简化的地位和工作角色 2.接受退休和简化的角色，接受个人精力退化的事实 3.根据身体和健康条件，学会改变个人的生活方式 4.适应日益内向和外界沟通简化的情况 5.适应一种简化的生活标准，应付新的财务问题 6.通过多运用判断、谋略和积累的经验，学会弥补速度和体力的丧失 7.为去世做好具体准备——拟定和审核遗嘱，决定丧葬安排 8.息事宁人——取得某种合一意识，避免失望 9.优雅静穆地离开人世

表2-2 职业周期阶段的任务

阶 段	面临的广义问题	特定任务
1.成长、幻想、搜索（年龄：0~21岁；角色：学生、候选人、申请人）	1.为进行实际职业选择打好基础 2.将早年职业幻想变为可操作的现实 3.对基于社会经济水平和其他家庭境况造成的现实压力进行评估 4.接受适当的教育或培训 5.开发工作世界中所需要的基本习惯的技能	1.发展和发现自己的兴趣和需要 2.发展和发现自己的能力和才干 3.学习职业方面的知识，寻找现实的角色模式 4.从测试和咨询中获得最大限度的信息 5.查找有关职业和工作角色可靠的信息源 6.发展和发现自己的价值观、动机和抱负 7.作出合理的教育决策 8.在校品学兼优，以保持尽可能开放的职业选择 9.在体育运动、业余爱好和学校的各项活动中寻找机会进行自我测试，以发展一种现实的自我意向 10.寻找实验性工作和兼职工作的机会，作出早期职业决策
进入一个组织或职业		
2.进入工作世界（年龄：16~25岁；角色：应聘者、新学员）	1.进入劳动力市场，谋取可能成为一种职业基础的第一项工作 2.达成一项正式可行的心理契约，保证个人和雇主的需要都能满足 3.成为一个组织或一种职业的成员——穿越第一个主要的包含边界	1.学会如何找一项工作，如何申请，如何进行一次工作访谈 2.学会如何评估一项工作和一个组织的信息 3.通过挑选和自测 4.作出现实的、有效的第一项工作选择
3.基础培训（年龄：16~25岁；角色：实习生，新手）	1.应付工作和成员资格实际上是怎么回事的现实冲击 2.尽快成为一名有效的成员 3.适应日常的操作程序 4.作为正式的贡献者被承认，穿过下一个包含边界	1.克服缺乏经验带来的不安全感，发展一种信任感 2.译解组织文化，尽快"了解内情" 3.学会与第一个上司或培训者相处 4.学会与其他受训者相处 5.接受始业仪式或其他与做一名新手有关的仪式，从中学到点东西（多干下手活和"单调乏味"的任务） 6.接受进入和承认的正式符号：制服、徽章、身份、停车证、公司手册等
4.早期职业的正式成员资格（年龄：17~30岁；角色：新的正式成员）	1.承担责任，成功地履行与第一次正式分配有关的任务 2.发展和展示自己的特殊技能和专长，为提升或进入其他领域的横向职业成长打基础 3.在自己的独立需要和组织约束及一定时期附属、依赖的要求之间寻求平衡 4.决定是否在这个组织或职业中干下去，或者在自己的需求、组织约束和机会之间寻求一种更好的配合	1.有效地工作，学会如何处事，改善处事方式 2.承担部分责任 3.接受附属状态，学会如何与上司和自己的同事相处 4.在有限的作业区内发展进取心和现实水平的主动性 5.寻求良师和保护人 6.根据自己的才干和价值观，以及组织中的机会和约束，重估当初决定追求的工作 7.准备做出长期承诺和一定时期的最大贡献，或者流向一个新职位和组织 8.应付第一项工作中的成功感或失败感

阶　段	面临的广义问题	特定任务
5.正式成员资格；职业中期（年龄：25岁以上；角色：正式成员，任职者，终生成员，主管，经理；个人有可能停在这个阶段）	1.选定一项专业，就成为一名多面手和进入主管部门，决定如何保证成为一名专家 2.保持技术竞争力，在自己选定的专业（或管理部门）领域内继续学习 3.在组织中确定一种明确的认同，成为人所共知的人 4.承担较高水平的责任，包括对他人和自己的工作 5.能成为职业中的一名能手 6.根据抱负、所寻求的进步类型、用以衡量进步的指标等，开发个人的长期职业计划	1.取得一定程度的独立 2.发展自己的实际标准，相信自己的决策 3.慎重估价自己的动机，才干和价值观，依此决定要达到的专业化程度 4.慎重估价组织和职业机会，依此制定下一步的有效决策 5.解除自己与良师的关系，准备成为他人的良师 6.在家庭、自我和工作事务间取得一种适当调节 7.如果实绩平平、任职被否定，或失去挑战力，则需要应付失败情绪
6.职业中期危机（年龄：35~45岁）	1.针对自己不得不决定求安稳、换工作或迎接新的更大的挑战的想法，着重重估自己的进步 2.就中年过渡的更为一般的方面——个人梦想和希望，面对现实估价自己的职业抱负 3.决定工作和个人职业在自己一生中究竟有多大重要性 4.适应自己成为他人的良师的需要	1.开始意识到个人的职业锚——个人的才干、动机和价值观 2.现实地估价个人职业锚对个人前途的暗示 3.就接受现状或者争取看得见的前途作出具体选择 4.围绕作出的具体选择，与家人达成新的调节 5.建立与他人的良师关系
7.非领导者角色的职业后期（年龄40岁至退休；角色：骨干成员，有贡献的个人或管理部门成员，有效贡献或朽木；许多人停留在这个阶段）	1.成为一名良师，产生影响力，指导、指挥别人，对他人承担责任 2.扩大兴趣和以经验为基础的技能 3.如果决定追求一种技术职业或职能职业的话，要深化技能 4.如果决定追求全面管理角色的话，要担负更大范围的责任 5.如果打算求安稳，在职业或工作之外寻求成长的话，接受影响力和挑战能力的下降	1.坚持技术上的竞争力，或者学会用以经验为基础的智慧代替直接的技术能力 2.发展所需的人际或群体技能 3.发展所必需的监督和管理技能 4.学会在一种政治环境中制定有效决策 5.应付"崭露头角"的年轻人的竞争和进取 6.应付中年危机或家庭的"空巢"问题 7.为担任高级领导角色做准备
穿越和包含等级边界		
8.处于领导角色的职位后期（可能年轻时获得，但仍会被看作是在职业"后期"角色：总经理，官员，高级企业合伙人，企业家，资深幕僚）	1.为组织的长期福利发挥自己的才干和技能 2.学会整合别人的努力和扩大影响，而不是进行日常决策或事必躬亲 3.选拔和发展骨干成员 4.开阔视野，从长计议，现实地评估组织在社会中的作用 5.如果身为有贡献的个人或企业家，学会如何推销理念	1.从主要关心自我，转而更多地关心组织，承担责任 2.负责地操作组织机密或资源 3.学会适应、操纵组织内外环境 4.学会在持续增长的职业承诺与家庭、特别是配偶的需要之间谋求平衡 5.学会行使高水平的责任和权力，而不是软弱无力或意气用事

续表

阶　段	面临的广义问题	特定任务
9.衰退和离职（年龄：40岁至退休，不同的人在不同年龄衰退）	1.学会接受权力、责任和中心地位的下降 2.基于竞争力和进取心下降，学会接受和发展新的角色 3.学会管理很少由工作支配的一种生活	1.在业余爱好、家庭、社交和社区活动、非全日制工作方面，寻求新的满足 2.学会如何与配偶更亲密地生活 3.估价完整的职业，着手退休
离开组织或职业		
10.退休	1.适应生活方式、角色和生活标准的急剧变化 2.运用自己积累的经验和智慧，以各种资深角色对他人进行传帮带	1.在失去全日制工作或组织角色后，保持一种认同感和自我价值观 2.在某些活动中依然倾心尽力 3.运用自己的智慧和经验 4.回首过去的一生，感到有所实现的满足

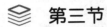 第三节

职业生涯策略

职业生涯策略，是择业的成功保障。从古至今，一直都有"事半功倍""策略为上"的说法，在实现职业目标的过程中，如何用最短的时间实现自己的目标，策略显得特别重要。

一、增强实力

现在有人说："大学生中只有少数是精英。"我一听这话就反感。我认为，大学生中绝大多数是精英。我们看，学生们通过十几年的知识积累，接受了方方面面的社会教育，他们的思维是那样的敏捷而且敢于挑战和创新，电脑玩得呱呱叫，外语讲得很流畅，思想先进，总想找机会回报社会，怎么能说不是精英呢？当然，也有少数大学生沉浸在甜蜜的和平环境之中，他们在享清福，还没有遇到生活的困难，因而得过且过，吸烟喝酒，沉溺网吧，一会儿开心得不得了，一会儿又牢骚满腹，这应另当别论。我相信，就是这少数同学一旦顿悟，他们还可能是后来居上者，还是精英。我们这里要说的是，社会是不可能给每个人都铺好现成的、完全适合自己成长的道路的，职场虽是一片沃土，但到处是竞争，到处都有荆棘。大学生朋友，你一定要随时充电，把时代要求于你的紧迫感变成幸福感，想尽一切办法来增强你的实力，提高你的做事的本领，从而向更高一级发展。

二、选择好的跳板

选择一块好的职业发展跳板，其实就是经营好自己的人际关系，这就需要有长远的眼光和审时度势的能力。如何选择这块跳板呢？

第一，要充分认识自己的优势、劣势，确定一个行业，不要"入错行"，如果你只是想到了那个行业的待遇而没有想到自己是否适合那个行业，那多半干不了多久就要跳槽。要知道，频繁跳槽，麻烦很多，会影响你的发展进程。

第二，在你所确定的行业中选择一个能够让自己持久发展的职业。

第三，找一个好老板。有什么样的领导就有什么样的团队，领导者的品行和胸怀往往决定着一个组织的内在环境。因此，选择行业，选择公司，更要选一位值得追随的老板。

三、利用身边的"人脉"

在你刚刚踏入职场时，你几乎很少有外界资源可以利用。但是当你工作一段时间之后，随着你与外界交流的范围广了，认识的人也多了。你就可以建立一个好的资源库了。建立资源库可从你的职务、你加盟企业的资源情况这两个方面着手。我要提醒的是，一个人成功的关键在于获得良好的职务。而获得良好的职务，除了你的工作能力之外，你的人际关系处于关键的位置。获得良好的人际关系是最重要的晋升手段，它包括建立个人的威信、朋友关系、业务关系，等等。

第四节
本讲小结

到 20 世纪 60 年代，择业理论已经形成了多种派别。各种理论之间既有许多分歧，又有许多共同之处，有些理论则是互相补充。

（1）职业生涯是一个人终其一生的职业活动中所经历的过程。职业活动的经历包括职业所指向的职位、工作经验和任务。职业生涯的发展和变化既受到个体心理、生理的影响，也受到社会、环境、组织的影响。

（2）职业生涯虽然不是一个人生活的全部，但职业却是生命和生活方式的中心，是一个人生活的核心和重要保障，对人的一生有重大的影响。可以说，每个人的一生都被深深地打上了"职业"的烙印。

（3）一个人的事业究竟应向哪个方向发展，其一生要稳定地从事哪种职业类型，扮演何种职业角色，都可以在此之前做出设想。择业是一个动态的过程，要把个人和社会相结合，在对自己职业生涯的主客观条件进行测定、分析、总结研究的基础上，确定其最佳的职业奋斗目标，并为实现这一目标做出行之有效的安排。

（4）研究者们对于人们职业选择和职业发展所提出的不同的理论主张如下。

①特质—因素理论主张职业选择时要考虑"特性"和"职业因素"的"匹配"。

②霍兰德的职业类型理论告诉人们，了解自己的职业人格类型有助于自己选择合适的职业。

③施恩的职业周期阶段划分理论提出了生物社会周期阶段的任务和职业周期阶段的任务。

（5）社会学家对于影响个人制定择业的总结，强调了家庭、学习经历以及地域等因素。

除此之外，还有各种各样的择业理论，这些都是前人思考的智慧结晶，可作为大学生择业时的理论参照。只有拥有理论指导的实践，才能形成更为明智的决策，才能更快速地取得成功。

第五节
思 考 与 阅 读

乔治·肖伯纳有过这样一段名言："征服世界的将是这样一些人：开始的时候，他们试图找到梦想中的乐园，最终，当他们无法找到时，就亲自创造了它。"职业对我们大多数人来说，都是生活的重要组成部分。但是，职业既不像家庭那样成为我们出生后固有的独特的社会结构，也不像货架上的商品，可以供我们随意挑选。它更像一位朋友或一位合作伙伴一样，既存在，又不一定在眼前；与其结识不乏机缘，但更需要自我的设计和自我的奋斗。

面对严峻的就业形势，大学生们有必要按照择业理论加强对自身的认识和了解，找出自己感兴趣的领域，确定自己能干的工作也即优势所在，明确切入社会的起点及提供辅助支持、后续支援的方式。其中，最重要的是明确自我人生目标，即给自我人生定位。自我定位，择业人生，就是明确自己"我能干什么？""社会可以提供给我什么机会？""我选择干什么？""我能做出什么样的贡献？"等问题，使理想可操作化，为介入社会提供明确的方向。

一、四川大学：成才之前先成人

四川大学校长谢和平有言：人与人之间最小的差别在智商，最大的差别是坚持。人之为人，有这样三个关键：

人之为人，关键在于有理想。希望你们始终怀有爱国兴邦之志，把奉献社会作为不懈追求的人生目标。只有有民族责任感和国家责任感的大学，才能培养出对社会、民族和国家负责任的学生；只有勇于为社会、为民族、为国家承担责任的学子，才能真正成为国家栋梁、社会精英。同学们，希望你们无论今后走向哪里，都能拥有"天下兴亡，匹夫有责"的使命感，拥有"经国纬政，法泽天下"的气度，拥有"经世济民，福泽万邦"的情怀，甘于奉献，勇于付出，在投身国家发展建设的伟大实践中贡献聪明才智，在实现国家和民族振兴的历史进程中书写美好人生。

人之为人，关键在于有道德。希望你们拥有保持宽厚平和之心，把虚心从善作为不断完善的人生境界。庄子曾经说过，"势为天子，未为贵也；穷为匹夫，未为贱也；贵贱之分，在行之美恶"。我们当中并非所有人都有机会名扬万里，但只要拥有一颗充满爱和付出的心灵，每个人都可以变得伟大。同学们，无论你们今后继续从事学术研究，还是走上工作岗位，希望你们能够坚守最基本的学术道德、职业道德和做人的底线，树立正确的人生观、价值观和名利观，待人以诚、与人宽容、诚实守信、谦虚谨慎，大其心，容天下之物；虚其心，受天下之善，让自己生活得更有尊严、更有价值，获得真正的快乐。

人之为人，关键在于有坚持。希望你们始终保持坚韧不弃之举，把拼搏进取作为追求卓越的人生信条。我一直认为，人与人之间最小的差别是智商，最大的差别是坚持。一切成功都源于坚持。如果我们做一件事情每天都坚持、都朝奋斗的方向持之以恒，就必定会比别人成功、比别人走得更远。偶有成功，绝不是得意自满的资本，倘遇困境，也不是气馁绝望的理由。人生前进的道路上，会有鲜花，也必然会有荆棘，在挫折中成长会使人更聪明、更强壮。希望你们都能以豁达的心态直面高潮与低谷，以宽容的性情去对待失落和坎坷，永远都不要丧失信心，不要把有限的时间浪费在打翻的牛奶上，在你们终有所获之前，千万不要停

下寻觅的脚步。要相信，一旦通过逆境的考验，你们就会更加了解自己，就能获得更加强大的力量。

人生就像故事，不在于多么漫长，而在于是否精彩。

（本文节选自四川大学校长谢和平2010年毕业典礼致辞）

二、浙江大学：自我超越

成长，是生命的炽烈追求，是人生的自我超越。浙江大学校长杨卫这样理解自我超越的深刻内涵：

超越是一种挑战自我的个性品格。老子说："自知曰明，自胜曰强。"王阳明年轻时要求自己日格一物，达于至理。当代管理大师、麻省理工学院的彼得·圣吉博士在其名著《第五项修炼》中把"自我超越"作为第一项修炼，指出"自我超越"就是自我设定超越性的目标，它不是简单的短期目标，而是崇高的长远目标，能够激励自己不断付出努力。

超越是一种永不放弃的生活态度。永不放弃，意味着执着于理想追求，知行合一，勇于承担责任，坚持不懈，勇往直前。不去抱怨生活中有太多的磨难，把失败看作是一次更加接近成功的尝试，善于从逆境中奋起。卡耐基说：只要你向前走，不必怕什么，你就能发现自己，超越自我，成功一定是你的！

超越是一种志存高远的人生境界。孙中山先生说过"事功者一时之荣，志节者万世之业"。一个人境界的高低，决定了他的成就大小和人生价值。超越，就是不盲目追求个人的荣华富贵，不斤斤计较个人的利害得失，坚持崇高的理想追求，努力做"公忠坚毅，能担当大任，主持风气，转移国运的领导人才"。

（本文节选自浙江大学校长杨卫在2010届学生毕业典礼上的讲话《超越》）

三、四川大学：践行感恩

同学们，对于你们而言，今天，是值得永远纪念和珍藏的日子；此刻，你们即将迈出校门，开启新的人生航程。作为你们的师长，我想对同学们说，希望你们都能心怀感恩铭记这四年的美好时光，希望你们愿意带上这份感激追求未来的人生梦想，希望你们能把这颗感恩之心传递到即将到达的每个地方。

你们要时刻珍惜这种感恩的情怀和品质。"滴水之恩，当涌泉相报"，这是中华民族的传统美德，更是每个人最起码的为人之道。你们全程经历参与了抗震救灾和灾后重建，亲身感受了亿万同胞的爱心奉献、国际社会的鼎力支援，你们应该最懂得感恩、最能体会饮水思源的含义、最能领悟知恩图报的道理。我一直认为：做人最重要的是人品，人品最重要的是不能忘本。今天，这场无情的灾难已经远去，但那些守望相助的瞬间依然让我们感到温暖，那份来自他人的关爱依然值得我们留恋。希望每位同学都能常怀感恩之心，时刻铭记自己成长道路上他人给予的恩惠，时刻珍惜这段特殊人生经历中所感悟的感恩情怀，把"我"字看小一点，把自己的付出看得轻些；把"他"字放大一点，把别人的帮扶看得重些，把内心的感恩之情转变为精诚无私的爱心反馈，凝聚成昂扬奋进的精神力量，化作回报国家、回报社会的有力实践。

你们要时刻铭记感恩这份责任担当。感恩不仅是爱心的传递、情感的共鸣，更是一种责任的承担，一种道义的坚守。灾区人民正是把感恩化作坚强崛起的承诺，实现了三年之约的涅槃重生；奥运健儿正是把感恩化作为国争光的责任，成就了中华民族百年奥运梦想；大批企业家正是把感恩化作回馈社会的奉献，推动了慈善事业的发展与和谐社会的构建。川大的学子更要常立感恩之志，不仅关心自己，更要关心别人；不仅关注自我，更要关注社会，真正把关爱他人作为一种习惯，把心中的感恩化作修身之志、齐家之举、治国之行、平天下之责，在承担和完成责任的过程中磨炼完善自我，在回报国家和社会的实践中书写美好人生。

你们要时刻践行感恩这条成功之路。成功学家安东尼·罗宾曾说过："成功的开始就是先存有一颗感激之心。"只有当你懂得感恩，才会拥有乐观豁达的心态，既感谢成功的快乐，更感激失败的挫折，既感恩他人帮助给予的鼓励，更感念某人伤害带来的历练；只有当你懂得感恩，才会获得主动进取的动力，以个人的成长知恩报恩，以事业的成就投桃报李；只有当你懂得感恩，才会感受敬业乐群的快乐，对工作的感恩会点燃你的激情与活力，对他人的感恩能教会你与人共享。日本企业家松下幸之助对员工心存感激，以"万事拜托"的理念成就了松下的商业奇迹；英国著名科学家霍金对亲人关爱的感念，使他顽强战胜病魔，到达科学顶峰；中国香港商业巨头李嘉诚对困苦潦倒时好心人帮扶的感恩，使他立志成就事业并全力回馈社会，投入慈善事业。希望每位同学都能常有感恩之举，其实，感恩的行动并非成功者的专利，更不是以财富回报多少作为衡量标准，而是一份真情的传递：我校2005级钟颖同学割肝救母的真挚孝心感动世人；支教团志愿者们为国奉献、为民服务的热血青春闪耀彝乡；年仅29岁的校友赵阳以个人名义设立"阳光奖学金"回报母校培养，这些动人的场面就在你我身边，故事的主角就是你们的师兄师姐，所以，请你们沿着成功者的足迹，将自己的感恩之举延续下去。

你们还应该感恩人生的磨砺，生活的点滴让你们学会了思考和独立，人生的逆境增长了你们的意志和阅历，其实生活只需要你们享受快乐、善待自己；你们更应该感恩党和国家对自己的培育，中华民族的复兴和国家的崛起，为你们建功立业创造了历史机遇，其实党和国家只期盼你们明天更美好，早日以实际行动创造无愧于人民和时代的业绩！

（本文节选自四川大学校长谢和平在 2011 届学士学位授予典礼上的讲话《川大学子更懂感恩》）

四、武汉大学：责任与宽容

今天，是你们人生新的起点。在临别之际，我作为大家的师长，也作为大家的朋友，提出一些寄语和期望：

第一，希望同学们能够永远保持一颗进取之心，脚踏实地，追求卓越。

"吾生也有涯，而知也无涯"。毕业不是学习的终结，而应该是新的学习阶段的开始。在社会的大课堂中，你们将会遇到更为艰难的社会考试，将会面对更为深涩的生活考验。在今后的日子里，你们要不怕从最基层做起，学会在困难中修身，踏实做事，诚实为人，立足本职，追求卓越；你们要永远保持学习和思考的热情，求知若渴，虚心若愚，不断探求新知、追求真理，永葆思想的活力；你们要树立远大的理想和抱负，长存敢为天下先的勇气、永不言退的锐气和积极进取的朝气，在中国特色社会主义事业的历史进程中，在人类文明进步的伟大实践中，成就自己的理想和事业。

第二，希望同学们能够时刻坚守一份责任之心，甘于奉献，勇于担当。

只有对学生、社会、民族和国家负责任的学校，才能培养出对社会、民族和国家负责任的学生；只有为社会、为民族、为国家勇担责任的学子，才能真正成为国家和民族的精英与栋梁。百余年来，武汉大学的历史发展无不与国家和民族的命运休戚相关、紧密相连。我相信，从这所大学走出去的你们，应该有着珞珈有山、雄峙东湖之南、遥踞大江之畔的气魄，有着"天行健，君子以自强不息"的品格，更有着"士不可不弘毅，任重而道远"的精神。一个富有智慧和远见的民族，总是把信任和期待的目光投向青年。当祖国和人民需要你们的时候，希望同学们能勇挑重担、攻坚克难，敢于在最困难、最艰苦的地方大显身手；希望同学们能甘于奉献，勇于奋进，自觉地站在时代的前列，像你们的历届学长那样，用自己的聪明才智为国家的强盛、为人民的幸福、为中华民族的振兴、为人类文明的进步作出自己的贡献。

第三，希望同学们能够持久拥有一颗豁达之心，热爱生活，宽容自信。

海纳百川，有容乃大。豁达是一种人生的品格，更是一种生活的智慧和艺术。拥有豁达，我们才能珍惜今天的一切，才能真实地热爱社会；拥有豁达，我们才能保持积极健康的心态，做到乐观自信，荣辱不惊；拥有豁达，我们才能具有开阔坦荡的胸襟，做到大度包容，达观洒脱。我们要懂得珍爱时间和生命，珍爱工作和生活，珍爱亲人和朋友，珍爱我们的人民和祖国。我们要不断强健体格，砥砺意志，锤炼人格，陶冶性情，以豁达的心态直面人生的高潮与低谷，以宽容的性情对待人生的失落与坎坷，始终自信地去成就有意义、有价值、有创造的未来。

同学们，今年5月2日，在同中国农业大学师生代表座谈时，胡锦涛总书记殷切希望广大青年，把爱国主义作为始终高扬的光辉旗帜，把勤奋学习作为人生进步的重要阶梯，把深入实践作为成长成才的必由之路，把奉献社会作为不懈追求的优良品德。我希望同学们以此为圭臬，"自强、弘毅、求是、拓新"，像你们的学长那样，以学识和才智奉献社会，以精神和品格影响他人，使武汉大学因你们而更具魅力，更具风采！

（本文节选自武汉大学校长顾海良于2009届毕业生典礼上的讲话。）

五、郑州大学：心中的道德

同学们，经过几年来的辛勤努力，你们如今已经学业有成，站到了一个新的起点上。一部分同学将继续深造攻读博士学位，更多的同学将走上社会开始创业，你们将面临人生又一次重要的转折。在这个即将分别的时刻，作为校长和老师，有很多想要说的话，但纵使千言万语，也表达不了对你们的关切之情。在这里，我只想提请同学们深入思考两个问题，这就是西方哲学家康德曾说过的一句名言：世上有两样东西值得敬畏，一个是头顶的星空，一个是心中的道德。我想，这句话，有两层深刻的含义，一个是大自然的奥妙无穷、深不可测，需要我们不断地去探究；一个是人类社会的道德法则、行为规范，需要我们自觉地来遵守。如果再引申一步，就是提示我们一方面要仰望星空，志存高远；另一方面，还要盲视自己，严格自律，努力使自己成为一个德才兼备、对社会有益的人，说到底，就是如何做事，如何做人。这就是我今天想提请大家思考的两个问题。

首先，是仰望星空。古往今来，不乏仰望星空的仁人志士。老子仰望星空，开始了对大自然的思考，揭示了道生一、一生二、二生三、三生万物的哲理；庄子仰望星空，感悟到了天空的浩瀚，发出了鲲鹏展翅扶摇直上九万里的奇想；哥白尼仰望星空，发现了日心说，使人类对宇宙的认识向着真理迈进了一大步；爱因斯坦仰望星空，发现了相对论，开启了人类探究大自然的新天地。古人仰望星空，有了女娲补天、嫦娥奔月、方舟救世的神话；今人仰望星空，有了载人航天、人类登月、火星探测的实践。正是无数仰望星空、志存高远的人，推动了人类的进步和社会的发展。可以说，有没有远大的理想和高远的志向，很大程度上决定着一个人将来成就的高低，也关乎着人类的进步和民族的兴衰。我想，在座的各位同学，正是抱着远大的志向，才历经十几年的寒窗，青春无悔地读到研究生。尽管同学们所学的专业各有不同，将来从事的工作也会有很大的差异，但无论你们将来从事什么工作，都要能够经常抬头望一望星空，在关注个人命运的同时，静下心来思考一下，自己能够为国家和社会做些什么，要尽可能地把在学校储备的知识、掌握的技能和在工作实践中练就的本领，与国家的进步、民族的振兴结合起来，努力做出一番无愧于时代的业绩。尽管我们不可能人人都能够成为巨匠大家，但同学们都一定能够在各自的工作岗位上做出一番成绩。我相信，一滴水同样能映射出七彩的阳光。这是我今天想提请同学们思考的第一个问题。

接下来，我想提请同学们思考的第二个问题，就是心中的道德。士有百行，以德为先。立人先立德，树人先树品。可以说，自古以来，以德为先，都是做人用人乃至治理国家的精要。从古代推崇的"仁、义、礼、智、信"五常之道，到"修身、齐家、治国、平天下"的人生信条；从"礼义廉耻，国之四维，四维不张，国乃灭亡"的治国之要，到当代的"以德治国"的基本国策，都道出了道德的重要性。关于这一点，大家也都有着深刻的体会，从小学到大学，都要求"德、智、体、美"全面发展；各行各业招贤纳才，也都讲究"德才兼备"；还有对各类专业技术人才和各级领导干部的考核，都注重"德、能、勤、绩、廉"的考察，这些无一不是以"德"为先！德，作为一个人的品德和修养，既包括做人要忠孝仁爱、正直善良、诚信礼貌，还要有坚定的信仰、强烈的责任心、进取心和事业心，就是对国家要有忠心，对父母要有孝心，对人民要有爱心，对事业要有恒心。研究生教育，是国民教育序列中的最高学历层次，如今，同学们通过各自的努力，已经拥有了比其他人更多的知识和才能，不久的将来，同学们很快也将成为各行各业的骨干和社会的精英。因此，你们的个人品德和修养，不仅将会影响到一个单位的风气，而且很大程度上将决定着社会当下与未来的精神风貌。所以，大家一定要努力提高个人的品德和修养，坚守社会公德，坚持做人操行，自觉抵制不良风气，努力使自己成为社会正气和新风尚的引领者、德才兼备的楷模。在这里，我想请同学们记住但丁说过的一句话："道德常常能填补智慧的缺陷，而智慧却永远填补不了道德的缺陷。"这是我今天想提请同学们思考的第二个问题。

同学们，毕业典礼之后，你们就要告别学校，奔赴四面八方施展才能。你们的身份也将由同学变成校友，但无论称谓怎么变化，也无论你们在校学习的时间长短，甚至对母校还有着怎样的不满意，我都坚信，你们和母校的情感永远不会改变。从这些天来，同学们身穿学位服穿梭于校园的各个角落，用你们手中的相机，留下满含笑意的身姿当中，我已经深深地感受到了同学们对母校的热爱与眷恋。你们在母校学习和生活的点点滴滴，已经融入到学校发展的方方面面，凝聚成为母校的历史和文化，成为母校一笔宝贵的财富。同时，母校的一草一木、一砖一瓦，也都已经深深地烙进同学们的心灵深处，成为你们割舍不断的难忘记忆。由衷地希望同学们，今后不管走到哪里，都不要忘记母校，母校也会时刻牵挂着你们，关注着你们的每一点进步。

同学们，"此地一为别，飞蓬万里征。"衷心祝愿每一位同学都能够：仰天大笑出门去，直挂云帆济沧海！

（本文节选自郑州大学校长申长雨院士在 2012 届研究生毕业典礼暨学位授予仪式上的讲话。）

六、中国农业大学：做人如出山泉水之清

四年前，我面对你们，做了任校长后的第一次开学典礼讲话。当时，我说过，在大学以及大学以后的生活中，能力比分数重要，勤奋比智商重要，理想和兴趣比什么都重要。四年后，你们是否有了些亲身体验？

四年前，我说过，要让理想的风帆高悬。潮平两岸阔，风正一帆悬。四年来，你们的眼中，是否总是盯着理想的风帆？从现在起，你可以站在一个新的起点，你可以让理想的风帆，再度高悬，让风鼓满，带你驶向新的成功和快乐的彼岸。

前些天，我偶然看到一句唐诗：在山泉水清，出山泉水浊。我立刻有强烈的共鸣，让我联想起若干年前的九寨沟之行。九寨沟头顶雪山，怀拥钙华，沟中池海瀑流之水，纯净清澈得难以形容。可是出了沟口之后，再看那河流，就已经有了几分混浊。而再下游的嘉陵江和长江，就更是混浊不堪了。

你们就如出山之泉水，要经受环境变化的考验。我希望并祝愿你们：眼明心静志向远，出山泉水也要清。希望你们做"三清"之人：目标清晰，头脑清醒，行为清白。

目标要清晰。人生不能没有目标，目标是动力的来源。目标要清晰，就是要最适合自己。如何找到自己最适合和最喜欢的事情，非常重要。大学不过四年，

而人生的职业生涯，却有四十年。目标清晰之后，就要敢于选择，敢于放弃，不要患得患失。追求目标要坚定，胜不骄，志向高远；败不馁，不怕挑战。

头脑要清醒。外边的世界很精彩，外边的声音很喧闹。但是，嗓门高的，叫得不一定是真相；名气大的，说得不一定是真理。头脑清醒，就是不糊涂，不盲从，不用别人的脑袋思考，不用别人的嘴巴说话。只有在浮躁和喧嚣的背景下，能够静下心来，努力学习，细心观察，认真思考，深入分析，科学推断，才能够获得正确认识、正确判断和正确决策。

行为要清白。外边的世界很斑斓，外边的诱惑处处见。要留清白在人间，古人不怕烈火焚烧，不怕粉身碎骨。而今天，更为常见的考验，是各种诱惑、窍门和捷径。只有摒弃那些投机取巧之道，而去胼手胝足、摩顶至踵，方是正途。有一些底线，不能突破。这包括法律底线、良心底线、道德底线。守住了这些底线，就能够心无负担，可以每天晚上都睡得香甜。也许，不是每个人都能够做到伟大，因为伟大需要有成功的事业来表现；但每一个人都可以做到高尚，因为高尚只需要有纯净的灵魂来支撑。

校门外的世界充满了挑战，但是，也充满了机遇。如果你们努力奋斗，抓住了机遇，战胜了挑战，你们就会发现，大学的生活很美好，但是大学以后的日子更美好！你可以做到，让生命中的每一天，都比前一天更美好！

（本文节选自中国农业大学校长柯炳生于 2012 年毕业生典礼上的致辞《出山泉水也要清》）

第三章

择业的主体：品质管理与自我管理

第一节
毕业致辞（三）——言行合一

君子"讷于言而敏于行""耻其言而过其行"，行胜于言不仅仅是每一名清华人的内在品质，也是每个择业人需要的内在品质。闻一多先生说过，"人家是说了再做，我是做了再说"，"人家是说了也不一定做，我是做了也不一定说"。实干兴邦，空谈误国。国家和社会现在最需要的就是脚踏实地、勤奋实干的人。

一、清华大学：勤思、善言、笃行

清华大学校长陈吉宁在清华大学2014年第一次研究生毕业典礼暨学位授予仪式上谈到关于言行关系的三点感悟：

第一，行源于思。当今世界正在进行大变革大调整，当代中国处于全面深化改革的转型时期。你们在未来要有所作为，不仅要懂得如何做，更要懂得为什么要这样做。韩愈曾说："行成于思毁于随。"我在这里强调行源于思，就是希望大家认识到，在人生的道路上，保持独立人格、独立思考比追名逐利更重要，具有批判性思维、创新精神比人云亦云更重要，用大智慧把握人生航向比用小聪明寻找捷径更重要。前不久，我参加研究生特奖的分享交流会，听一位同学讲到物理学家卢瑟福的故事。说有一天深夜，卢瑟福看到一个学生还在做实验，便好奇地问："你上午在干什么？"学生回答："做实验。""下午呢？""做实验。"卢瑟福又问："那晚上呢？""也在做实验。"卢瑟福听后很生气地说："你一天到晚都在做实验，

那什么时间用于思考呢？"同学们，我也不愿意看到你们在人生道路上像上紧的发条，每天只是忙忙碌碌，而是希望你们能不时地停下来看一看、想一想、问一问。就像高山流水，时而激流勇进，时而静水流深，用思考之后的行动成就绚丽的人生。

第二，行惠于言。前段时间，我读到一本书，叫作《教育大未来》，是曾经负责哈佛大学教育改革的托尼·瓦格纳撰写的。他在书中提到，未来世界创新型人才需要具备 7 个关键力，"有效的口头与书面沟通能力"是其中之一。因为只有加强沟通交流，才能相互理解、相互包容、相互合作，才能更好地面对越来越大的挑战。最近学校正在召开第 24 次教育工作讨论会，很多校友给我写信，谈到自己对母校人才培养的建议，他们普遍反映的一个问题是，清华学生积极主动与人沟通的意愿不足。2006 年，朱镕基学长也曾谈到清华学生不善言表的问题，当时他语重心长地说："行胜于言不是不要言。古人说立德、立功、立言，就是要言。"这里强调的言，不是自我吹嘘、夸夸其谈、言过其实、只说不做，而是要言之有据、言而有信、言行一致、说到做到。同学们，我想强调的是，沟通是表明你对他人的尊重和理解，沟通是团队合作精神的重要体现，沟通也是影响他人、改变社会的重要方式。人类处在信息化加速发展的时代，主动沟通，善于表达，将使你们得到更多的理解，获得更大的支持，营造更佳的社会环境，从而更好地发挥才干、成就事业。

第三，行成于笃。傅斯年先生 1919 年写过一篇文章，我虽然并不完全赞同他所作的比拟，但还是想在这里引述文中的故事。故事说，他有一天见到一位北京警犬学校的人，就问那个人，"你们训练的狗，单是外国种呢；或是也有中国狗？"那个人回答，"单是外国种的狗。中国狗也很聪明，它的嗅觉有时竟比外国狗还要灵敏，不过太不专心了。教它去探一件事，它每每在半路上，碰着母狗，或者一群狗打架，或者争食物的时候，把他的使命丢开了。所以教不成材"。1984 级的徐航校友有一次回学校时讲到，自己的成功方程是"成功＝能力 × 努力 × 运气"，再把这个结果用时间进行积分。意思是人生是一个时间积分的过程，做事情要持之以恒。刚才，孙晓明校友也与大家分享了他的经历和感悟。这些认识和感悟启示我们，坚守自己的价值判断和人生选择比跟风赶潮流更重要，坚持坐冷板凳比什么热做什么、什么快做什么更重要，长期专注地做好一件事比什么都想做、什么都去做更重要。

（本文节选自清华大学校长陈吉宁 2014 年第一次研究生毕业典礼暨学位授予仪式致辞《勤思　善言　笃行》）

二、武汉理工大学：大学文凭与大学精神

如今，高校文凭依然是大学生就业时的重要敲门砖，但是取得一纸文凭是否就代表着这个学生的工作能力呢？对此，武汉理工大学校长张清杰向毕业生们语重心长地讲道：

毕业文凭是你们完成学业的重要标志，也是你们人生的一个标志。母校60多年的建设和发展成果以及你们个人多年的学习和奋斗，都凝结在这张文凭中。我们每一个人都应该读懂这张文凭背后深刻的内涵，从而用自己的一生承载起这份厚重。中国开科取士1500多年，现代大学200多年，附着在这一张张文凭中的魔力究竟是什么？文凭如果仅仅是一张印刷精美的纸张，那么顷刻即可毁灭，也可瞬间复制；文凭如果代表着一种知识水平，那么科技飞速发展，社会日新月异，总有一天会过时。只有当文凭蕴含了更为重要的价值，才会成为你们内心的骄傲，从而引领你们今后的人生追求。

2008年，离开哈佛大学30年的世界首富、微软创始人比尔·盖茨参加了哈佛大学的毕业典礼，并拿到了本科文凭。在受邀演讲时，他说："我终于可以在我的简历中填写本科学位了，这种感觉真不错。"也许，大多数人都很难体会一张本科文凭带给这位世界首富的满足感和幸福感。确实，如果文凭仅仅是一张印刷精美的纸张或代表一种知识水平，比尔·盖茨那些改变世界的创新和无可比拟的财富足以抹平这张文凭的任何价值。对于哈佛，比尔·盖茨充满感恩，他曾说："生活在哈佛是一种吸引人的待遇……在这里的经历，在这里的朋友，在这里的想法，永远改变了我。"可以说，正是哈佛精神一直在激励他、塑造他、改变他，并一直牵动着埋藏在他心底30年之久的大学文凭之梦。作为哈佛人的比尔·盖茨的确需要这样一个证明，因为他需要这样一个心灵的归宿——成为一个真正的哈佛人。同学们即将离开母校，你们一定和比尔·盖茨有同样的感想。

相对于比尔·盖茨，同学们是幸运的，因为你们已经拿到了大学文凭，而不必像他那样历经30年之久的煎熬。但同时也是一种压力，因为比尔·盖茨用了整整30年的奋斗，以自己伟大的创新和辉煌的业绩践行了哈佛精神，证明了哈佛人的价值。这样一种伟大的证明能否在你们身上发生？哪怕是历经30年、40年，乃至你们的一生？未来30~50年正是中国由世界大国变为世界强国最重要的时期，也将是你们事业的高峰期和人生的鼎盛期，你们的奋斗必然和国家的发展与民族的兴盛紧紧地结合在一起；同时，文凭所传达的一所大学的责任、诚信和大爱精神也将在你们身上得到验证。正是在这个意义上，你们才会真正感受到手

中这张文凭的分量。文凭的背后是一种精神，是一种价值追求，是一种心灵的归宿。因此，当你们双手接过武汉理工大学这张文凭时，你们已经被赋予了一种精神追求，一种人生定位，已经深深刻上了武汉理工大人的烙印。这既是母校的给予，也是母校对你们的厚望。

文凭的背后是一种精神。亲爱的同学们，300多年前仅有几十个学生的哈佛学院在"真理"精神的引领下走到了今天的哈佛大学，成为当今世界政治精英、商业领袖和创新人才的摇篮，这对我们学校和我们每一个人来说都是一面镜子，它深刻验证了：没有精神的引领和追求，个人不但一事无成，也将永远找不到心灵的归宿。因此，我真心地希望同学们用母校的"卓越"精神引领你们今后的人生追求，以自身的卓越增添母校的荣誉。借这个机会，我把个人对"卓越"的理解送给你们："所谓'卓越'不是一个目标，而是一种境界，是一种永不懈怠的追求。这个过程永不停息，没有止境。这种境界和追求是我们每一个人人生追求的内在动力和价值源泉。""卓越"精神将不断给每一位武汉理工大人以生命的激情和使命。

文凭的背后是一种价值追求。英国的著名诗人布朗宁曾经说过："当一个人的内心开始斗争，他就具有了价值。"价值的起点是爱和奉献。亲爱的同学们，经过几代人的奋斗，母校已经是一片爱心和奉献的热土。特别是近些年来，正是在你们的群体中，涌现出郎坤这样的志愿者，多年如一日倾心于农民工子女教育，完美地诠释了什么是责任和奉献；涌现出刘普林这样的大学生孝子，多年如一日默默地替母亲清扫大街，树立起自尊、自立、自强并回馈母爱，完美地诠释了什么是爱心和回报。他们的这种爱和奉献感动了我们，也感动了社会。武汉理工大人至诚的爱心和奉献精神在他们身上得到了充分体现。我真诚地希望同学们，把母校的这种爱和奉献发扬光大，真正成就你们的价值追求。

文凭的背后是一种心灵的归宿。亲爱的同学们，手捧文凭的那份激动和喜悦总有平复的时刻，而这个时刻你们会发现，自己正站在人生的交叉口。一条追求外在成功的不归之路和一条追求内心平静的回归之路在此刻交织，逼迫你们去思考、去寻找、去选择，其中充满了人生的快乐、痛苦和迷惘，也将因此成就你们的事业，成就你们的人生，让你们找到心灵的归宿。

（本文节选自武汉理工大学校长张清杰于2012届毕业生典礼上的讲话《大学文凭与大学精神》）

三、北京航空航天大学：知行合一

国家经济社会发展的优秀建设者和领导领军人才应该具备什么素质？

对此，北京航空航天大学校长怀进鹏用两组 7 个单词做了回答：

第一组是三个词：信念 Belief、执行 Execution 和洞察力 Insight。

首先，一个领导者必须具有常人所缺乏的坚定信念与激情，因为走向成功的路通常是一条漫长而艰辛的路，常常会遇到新的变化、新的困惑，乃至新的挑战，而坚定的信念可以改变人生轨迹，执行可以提高人生品质。其次，一个领导者不仅要立志高远，有明确的愿景，还要拥有脚踏实地的执行力，以及对事物本质和发展趋势的良好洞察力。我希望你们，不要不假思索地随波逐流，用你们坚定的信念和智慧去追求幸福和卓越，忍受成功途中所必须付出的孤独、寂寞和误解；我相信，你们不断历练的坚定信念、执行力和洞察力，必将与你们走向卓越成正比！

第二组是四个词：协调 Harmony、主动 Active、机智 Nimble 和大气 Generous。

领导能力实际上也是一种有效把握组织的使命及动员人们为使命而不懈奋斗的能力。因此，除了前面三个基本素质之外，一个领导者应该具备有效的协调沟通能力和解决问题的主动性，他 / 她只有超越个人和小团体利益，才能更有效地激发他人和团队共同追求卓越的激情与动力，完成他 / 她的使命和责任；此外，一个领导者还需要在多变复杂的环境，具有抢抓机遇、解决矛盾和危机处置的灵活机智；最后，一个领导者应该有一种大气品质，具有促进集体、社会乃至世界发展进步的胸怀和真诚。在很多情况下，大气也是一种包容。有人说，一个人的快乐和受人尊重，不是因为他 / 她拥有的多，而是因为他 / 她胸怀远大，计较的少，是因为他 / 她先懂得尊重他人，并会理解差异与多样，以及不同的观点与文化。

也许你们已经猜到了这两组单词缩写组合在一起的含义，既，信念 Belief、执行 Execution 和洞察力 Insight 的第一个字母形成了"北"字；而协调 Harmony、主动 Active、机智 Nimble 和大气 Generous，就是我们的"航"字，这也是我所欣赏的成功者的基本品质，今天我把它送给各位北航人，与你们讨论和共勉，也作为临别赠言。

我认为，当我们判断自己能做什么的时候，通常我们只就自己知道能做好的事务做出承诺；但是，当我们策划未来时，我们会依赖自己的理想而制定出发展目标并承担责任。

每个人都拥有快乐和成功的品质，优秀的品质可以塑造精彩的人生。我期待你们，无论身处何种境遇，一定要拥有坚定的信念、高效的执行力和敏锐的洞察力，持续地唤起你们所拥有的创造激情和敢为人先的勇气，担当起对自己、家庭和国家的责任，去追求人生的乐趣和深远，做一个"知行合一"的北航人；我期待你们，面对未来的矛盾和挑战时，要积极协调沟通、主动进取，以你们的机智和力量，挑战并超越自我，持续保持大气品格和开放心态，去享受人生的历练和精彩，做一个"德才兼备"的北航人。我坚信，如果北航人能找到勇气改变自己，他就能改变世界！

（本文节选自北京航空航天大学校长怀进鹏在 2012 届本科生毕业典礼上的
讲话《传承　开放　超越，做名副其实的北航人》）

第二节
择业的品质管理

一、什么是个人品质管理

1.攻城为下，攻心为上

管理的核心就是管人，管人的核心就是"管心"，这个"心"，就是品质。巴菲特的这种管理思想其实就是强调了一个人应该具备优秀的品质。而一个人的优秀品质，与管理密切相关。"管理"是什么？大学生择业中，如果对"管理"还摸不着边，那可就无"理"了。管理有种种。大至国家管理，小至单位管理；条条有行业管理，块块有地方管理；长远有战略管理，眼前有战术管理；总的有宏观管理，分的有微观管理，如此等等，不一而足。管理有要求。这个要求是多方面的。就拿一个企业来讲，规模越大、分工越细、协作越紧密、技术和设备越复杂、社会经济联系越广泛，对管理的要求越高，管理的手段也越细，管理就越成为企业员工劳动过程中必不可少的环境条件。

2.管理的终极目的是什么

一言以蔽之，就是从个体到整体都要提高效率和效益。为此，"管"要管在点子上，"理"要理出头绪来，否则难以达到管理的目的。

"管"，如何管在点子上？一曰管其要，即抓住主要矛盾和矛盾的主导方面，而非"眉毛胡子一把抓"。荀子说得好："圣人也者，道之管也。"这就是说有智慧的人管事总是择其大要。要者即重者，重者即事关大局者。抓住了要者，就能收到"纲举目张"的效果。从这个意义上说，管其要，就是管全局。二曰管有法。法就是钥匙。古代的"管"指的就是钥匙。《左传·僖公三十二年》上讲："郑人使我掌其北门之管"，就是这个意思。"管"这把钥匙要能打开现实问题这把"锁"，不仅要求管理者能够发现问题，更重要的是能够解决问题。解决问题的方法就是钥匙。钥匙不是"万能"的，"一把钥匙开一把锁"，即具体情况具体分析，用不同的方法解决不同的问题。不能感冒、非典一服药，外伤、内伤一把刀。那样，不仅解决不了问题，还有可能贻误生命，铸成大错。三曰管要进，即与时俱进，不能囿于成见，故步自封。要自觉地学习当代同行业的先进管理方法，采用当今最新的科技手段。同时，对于行之有效的传统的管理方法，也要力争嫁接当今的科技成果。不能放着计算机让其"睡觉"，却挑灯拨拉着算盘珠子"拼命"。

"理"，如何理出头绪来？一曰理出条理，正所谓"井井兮其有理也"。理，就是要通过对问题的收集、分析、归纳，使其井井有条，条归为类。二曰理出道理。大千世界，无奇不有。出了问题，有了不同的声音，不可怕，也不必怕，理出道理就是了。道理有公理与私理之分，公理中又有大公理（全局）与小公理（局部）之别。关键是要分清、讲明、说透。一己私理要服从大众之公理，小公理要服从大公理。只要理清讲透，就能入耳、入心，就能气顺、劲顺，就能上下同心，其利断金。三曰理出哲理。所谓理出哲理，即找出规律。先哲们早就指出："理者，成物之文也。"（《韩非子·解老》）这里的"文"就是规律。从现实中的问题入手到找出其中的规律，是一个从实践到认识、从具体到抽象、从特殊到一般的过程，是从源头解决问题的过程。找出规律，建章立制，从制度上堵塞漏洞，调动积极性，保证事业持续、稳定、协调发展，是管理达到一定境界的表现。

"管"也好，"理"也罢，都是立足现实、着眼发展而采取的行动。都要求我们在自我管理上立足自己的具体情况，与时俱进，在善"管"会"理"上下功夫，实现自我的奋斗目标。择业的目标只能有一个——任何时候所谓的"多个目标"都不是真正的目标。目标也要管理，这个过程就是选择人生发展主题的过程。

3."管"的就是"理"

在管理中碰到意见分歧时，我们常常可以听到这样的建议：谁的意见在理听谁的！这似乎没有错。可是问题在于需要判断谁的意见更有理、更合理、更在理：在各方都认为自己有理的情况下，管理者的重要任务就是要"管"住这个"理"。显然，在管理中存在着一个有理与无理之间的确认、沟通和转换，以及怎样占领"有理"制高点的任务，需要将管人管事提升到管"理"上来。

4."管""理"结合以实现和谐

《史记·白起列传》载，武安君白起为秦战胜攻取者七十余城，南定鄢、郢、汉中，北擒赵括之军，战功赫赫。而秦国的五大夫王陵在攻打邯郸中失利，秦王想让白起代替王陵。白起认为："邯郸实未易攻也。而且诸侯救援日至，彼诸侯怨秦之日久矣。今秦虽破长平军，而秦卒死者过半，国内空。远绝河山而争人国都，赵应其内，诸侯攻其外，破秦军必矣。不可。"白起因此不肯前往，后来干脆称病不出。秦王派王龁代王陵也未能攻破邯郸，因此一定要征调白起，派范雎去也没请动，于是就将白起免为士伍。过了三个月，秦军连吃败仗，秦王迁怒于白起，在命人遣送白起出咸阳途中又派使者赐剑，命其自刎。

在攻打邯郸的问题上，白起的主张是有理的，秦王似乎也认识到了这一点，但是他从另外一个角度给问题定了性：白起的行为已经不是简单地与他在战略决策方面存在分歧，而是公然挑战自己权力，挑衅自己决策的权威性。一个白起姑息了，以后如何号令朝廷中的功臣大将？

一个"谁的意见正确听谁的"决策合理性的问题，变成了"意见由谁说"这样决策权威性的问题。在各类组织之中，无论是企业还是社会机构，这样的现象比较普遍，各执一端肯定会给管理的和谐带来负面的影响。如果说不讲"理"的"管"是盲目的权力，像邯郸的久攻不下而徒耗资源；那么没有"管"支持的"理"就很苍白，像白起那样抱恨终天；在"管""理"脱节的情况下，"管"不住"理"，对双方来说，结果都可能是悲哀的。

其实，管理中的"理"并不是铁板一块。自然规律是只能发现而不能创造的铁律，管理按照客观规律办事应当是没有问题的。但是社会人文领域所谓的"理"就具有一定的层次性，因看问题的立场、角度的不同而有所区别，即使站在同一个层面上，也有公说公有理婆说婆有理的现象。尤其是在彼此存在博弈关系的情况下，其合理性可能会此消彼长。这时候管理者就需要"管"好"理"，既要努力促使管理的科学性与权威性保持一致，又需要在"管"与"理"的结合中实现和谐的理想境界。

管理所"管"之"理"并非谁在管谁就有"理"，谁就是"理"的裁判，或者只讲管理者一方的"理"，而是从委托—代理关系上讲服从于理，服务于理，将"管"与"理"很好地结合在一起，抱着对"理"负责的精神，在"理"的层面上分工合作、求同存异，超脱于公私政治，避免内耗，忠诚与执着于对"理"的追求。

在择业中，同样有个"理"，智慧就是"理"的裁判，而意志力是确保"理"实行的必要条件。择业中的管理，就是在对决定个人职业生涯的个人因素、组织因素、社会因素进行系统分析的基础上，制定出每个人一生在事业发展上的战略设想和计划安排。人生面临着众多的选择，择业为每一个徘徊在人生道路上的人，提供一个清楚的指引。择业实际就是个人对自己人生的管理，而择业制定之后如何贯彻和实施就是一种管理。

1997年，巨人大厦导致巨人集团负债2.5亿元。后来史玉柱去攀登珠穆朗玛峰，在海拔5300米处，为了节省800元的导游费，他与同行的四人迷了路，耗尽体力，遭遇生死之劫。事后，史玉柱感叹："下来以后感觉到我已经死了，确实是捡了一条命回来，这条命就是白捡的，以后还有什么要顾忌的？"2000年，史玉柱再度创业，开展"脑白金"业务。2006年,脑白金和黄金搭档收入15亿元。此外，在2003年，史玉柱从四通和首钢股份买到了1.4亿股华夏银行IPO上市前的原始股份，并在每10股转正2股后持有了华夏银行1.68亿股。另外，他以极低的价格从万通实业冯仑那里买到了1.43亿股民生银行国内法人股，使其获得了上百亿元的收益。2004年，史玉柱还进入网络游戏行业，其公司自主研发运营的首款网络游戏《征途》获得成功。2007年10月，史玉柱旗下公司"征途网络"更名为"巨人网络"，主打网络游戏《征途》，2007年第二季度同时在线人数为107万人，平均在线人数为51.5万人。2007年上半年，营业收入为6.87亿元，毛利润为6.2亿元，毛利率高达90.31%，同期，净利润为5.12亿元。巨人网络于2007年11月1日正式挂牌交易，成为第一家登陆纽交所的中国IT类公司。巨人网络上市将募集5439万股公众股，占公开上市前的68.43%，其他18位主要由公司高管组成的股东共持有5459万股。史玉柱及其女儿史静目前持有巨人1.78亿股股份，以此计算，市值达32.5亿美元（约合242亿元人民币）。

由此看来，认识自我与管理自我能决定自我的事业成败，而管理自我落实到思想上是对自己的目标和事业总是充满信心，充满希望；落实到行动上是抢抓机遇，适时变通，不怕失败，一往无前。在这方面，史玉柱毫无疑问是一个好榜样。

二、择业需要什么优秀品质

当前大学生就业主要面临4种困难的境地：供需总量失衡，就业压力逐年增大；金融危机带来一定影响，就业环境难度加大；女性、非重点高校、基础学科三大群体就业问题突出；地域间、企业间供需不平衡,结构性就业问题凸显。因此，毕业生要有充分的思想准备，认真评估自己，理性分析现状，争取脱颖而出。

1. 倾听自己的心声

大学生现在的书本知识较多，实践经验较少，光凭一张文凭去敲开职业的大门，恐怕还有很大的困难。你要知道，能力要比文凭更重要。你要分析一下你的专业知识到底有多少，实际操作能力到底有多强，综合素质到底高不高，你自己到底擅长干什么。

看看"活着就是改变世界"的乔布斯，这个苹果公司的灵魂人物，以其个人魅力、真知灼见、个性见解而被"果粉"奉为圭臬。他十七岁的时候读到了一句话，"如果你把每一天都当作生命中最后一天去生活的话，那么有一天你会发现你是正确的"。从那时开始，过了33年，他在每天早晨都会对着镜子问自己："如果今天是我生命中的最后一天，你会不会完成你今天想做的事情呢？"当答案连续多天是"No"的时候，他知道自己需要改变某些事情了。请看乔布斯在演讲中对自己的定位与对人生的选择。

当我17岁，我读到一句名言，大概是这样："如果你把生命每一天都当成最后一天过，将来你会发现自己是正确的。"从那时起，这句话给我留下印象，持续33年，我看着镜中，每天早上问自己："如果今天是我生命的最后一天，我要做什么呢？"每当我连续太多天都得到一个"没事做"的答案时，我就知道我必须有所变革了。提醒自己快死了，是我在人生中下重大决定时，所用过最重要的工具。因为几乎每件事，所有外界期望、所有名誉、所有对困窘或失败的恐惧，在面对死亡时，都消失了。只有最重要的东西才会留下。提醒自己快死了，是我所知避免掉入自己有东西要失去了的陷阱里最好的方法。人生不带来，死不带去。没什么理由不顺心而为。①

2. 不盲目求高

有些大学生单向考虑自己的就业理想，工资、福利、住房、地理位置、工作环境等倒是想得十分周全，可就是忽视了自己所向往的理想的单位是否会接纳自己。当然，有真本事，有高素质，要求高点又未尝不可。

3. 不挑三拣四

眼高手低的人最令人厌烦。千万不要干一行厌一行，不要总是觉得这个单位的条件这不好那不好，不要总是觉得这个老板的脾气和做法这不对那不对，不要没干上几天就觉得这份工作这没有味，那没有味。而要知道，三百六十行，行行出状元，平凡岗位也能干出不平凡的业绩，困难环境中也可实现自身的价值，关键是要爱岗敬业，踏踏实实做事。请看沈阳鼓风机（集团）有限公司的那个徐师傅——徐强，他的技工生涯是多么令人称道。他抓住一切机会勤学苦练基本功，虚心地向老师们学习，练就了一身过硬的本领，成了当今第一流的复合型技术专家。参加工作10多年来，徐强先后创造了128项技术革新成果，解决生产关键

---

① When I was 17, I read a quote that went something like: "If you live each day as if it was your last, someday you'll most certainly be right." It made an impression on me and since then, for the past 33 years, ... I have looked in the mirror every morning and asked myself : "If today were the last day of my life, would I wanna do what I am about to do today？" And whenever the answer has been "No" for too many days in a row, I know I need to change something.

Remembering that I'll be dead soon，is the most important tool I've ever encountered to help me make the big choices in life. Because almost everything.all external expectations, all pride, all fear of embarrassment or failure，these things just fall away in the face of death, leaving only what is truly important.

Remembering that you are going to die.is the best way I know to avoid the trap of thinking you have something to lose. You are already naked. There is no reason not to follow your heart.

问题50多项，创造了国内大型齿轮加工的最高精度。这是择业过程中最重要的一环：专业能力的不断提升。而这必然是建立在踏踏实实工作的基础上的。

◈ 第三节
择业的自我管理

一、自我管理的经验

与君一席话，胜读十年书。倾听经验之谈，顿觉豁然开朗。以下是职场中人的心声。

（1）记住该记住的，忘记该忘记的。改变能改变的，接受不能改变的。

（2）怨言是上天得至人类最大的供物，也是人类祷告中最真诚的部分。

（3）智慧的代价是矛盾。这是人生对人生观开的玩笑。

（4）如果敌人让你生气，那说明你还没有胜他的把握。

（5）有些事情本身我们无法控制，只好控制自己。

（6）我不知道我现在做的哪些是对的，哪些是错的，而当我终于老死的时候我才知道这些。所以我现在所能做的就是尽力做好每一件事，然后等待着老死。

（7）快乐要有悲伤作陪，雨过应该就有天晴。如果雨后还是雨，如果忧伤之后还是忧伤，请让我们从容面对这离别之后的离别。微笑地去寻找一个不可能出现的你！

（8）死亡教会人一切，如同考试之后公布的结果——虽然恍然大悟，但为时晚矣！

（9）每个人都有潜在的能量，只是很容易被习惯所掩盖，被时间所迷离，被惰性所消磨。

（10）当幻想和现实面对时，总是很痛苦的。要么你被痛苦击倒，要么你把痛苦踩在脚下。

（11）我不去想是否能够成功，既然选择了远方，便只顾风雨兼程；我不去想，身后会不会袭来寒风冷雨，既然目标是地平线，留给世界的只能是背影。

（12）后悔是一种耗费精神的情绪，后悔是比损失更大的损失，比错误更大的错误，所以不要后悔。

要实现择业的自我管理，首先要全面认识自己，合理评价自身的客观条件。

很多人在求职时只是一厢情愿地希望从事某种工作，却没有仔细考虑自己是否适合这项工作，是否真正喜欢这份工作，其根本原因是对自己缺乏正确的认识。可以说，选择适合自己的职业，"认识自我"是重要的一步，也是成功的一步。

（一）自我认识

一个人只有在充分而且正确认识到自身条件及相关的环境情况时，才有可能作出正确的决定。有一位著名作家曾经遇到过这样一名读者，他家在农村，初中毕业后一直在家务农。他的人生目标就是要出一本自己写的小说。为了达到这个目标，他每天结束工作后，就躲在屋里写啊写，几年内写了几十万字。家里人骂他，他不为所动，一直执着于自己的作家梦。可是写的稿子多，退的也多，自从他开始写作以来就从来没有一篇文章发表过。经历了痛苦与磨难，他决定向名作家请教，就辗转找到这位名作家。作家听到他讲述自己的事，十分感动和同情，让他拿出一份自己的稿子来看看，可看到后却让作家目瞪口呆，这位农民虽然醉心写作，却连语句都写不通顺，更令作家哭笑不得的是，满篇都是错别字，整篇文章就像一个刚开始学写作的小学生的作文，作家无可奈何地告诉他："你现在的水平根本不够发表，你需要继续学习。"可这位执着的作者却认为："我热爱写作，我有生活，我用心写作，你不认为我写得好，早晚会有人认同我的"，说罢，气呼呼地走了。这名作者虽然有雄心壮志，也付出了极大的代价，但他对自己的目标与自身的能力没有一个清晰的认识。因此，无论他多么努力，都不会成功的。

自我认识是一个自我觉醒的过程，要察明自己为人处世所遵循的价值观念，要体验到自己内心深处的需求，明确为人处世的基本原则和追求的目标，同时，还要熟悉自己所掌握的技能，了解自己的优势和弱势。对自我的环境作透彻的分析，所有这些，都是合理择业自我生涯的前提条件。

只有真正地认识自我，才能提出符合自我需求的目标，能够找到成功的方向，更可以根据自己的优缺点，提出改善的步骤及方法，才能够进行自我管理。在这个过程中，要对真实的自我进行剖析，而不能将其流于形式。

（二）自我接纳

如果让你把自己比喻成一朵玫瑰花，你会如何比喻？有的人会说自己是一朵灿烂的玫瑰，盛开在花园里；有人会说自己是长在杂草丛中的一枝玫瑰，引不起别人的注意；有人会说自己是一朵黑玫瑰；还有人说自己是一朵即将枯萎的玫瑰……这就是不同的人对于自我的现状不同的认识。

可以看出，每个人的认识各有不同。有人认同自己的现状，有人则不认同；有人对未来充满了信心，有人则满怀失落，但无论你对自己、对现状有什么样的认识，有一个必做的工作就是要进行自我接纳。

我们的人生之路必然与我们所想象、所设计的有所偏差，在这种情况下，有的人会自我拒绝，不喜欢自己，不容忍自己的缺点，看不到自己的价值；有的人则过度自我接纳，自以为是，盲目乐观。这都不是正确的态度，都会造成成功路上的障碍。

只有在客观的自我认识的基础上，正确地自我分析和自我评价，坦然面对自己的长处和短处，认识和肯定自我价值，设定自己的目标，对自己的行为和将来负责，才能谋求更好的发展。

（三）自我发展

成长是伴随着人的一生的过程，从身体、心理、智力和情感等几个方面，都会不断地发展。这种发展是可以自我控制的。通过不断地自我认识、分析和接纳，进一步修正自己的方向，并据此提高相应的能力，从而得到不断的提高与成长。恩格斯曾经说过一句话："顺境需要的是节制，逆境需要的是奋斗。"

1. 顺境中的发展

所谓顺境，就是在职业生涯中因个人特点与职业环境相吻合而具有的工作情景。顺境和逆境是辩证关系，是一个互逆的动态过程。也就是说，随着环境和时间等条件的变化，顺境可能转变为逆境，反之亦然。作为毕业生，应做到在逆境时振作精神，奋力拼搏，并积极寻找新的突破口；在顺境时认真分析自己仍然存在的潜在不足，并抱着积极的态度努力挖掘改造。切忌妄自菲薄，夜郎自大，同时要注意以下几个问题。

（1）自以为是，目中无人。在人生道路中，由于一切都太顺利了，如从小学一直上到大学，没有落过榜，就很有可能瞧不起那些留过级或落过榜的人；因其行为从来没有受到过检验或者挑战，常把错误的东西当成正确的东西来对待，往往听不进别人善意的劝告，以为自己的想法总是正确的。

（2）喜好奉承。因为在学业、事业上一直很顺利，也就很少有人指出其身上的缺点和不足。特别是一些有了一官半职的人，总认为自己能一路升迁，是由于自己的能力和有众多的人拥护。因而他们喜好奉承，听不进不合自己心思的话，这样使其最终在奉承中迷失了方向。

（3）忧患意识差。人无远虑必有近忧。由于生活道路一直很顺利，一切都来得很容易，因而，很难体验到身处逆境的人所承受的那种艰难感，从而也不会做太多的"假如明天我失业了"等这样的假设，更不会为这些假设做素质上的准备。

（4）缺乏同情心。一个人如果长期生活在优越的生活环境之中，或者他所追求的一切都是那么顺利地得到了，那就很少体验到饥饿、挨冻是什么滋味，考大学不被录取是什么心情。正因为他们缺少这种体验，所以对别人的挨饿、受冻，对别人遭受的歧视和人生打击，就很难在心灵上产生共鸣。

（5）难以自律。"水往低处流，人往高处走。"这话本来就不错，可对于一些在人生路上没有受到过多大挫折、经过多大打击的人，想得更多的是发更大的财，当更大的官。这些人往往会因为顺利而忘记了发财和升官应该遵循的原则。

（6）满足于现状，不思进取。把一时的顺利看成一生的顺利，这样容易消磨创新的意志。只有在顺境中常想到逆境的人，才能使其在顺境中成长，在逆境中不乱。

2. 在逆境中奋起

（1）保持一个正常的心态。人的一生不可能是一帆风顺，逆境往往对人的锻炼更大。由于人在逆境中心情一般不好，所以处在逆境中的人一定要保持一个正常的心态，这样才能正确地分析、处理问题。切不可造成一种偏激或灰心丧气的心态，否则对走出困境是十分不利的。

（2）认真思考。人不可能不犯错误，重要的是不要重复地去犯错误。不管是谁给自己造成目前的这种不利处境，摆脱困境则是最主要的。反思是摆脱困境需要做的第一步，要科学地审视问题，找出问题的原因和解决的方案。

（3）正确对待"跳槽"。从个人来说，"人往高处走"是人之常情，人们都想通过跳槽谋得一个理想的工作岗位。但跳槽也有学问，跳槽应小心稳重，切莫轻率。轻率会后悔，弄得不好就可能会经济受损失，心理受压力，事业受挫折，直接的麻烦是导致失业。一般来说，跳槽的原因是复杂的，但大概可归纳为如下情况：专业不对口，用非所学，用非所长；人际关系不顺畅；为了解决家庭困难；工作压力太大，超负荷运转；寻求更好的个人发展。

需要指出，盲目的"跳槽"，往往适得其反。"跳槽"到一家新单位，一切都要从头开始。从开始熟悉新工作，建立新的人际关系，都要花费很多的精力和时间去做重复工作。

（四）自我实现

所谓"自我实现"，就是指自我价值的实现。选择价值目标，进行"自我设计"，对人生来说只是美好的设想和蓝图。要把理想和蓝图变为活生生的事实，还需要通过社会实践，做艰苦的工作，不断地奋斗。社会实践是价值目标转化为现实目标的桥梁和根本途径。人们的社会实践主要是指劳动实践。人们要实现人生价值，实现"自我设计"的总体目标以及具体目标和阶段性目标，就必须投身劳动和创造的过程。

在社会所提供的条件下，使内在价值转化为外在社会价值。社会所提供的条件不是决定因素，只起"中介"作用，起决定作用的因素仍然是个人的努力。在一定的条件下，个人通过自身的实践，充分发挥主观能动性和创造性，将内在的智慧和能力发挥出来，尽到自己的责任，为社会作出一定的贡献，完成"自我设计"，这就是"自我实现"。

二、自我学习

（一）树立终身学习的观念

21世纪是科学和技术突飞猛进的世纪，科学和技术的交叉融合，高新科技成果向现实生产力的迅速转化，给经济和社会的发展带来巨大变革，经济增长和社会进步将明显地依赖于知识。生产的特点是高品位的不断创新，劳动的主体是掌握知识、具有人力资本的人。在激烈的竞争中，企业要生存发展，要提高劳动生产率，关键在于劳动者素质的提高。在激烈的竞争中，个人要获得更好的发展，关键在于不断学习、与时俱进。大学毕业生，无论是升学还是就业，都必须确立终身学习、终身发展的观念。

对一名大学生来讲，在学校里几年所学的知识，只是为以后更好地学习打下基础。学习教育根本不可能满足社会对于一个职业人的需求，更多的知识，是要在工作以后获得。因此，对于大学生来讲，把毕业当作新的学习生涯的起点，通过工作了解自己的职业倾向，有针对性地选择自己想要和适合从事的职业或者职位，对一生的学习进行重新设计，采用灵活多样的学习方式，充分利用现代教育媒体，不断进行学习，才有可能跟上时代的步伐，实现自己的理想。正如美国一位教育学家所说：教育并不以你获得的最后一张文凭而终止，终身学习在一个以知识学习为基础的社会里是绝对必需的。

（二）选用合适的学习方法

要努力学习知识，但光有知识也不行，更重要的是得其精髓、得其方法。一位美国教师说得很有道理："人类总是在发展的，答案是永远记不完的，只有记住了找寻答案的方法，才能不断找到新的答案，创造新的答案。"现实中有知识不会用、有本钱缺本事的人并不少见。科学史上满腹经纶，但不得其法、功亏一篑的也大有人在。王明背了许多马列语录，固守本本不放，革命总是上不了轨道。毛泽东从马列主义那里继承了实事求是的思想方法，革命终于取得了胜利。作为跨世纪的一代，本钱要有，本事更要有。这种本事就是科学的方法论，它是通向创新思维的桥和船，没有桥和船，背着一大堆知识是过不了河的。学生向老师学艺，愚笨一点的学其形，聪明一点的学其神，讲的就是这个道理。如何在学习知识中得其方法呢？最根本的是要学会怎样学习。美国未来学家托夫勒曾指出："未来的文盲不是那些不会阅读的人，而是没有学会怎样学习的人。"可见，一个人要学会学习，最重要的是掌握正确的学习方法。

我们每个人的情况都是不一样的。对于有些人来说，背诵概念和语法可以提高自己的英语水平，但对于另外一些人来讲，毫无益处。学习过程中，最重要的就是找出适合自己的学习方法。每个人都有不同的生活方式和工作方式，成功的事业取决于他是否将自己的学习方式与工作及周围的环境很好地结合在一起。为了使学习达到更好的效果，必须有意识地借鉴和尝试各种学习方法，并比较哪种方法更适合自己。

要学会自学，要结合自己的工作实际，改变学习的方式和手段，要设法从脱产、半脱产学习向职业生涯的全过程学习转变。其途径之一是工作学习化，就是把工作的过程看作是学习的过程。通过对一项新操作流程的掌握，通过对某一项目产品的自我工作评价，通过与同事交流工作体会、经验共享，也能达到学习的目的。途径之二是学习工作化。要改变上班劳作仅是干活的观念，要把每天干的活理解为是在干四件事，即生产、工作、学习和研究，从而把学习和工作联系起来。

（三）不断阅读，不断思考

中国有句古话，叫作"书中自有颜如玉，书中自有黄金屋"，就提出了这样一个观点：只要不断读书，必然就能得到自己渴望的东西。的确，书籍是自古以来人们传授知识、思想、观念以及讲述故事的主要途径。可以说，一切事情都可以从书中获取。古今中外的众多成功人士也都必然博览群书。然而，在现在这个网络的时代，还有多少人在真正地阅读呢？请你回想一下，近半年来，除了那些杂志以及不得不看的专业书以外，你有没有去真正地阅读？读书的目的在于广泛地涉猎各方面知识，在于吸取前人的经验教训，在于探索人类发展的步伐，在于了解生命的真谛。只有不断阅读，不断思考，才有可能提高自己认识问题的水平，能够正确地对待各种事物。培根曾经说过：历史使人明智；诗歌使人聪慧；数学使人精细；伦理使人庄重；逻辑与修辞使人善辩……毛主席的那张大床上，有一半的位置堆满了书，无论行军打仗，还是治理国家，再忙再累，他也要抽出一点时间来读书；马克思常年在图书馆阅读，以至于在地毯上踩出一条小径来。对于我们来讲，只要能够每个月认认真真地读一两本书，日积月累，必然大有收获！

三、走出自我

现在这个时代常常被称为"信息爆炸"的时代，由于互联网的迅速普及，信息的传播速度及内容成几何级数递增，媒体的力量也越来越大。在历史上从未见过有如此多的报纸杂志在同一时间出售。信息成为人们生活中必不可缺的部分。可以说，信息时代的来临，也在很大程度上改变了人们的生活方式。那么，要做这个时代的弄潮儿，就必须具备足够的收集信息的能力。这个收集能力，当然不是在网上随便找一个搜索引擎，输入关键字，点击一下搜索就算完事了，这应该包括以下内容：快速查询相关内容，包括互联网、图书馆、报纸杂志等所有可查资料；快速筛选，从这一堆资料中找出真正有用的内容；综合思考过程，这是最重要的一个过程。通过自己的大脑对所得的资料进行整合，从中得出结论或者行动的指南。如果没有这三个步骤，所有的工作都是徒劳。

获取信息必须运用高明的手段，聪明的人很擅长利用"外脑"。所谓外脑，主要指别人的大脑、别人的智慧，指外部的信息储存和处理机构。利用外脑，不仅可以解放大脑的记忆功能，而且可以更充分地发挥自己大脑的功能，产生更多的思想成果。历史上有许多学者，博闻强记，学富五车，几乎无所不知，无所不晓。但是，他们长于记，却少有新知新见，少有发现和创新。从脑科学的角度来看，记忆功能的过大压力影响了创造功能的开发。如果能把大脑从记忆的重压下解放出来，大脑就能更活跃地去思维和创造。再说，一个人的思维能力和创造能力是有限的，如要解决某个问题，挖空心思，可能想出了几个办法，但是不一定是最好的办法；有时候面对一个需要决定的问题感到左右为难，正反的决定都有一定道理，不知怎样办为好。在这些情况下，都特别需要外脑的帮助。姚雪垠写《李自成》这部长篇巨著，做了几万张卡片，如果他不利用外脑，而是把这些卡片上记载的内容储存在自己的脑子里，那就很可能有损他的构思和创作。充分利用外脑丰富的信息环境，最基本的方法有以下几种。

1.广泛参加社会性活动

通过广泛参加社会性活动，跟各个层次、各种性格的人打交道，促使一切有识之士愿意和你来往，乐意向你提供你所感兴趣的东西，最大限度地获取有助于自己创新的重要信息。在这方面，有人总结了"拜师"法，即拜老同志为师，借鉴他们的实践经验；拜中外名家为师，汲取他们"识"中的有益部分；拜广大群众为师，博采众长，耳聪目明；拜智囊团为师，用群体见识来弥补个体见识的不足；拜失误、失败者为师，变教训为财富。

2. 建立可靠的信息队伍

建立可靠的信息队伍即建立纵横交错、得力可靠的信息队伍，及时把最新鲜、最有用的信息收为我用，始终牢牢掌握创新的主动权。及时掌握某些关键产品在各地市场的销售情报，从而在激烈的市场竞争中，始终抢占有利的先机。

3. 组织讲座，热烈讨论

邀请思维活跃、思路开阔、在某个领域有专门知识的人举行讲座，讲课之后进行讨论。讨论时，主持者可向与会者提出问题或提供问题背景、现有条件，也可以介绍在这个问题上已经进行的思考。不评价，不批评，畅所欲言，各抒己见。对各种想法和看法，都要认真地记录，仔细地消化，加以组合，这样可能会使你茅塞顿开，得到好思路、好主意。

4. 借助电脑储存信息

在电脑中可以游览世界，广采博收，把你所需要的新信息和有关资料分门别类地储存起来，成为一种资料库、信息库，当你需要的时候，便会随手拈来，比任何手段都来得快速，来得及时。

5. 给提供信息者以补偿

随着信息价值日益被人们所重视，信息市场的竞争也日益激烈，在这种情况下，愿意无偿提供信息的人势必越来越少，特别是高质量的信息，获取它就更为困难。为确保信息能够源源不断地流向自己，巧妙的方法就是采取物质补偿、精神补偿、信息交换等多种方式，满足提供信息者的多方面需要。善于以最小的补偿代价，长期获取最重要的信息，这本身就是一种创造。

6. 善于巧妙折算

信息价值的高低，首先取决于信息质量，其次才取决于信息的数量。一条重要的信息，往往抵得上一千条次要的信息。现实中的信息千姿百态，犹如光的照射一样，可以分为直射信息和折射信息。所谓直射信息，就是由运动变化着的事物向人们直接展示的信息，它的传递过程就像光的直射一样。而折射信息就不同了，它是变化着的事物向人们间接展示的信息，其传递过程就像光折射一样，而我们获取的信息中，大部分属于折射信息。对这类信息既不要被它的表象所迷惑，又不要轻易低估它的信息价值，其中有一些折射信息，只要经过巧妙折算，就能身价百倍，成为我们创新时所需要的依据。

四、发展自我

第一，向同行学习。在市场竞争中，我们首先应该向同行学习，看看人家是怎样进行渠道维护的，看看人家是怎样做市场营销的，看看人家的产品，看看人家的客户管理，等等。同行是最好、最直接的老师。近30年来，中国企业的成长，实际上都是消化吸收世界各国同行的经验之后，再走自己的路的结果。从我们个人来讲，向周围的同事、领导甚至下属学习，是我们职业成长的第一步。

第二，向协作者、供应商、客户学习。在我们的工作与生活中，同行、同事往往不愿讲批评的话。而来自协作者、供应商、客户的声音往往是最真实的。所以我们应该善于倾听他们的声音，接受协作者、供应商、客户的建议和批评，并积极改进工作、改善产品，加强服务，深化协作，不断提高。

第三，向对手学习。对手是我们成长、成功最好的磨刀石。但我们普遍有这样一种心态：不愿意、不承认、不学习对手。表现在对竞争对手的成绩、做法进行诋毁；对竞争对手的进步不屑一顾。蒙牛的成功真的是个奇迹，牛根生从伊利出来，在一无所有的情况下开始创业，几年之后，建立了唯一可以和伊利抗衡的乳制品帝国。蒙牛能成就今天，就是把伊利当老师、当前辈，向对手学习。蒙牛的宣传都是打着向伊利学习的口号。

向竞争对手学习是学习的最高境界，是一种大智慧的表现。

第四节
本 讲 小 结

（1）"要做事，先做人"，这是对完美的追求。巴菲特的管理经验强调了人的优秀品质，如慷慨、诚实、能实现他人利益，把功劳分予他人。这些品质令人钦佩，并鼓励大学生们择善而从。同时也鄙弃了让人厌恶的品质，如不够诚实，爱占小便宜等。

（2）大学生应该具备一些关于管理的基本知识。择业中的管理，就是在对决定个人职业生涯的种种因素进行系统分析的基础上，制定出事业的发展战略与计划。

（3）实现择业中的自我管理，首先要全面认识自己，合理评价自身的客观条件。自我管理的主要内容，包括自我认识、自我接纳、自我发展、自我实现等。

（4）大学生在择业中，要与时俱进，不断学习，终身学习，并要掌握学习的方法。这样，既可以对过去的工作进行检验，也可以对未来的工作提出挑战。

第五节
思考与阅读

一、认识自我品质

目的：通过探询自己的人生经历，找出自己的独特模式，进而学习接纳、欣赏自己，并将其与自己未来的职业发展相结合，探索最适合自己的职业领域和职业活动类型。

（1）你在休闲、学习、工作中，最喜欢哪一样活动？

什么时候的经历你最高兴、最喜欢？

什么时候的经历你最不高兴、最不喜欢？

（2）具体写下你比较好的经历：

开始

后来

感觉

（3）具体写下你不好的经历：

开始

后来

感觉

（4）这些经历中体现出你什么样的脾气、兴趣、价值观等特点？

（5）这些特点与你找工作有什么关系？

操作：首先，写出属于你自己的独特内容。然后，在自愿的基础上与你周围的同学分享交流。

二、整理自我资源

目的：清楚自己的能力、素质与专长，了解技能的"可迁移"特征，找回自信，更加乐意地将"可迁移"技能与自己的未来工作相联系。

操作：先阅读下面的"能力与个人素质"意向，并在你认为自己具有的项目前面打"√"，然后写出自我评价。

○适应性

○监控

○编制预算

○计算

○合作能力

○管钱

○维修

○组织能力

○可靠

○耐心

○计划

○快速阅读

○记录

○责任感

○产品装配

○服从

○建筑

○细心

○与人相处

○独立

○精力充沛

○忠诚

○乐于服务

○说服力

○种植

○可信赖

○解决问题

○修理

○友善

○打印

○缝纫

○写作

○勤奋

○扛包

○驾驶

○成熟

○机器

○强壮

○售货

在对上述内容作答的过程中，你有没有发现自己原本没有发现的东西？

三、自我评价

目的：给人们提供关于自己人格类型的看法，进而为自己事业发展之路的设计提供参考依据。

操作：回答下面6种人格类型的每一类的12个问题，或"是"，或"否"。在完成之后，将每一类"是"的数量分相加。

1. 常规型人格

下面的5个职业和两个体闲活动，在你已经有了一定技能的前提之下，有哪些你感兴趣或者是觉得合适的：

①职员；

②接待员；

③图书馆工作人员；

④会计；

⑤建筑监理；

①收藏；

②打扑克。

对于下面5个问题，回答"是"或"否"：

①我喜欢整洁地、按部就班地完成事情；

②我的意见和行为通常是中庸；

③我的家和生活方式要尽可能实用和舒服；

④我承认我那些群体的传统价值（家庭、工作、邻居）；

⑤我对实际的日常事情更感兴趣，而不是关于他们的哲学讨论。

2. 社会型人格

下面的5个职业和两个休闲活动，在你已经有了必要技能的前提之下，有哪些你感兴趣或者是觉得合适的：

①护士

②学校教师

③顾问

④教职人员

⑤主妇

①体育

②俱乐部成员

对于下面的 5 个问题，回答"是"或"否"：

①我喜欢与各种各样的人交谈；

②在表达我的批评和不同意见时，我通常做得很得体；

③我乐于助人，与人们分享体验；

④我喜欢合作；

⑤有时我发现我对于某个人所表达的温情超过了我对他实际上的感觉。

3. 研究型人格

下面的 5 个职业和两个休闲活动，在你已经有了必要技能的前提之下，有哪些你感兴趣或者是觉得合适的：

①计算机程序员；

②实验室技师；

③翻译；

④医生；

⑤大学教师，研究人员。

①板上游戏（棋等）；

②阅读非虚构类作品。

对于下面的 5 个问题，回答"是"或"否"：

①我尽力理解别人对我说的确切意思；

②我看重对各种话题的智力讨论；

③在作出一个重要决定之前，只要能做到，不管用多长时间我都要充分考虑；

④我喜欢追踪艺术、科学或是我的工作和邻里的最近情况；

⑤有的时候，开始时我排斥新观点，然后又看出它可能有一些优点。

4. 艺术型人格

下面的 5 个职业和两个休闲活动，在你已经有了必要技能的前提之下，有哪些你感兴趣或者是觉得舍适的：

①作家；

②设计师；

③演员；

④音乐家；

⑤建筑师。

①摄影；

②跳舞。

对于下面的 5 个问题，回答"是"或"否"：

①我经常凭着冲动来表达我自己；

②人们有时会认为我有点好争辩，甚至很讨厌；

③我常常对新的思想和被忽略的原因感兴趣；

④我钦佩他人的创意；

⑤我对整体印象更感兴趣，而不是具体细节。

5. 现实型人格

下面的 5 个职业和两个休闲活动，在你已经有了必要技能的前提之下，有哪些你感兴趣或者是觉得合适的：

①厨师；

②木匠；

③磨镜片师；

④工程师；

⑤农夫。

①家庭内的事务自己动手（加以改进）；

②航海或划船。

对于下面的 5 个问题，回答"是"或"否"：

①在社交场合内，我喜欢与一些我真正尊重和信任的人在一起；

②不管别人说什么，我坚持自己的意见和计划；

③我喜欢手工的和体力的活动，与一个集体在一起，或是作为它的一部分；

④如果我不是肯定做得到，我就不会承诺；

⑤有的时候，其他人认为我很冷淡或很冷漠，而实际上我有很强烈的情感。

6. 企业型人格

下面的 5 个职业和两个休闲活动，在你已经有了必要技能的前提之下，有哪些你感兴趣或者是觉得合适的：

①销售代理；

②旅行代办；

③经理或行政人员；

④政治家；

⑤律师。

①赌博性游戏；

②旅游。

对于下面的 5 个问题，回答"是"或"否"：

①当我外出时，我尽量穿得整洁；

②在一个群体中，我喜欢成为注意的中心；

③在休闲活动中，我喜欢小小的冒险；

④我喜欢竞争；

⑤我有时被卷入一些过后我会后悔的承诺或者行动中。

四、自我判断

一些日常生活中的琐事，看起来无关紧要，可它也许会产生很多你无法预期的结果。请做下列选择题，设想一下，当遇到这些问题时你会选择哪一种解决方式？假如题中所出现的情况对你来说尚未发生过，则按你认为自己应该使用的解决方式作决断。

1. 生日、结婚、纪念日等，在这些看来你要花钱的时刻：

A. 告诉对方不要通知自己这些事

B. 只给那些你认为重要的人

C. 经常收集一些小的或比较奇特的礼物来应付这些情况

2. 你和别人发生矛盾或纠纷，不得不去法庭诉讼时：

A. 对去法庭的焦虑和不安使你失眠了。

B. 暂时把它忘却，到出庭时再设法应付。

C. 这是人生中难免要发生的事件之一，并不怎么重要

3. 家具被水管漏水淹坏时：

A. 你非常不快，口口声声地抱怨着

B. 借此降低房租，并写了批评信

C. 你自己擦洗、修理，使家具复原

4. 当你和邻居发生了争执，而毫无结果时：

A. 靠喝酒来解闷和把它忘掉

B. 请来律师，讨论怎样诉讼

C. 出外散步，来平息你的愤怒

5. 生活中的各种压力使你和爱人变得易怒时：

A. 设法向第三者倾诉自己的感情

B. 不必着急，因为还有时间会改变计划的

C. 坚持和爱人一起讨论，研究解脱的办法

6. 你的能力得到承认，并得到了一个重要工作时，你：

A. 想放弃这种机会，因为这种工作的要求太高

B. 怀疑自己能否承担起这项工作

C. 仔细分析这项工作的要求，做好准备，设法把它做好

7. 你的亲友在事故中受了重伤，当你得知这个消息时：

A. 失声痛哭，不知该如何是好

B. 叫来医生，要求服镇静剂来度过以后的几个小时

C. 抑制自己的感情，因为你还要告诉其他亲友

8. 每逢节假日，你和爱人总要为去看望一方的父母而发生口角时：

A. 认为最公正的办法是根本不搞庆祝，不和家人共聚，麻烦

B. 硬计划，不分情况，平分秋色，轮流看望

C. 重要的节假日里，和你的家人团聚，而在其他节假日里与爱人的家人共度

9. 当你感觉身体不舒服时：

A. 拖延着不去就诊，认为慢慢会好的

B. 自己诊断一下，去药房买药

C. 情况危急时告诉家人，然后去医院检查

选择 A 计 1 分，B 计 2 分，C 计 3 分，然后将总分算出。

得分在 15 分以下：你面临问题时，经常想当然地解决，注意不要让你的想象力冲昏了头脑；

得分在 15~25 分：你处理问题稍有点迟疑，不要作出那些会让你以后后悔的决定，从一开始就要面对现实；

得分在 25 分以上：你处理问题的能力很强，你作出的决定大多是从实际情况出发。

五、创新思维

下面一套题目可以帮助你评估自己的创造个性。请根据你自己的实际情况和想法，分别在后面注明 A、B、C（A 代表同意，B 代表拿不准，C 代表不同意）。

（1）我不做盲目的事情，我总是有的放矢，用正确的步骤解决每一个具体问题。

（2）无论什么问题，要我发生兴趣，总比别人困难。

（3）我不尊重那些经常做没把握事情的人。

（4）在解决问题时，我常常凭直觉来判断正确与错误。

（5）我分析问题较快，而综合所掌握的问题较慢。

（6）我有较好的审美能力。

（7）我的兴趣在于提出新的建议，而不是设法说服别人去接受这些建议。

（8）我喜欢一门心思苦干的人。

（9）我不喜欢提那些显得无知的问题。

（10）那些使用古怪和不常用词语的作家，纯粹是为了炫耀自己。

评分标准：

（1）A0　B1　C2

（2）A0　B1　C4

（3）A0　B1　C2

（4）A4　B0　C2

（5）A1　B0　C2

（6）A3　B0　C1

（7）A2　B1　C0

（8）A0　B1　C2

（9）A0　B1　C3

（10）A1　B0　C2

22分以上：你有较高的创造个性，总是想出一些别出心裁的点子，喜欢与众不同。人们对你的评价也有很大出入，有人认为你不安分，哗众取宠；也有些人欣赏你这种总是令人出乎意料的风格。世界因为你们的存在才更加多姿多彩，请保持这种个性。适合于从事环境为自由，没有太多约束，对创新性有较高要求的职位，如美编、装潢设计、工程设计、软件编程人员等。

11~21分：你善于在创造性与习惯做法之间找出均衡，你具有一定的创新意识，并不墨守成规，经常会提出一些新颖的想法。但同时你也很注意尊重人们的传统习惯，不会做出过于惊世骇俗的事情。你这种个性对于管理岗位十分适合，同时也适合从事许多与人打交道的工作，如市场人员等，因为人们在与你交往时既觉得有趣，又不会因为过于激进而不能接受。

10分以下：你属于循规蹈矩的人，做人总是有板有眼，一丝不苟。你认为既然规章一经制定，必定有它存在的理由，人们最好还是遵守它，这样才能保证社会的正常秩序。你适合从事对纪律性要求较高的职位，如会计、质量监督员等职位，这些职位都要求严格遵守规章制度，与你的个性十分协调。

六、自我心理调试

心理适应能力的强弱，关系到我们能否工作得愉快、生活得幸福。你知道自己的"应变弹性"吗？下面一组测试题是关于心理适应性测试的题目，通过本组测试题可以明确判断你的心理适应性的强弱程度。

1. 当你从办公室收到来自税务所或环境监理会的一封沉甸甸的信时，你会

A. 试着自己来弄清事情缘由

B. 装作没看见，随便谁捡起谁去处理

C. 找个理由推给办公室其他同事去处理

2. 你着急赴约，却被拥挤的交通所阻，你会

A. 设想等候者会体谅你是不得已而迟到

B. 变得急躁不安，同时想象等候者恼火的样子

C. 很着急，但想想着急也无益，干脆不去想了

3. 一件很重要的东西不见了，这时你会

A. 不动声色地对最近一段时间的行为作一番仔细回顾

B. 疯狂地掀起地毯来搜索

C. 急忙把那些可能的地方找一遍

4. 你向来用钢笔写字，现在要你换圆珠笔书写，你会

A. 感觉上与用钢笔没什么差别

B. 有时有点不顺手

C. 感到别扭

5. 你在大会上演说的姿态、表情、条理性、准确性与你在办公室里讲话相比怎样？

A. 基本上没什么差别

B. 说不准，看具体的情况而定

C. 显然要逊色得多了

6. 改白班为夜班之后，尽管你做了努力，但工作效率总不如那些和你同时改班的人高，是吗？

A. 不是这样的

B. 说不上

C. 对

7. 你手头的任务已临近最后的截止日期了，你会

A. 变得更有效率了

B. 开始错误百出

C. 心中暗急，但仍尽力维持正常情况

8. 在与人激烈争吵了一番后，你会

A. 不受影响，继续专心工作

B. 唠叨个不停，工作量递减

C. 把注意力转到工作上，但有时难免出神

9. 你出差或旅游到外地，睡在陌生的床上，你会

A. 感觉和在家没什么区别

B. 有时会失眠

C. 失眠很厉害

10. 参加一个全是陌生人的聚会，你会

A. 先喝几杯酒让自己放松一下

B. 有时感到不自在，有时能从这种状态中摆脱出来，与人相叙甚欢

C. 立即加入最活跃的一群，热烈谈话

11. 调整工作习惯后，你会

A. 很快就习惯了

B. 在起初的两三天感到不习惯

C. 在相当长的一段时间内发生紊乱

12. 有人劈头盖脸给了你一顿指责甚至攻击，你会

A. 头脑清醒，冷静而适度地予以回击

B. 一下子蒙了，过后才会想到当时该如何进行反击

C. 在当时就还了几句，但没有切中要害

13. 你事先给一位朋友打电话预约登门拜访，他答应届时恭候，可当你如约前往，他却有急事出去了。这时，你会

A. 有些不满，但既来之则安之

B. 嘀咕不已

C. 充分利用这一空当，为自己下一步要做的事计划一番

14. 只有在安静的环境中，你才能读书，外面喧哗嘈杂之时你便分心吗？

A. 看热闹程度而定

B. 不是

C. 不。只要不是跟我吵，坐在集市货摊之间也照读不误

15. 同学们总是说小王脾气执拗，难以相处，你

A. 倒觉得小王蛮好接近的，大家恐怕太不了解他

B. 说不上对他有什么感觉

C. 也有同感

［一般评价］

（1）心理适应性强。世界千变万化，而你"游刃有余"，生活中的各种压力你常能化之于无形；你过得心情愉快、万事如意，这种精神品质有利于你的心理平衡与健康，你是个生命力强的人。

（2）心理适应中等。事物的变化及刺激不会使你失魂落魄，一般情形你都能作出相应的适应反应，可是如果事件比较重大、变得比较突兀，那你的适应期就要拖长。你了解这种情况之后，最好预先准备，锻炼自己的快速适应能力。

（3）适应能力差。你对世界的变化、生活的摩擦很不习惯，如此磨损你会过早"断裂"的。不过，只要意识到了，还是有希望改善此状况的。首先你要从思想上对那些你总是看不惯的东西冷静地剖析一番，它们真的是十分难以忍受吗？其次，要在心理上具备灵活转移、顺应时变的快速反应能力，不要将自己拘禁在固定模式中。

七、阅读

（一）清华大学：独立思考；心存敬畏

第一，独立思考。从陈寅恪先生倡导"独立之精神，自由之思想"，到蒋南翔校长坚持"不唯书，不唯上，不唯他，不唯洋，只唯实"，清华传统的深处，始终蕴含着实事求是、独立思考的精神。无论是在学术研究中，还是在社会生活中，各种各样的情况需要我们去分析、去判断、去决定。比如毕业时面临的选择，是读研，还是工作？是出国，还是留下？是到企业，还是去政府？是选择这个行业，还是那个行业？实际上，如果没有真正独立深刻的思考，就难以作出正确的决断，将来在研究和工作中也难以有真正的创见，更难以形成自己对社会、对人生的深刻认识。人云亦云，随波逐流，见异思迁，只会失去自己前进的方向。

看到同学们毕业，不禁使我想起40多年前我在清华的情景。我是1965年进入清华学习的，刚入学9个月"文革"就开始了，正常的教学秩序完全被打乱，但我和一些同学依然坚持学习。书本被扔到垃圾箱里，就半夜打着手电去偷偷捡回来；学校待不下去，就背起课本回家自学。之所以如此，是因为我相信这样一个朴素的道理：只有用知识武装自己，才能成为有用之才。所以我常说，人要"循常理，不跟风"，就是要有自己的思考、认识和坚持。我觉得，这是人在一生中有所成就的重要基础。

第二，善于作为。中国社会正处在快速发展和变革当中，方方面面的不完善、不合理乃至不公平会有很多。这些也常常对同学们的成长带来困扰，造成影响。所以大家有时会抱怨、会批评、会发牢骚，这是难免的，也是无可厚非的。但我想提醒大家的是，仅仅有抱怨和批评还远远不够，更不能因此嘲笑和怀疑一切，而要善于从复杂的局面中找到解决问题、改变现实的道路。

我们要有批判，更要有建设；要有质疑，更要有行动；要有想法，更要有办法。我们不是旁观者，不是过客，我们有责任为社会的进步作出自己的一份努力。很多时候，真正去做成一件事情，比仅仅去批评它要困难得多。不仅有外部的阻碍，还有自己内心的动摇。要克服这一切，需要我们有坚韧与智慧，付出辛勤和汗水。而这才是清华人的底色！也只有这样，我们才能真正不负国家和人民的期望，"成为可堪大用、能负重任的栋梁之才"。

（本文节选自清华大学校长顾秉林于 2011 年本科

毕业典礼致辞《独立思考　善于作为》）

"心存敬畏"是指做人做事要有尺度、要有底线。知识越多、能力越强的人，越是要心存敬畏，越是要有所担当，切实负起自己对人类、对国家、对社会、对家庭的责任。

心存敬畏，首先要敬畏自然。我说的敬畏自然有两层含义，一是尊重自然规律，二是与大自然和谐相处。受过科学教育的人，都懂得尊重自然规律，却不见得都能与大自然和谐相处。工业革命以来，科技飞速发展，大大增强了人类认识、利用和改造自然的能力，也催生了"没有极限的增长"的发展模式，结果导致资源枯竭、环境污染、生态破坏、气候变化等一系列影响人类长远发展的问题。为了生存发展，人类有理由挑战自身的极限，却无权破坏自然的和谐。我校心理系彭凯平教授最近通过大数据研究发现，在人均 GDP 达到 2 万元人民币以后，人的幸福指数与人均 GDP 高低并无关联。因此，以牺牲大自然为代价，即便能带来短期的物质富足，却不能带来长久的人类福祉。说到这里，我想起一位清华故人梁从诫先生，他是梁启超先生和梁思成先生的后人。梁从诫先生 61 岁时创办我国首家民间环保组织"自然之友"，开展了保护川西天然林、保护滇金丝猴、保护藏羚羊及可可西里反盗猎等多项环保行动。从他的身上，我们感受到一位长者对自然的敬畏之心，更有梁氏一门三代清华人的社会责任感。同学们，将来无论你们从事什么工作，特别是当你们中有人能够主政一方或者影响某一领域发展的时候，我都希望你们不要短视、不要唯财富论、不要唯 GDP 论，要义不容辞地

担负起建设美丽中国的责任，永远为子孙后代留一片蓝天绿水。

心存敬畏，还要敬畏法律。法治是一个社会成熟的标志，守法是社会对每个公民的基本要求。我相信，你们每个人都有守法的意识和愿望，懂得尊重契约、崇尚法治。但是对于你们来讲，重要的不仅是自己遵纪守法，更重要的是能够勇于捍卫法律的尊严。特别是当你们面对诱惑、面临威胁和压力的时候，还能坚守底线、依法办事，才是真正的难能可贵。去年，有人要拍卖钱钟书先生的部分书信、文稿，杨绛先生对此极为愤慨，发表声明说，"完全是朋友之间的私人书信，本是最为私密的个人交往，怎么可以公开拍卖？个人隐私、人与人之间的信赖、多年的感情，都可以成为商品去交易吗？"她表示，如果拍卖，她将不惜百岁之身亲上法庭。老学长这种捍卫法律和社会基本准则的精神，令人钦佩，为我们树立了守法护法的榜样。同学们，我希望你们今后无论地位多么卑微，都能勇于捍卫法律的尊严；而无论你们身居何等的高位，都能始终将自己置于法律的约束之下。

心存敬畏，更要敬畏良心。良心和良知，都是做人的根本，是我们为人处世、安身立命的基础。朱镕基学长在当年辞去经管学院院长职务的告别演讲中，讲了他自己这样一段经历。他1958年被错划为"右派"，从此失去党籍长达20年，直到1978年才得以恢复。尽管受到巨大冲击，遭受了很多不公正的对待，但是他并没有因此而有任何抱怨，更没有放弃过自己的理想信念，从未做过一件对不起良心的事情。他殷切希望清华学子做到为学先为人，强调"为人要正，正大光明，正直清廉，正己然后正人"。敬爱的朱镕基学长，以言传身教，给我们清华人树立了如何做人的楷模。在今年参加经管学院30周年院庆活动时，我与一些顾问委员会的企业家委员有过深入交流。他们认为，在这个世界上，每个企业都难免会有起起伏伏，任何组织也都有高峰低谷，而能够长久地生存下去的企业和组织，一定都有超越商业利益的社会追求，都会恪守正确的核心价值观。企业如此，人也是如此。良心，就是我们为人所必须遵循的准则。做人，是我们每个人一辈子的学问。今天你们完成学业、走出校园，母校期待的并不是你们将来有多么成功、有多大的成就，而是期待着你们始终保持独立、完整的人格，在做人这门一生的必修课上交出合格的答卷。

同学们，此时此刻，你们正怀着美好的憧憬、满腔的热情，希望在社会上一展身手、大有作为。我讲心存敬畏，绝不是想打击你们的信心，更不是要你们今后缩手缩脚、畏首畏尾，而是希望你们在心灵深处始终保持一份对自然、对法律、对良心的由衷敬畏，一生都可以挺起腰杆做人，做一个真正受人敬重的清华人。

（本文节选自清华大学校长顾秉林于2014年夏季
研究生毕业典礼致辞《心存敬畏》）

（二）武汉大学：我是建设者

有一种别离，叫大学毕业；有一种怀念，叫"致青春"。正当青春年少的你们，把人生中最美好的时光留在了珞珈山，那些樱花烂漫、激情飞扬的日子，将成为你们生命中最美好的记忆。你们对于武大，就如同即将远行的孩子，你们的未来就是母校的牵挂。在去年的毕业典礼上，我曾寄语你们的师兄师姐们："用积极的心态点亮未来"；今天，我也送给你们一句话：执着追逐青春梦，人生出彩会有时！

同学们，你们正处在一个快速变革的时代，"人人享有人生出彩的机会"。从武大走出去的学生，我丝毫不怀疑你们的才华、聪慧与自信。但是，梦想只有扎根于现实的土壤，才能开花结果。当热情遭遇寒流，当坦途转入低谷，当进退面临抉择，你们的青春该如何绽放？你们的梦想该如何实现？你们的人生该如何出彩？

下面，我想与同学们一起分享三个故事。

第一个故事，是你们的校友、人人网 CEO 陈一舟的创业史。1987 年考进武大的陈一舟，入校后申请从物理系转到计算机系学习，那时的他就开始做着在 IT 行业打拼的梦。1999 年，他首创"ChinaRen 社区"，不到两年被搜狐并购；2001 年，他冒着因提前解除合同而失去所有股票和奖金的风险，辞去搜狐高级副总裁前往美国二次创业，却因"9·11 事件"对美国股市的影响被迫中止；之后，他先后投资"邀 2/4 发短信网"，创办"千橡互动"，却遭遇无线业务增值的寒冬；2006 年以来,他收购"校内网"改"人人网",终于在美国成功上市,并当选"2011 年中国创业年度人物"。

30 年的坚持，陈一舟历经大起大落，从未放弃对未来的信心。他的故事告诉我们：在追逐梦想的路上，有一种精神叫坚持，它让人激情不息，奋斗不止！

陈一舟的创业秘诀是：有时候就是靠时间耗着，等别人没有耐性了，坚持不下去了，自乱阵脚了，那么你很有可能就是坚持到最后的胜利者。坚韧刚毅、持之以恒，这就是我们武大人的精神气质！

同学们，我们坚持，是因为值得；没有坚持，梦想只会成为空想。而坚持，就是对自我实现永不放弃的期许，就是对成功机遇的敏锐感知，就是对外部环境的准确判断与积极改造，就是面对挫折与苦难时的坚强意志！我希望，无论你们将来从事什么职业，身处顺境或逆境，都要让激情与信心的火焰燃烧不灭，照亮你们的航程！我相信，只要你们坚持梦想永不放弃，人生出彩会有时！

第二个故事，是最近发生在大家身边的"凡人善举"。2013 年 6 月 4 日 21 时 16 分，武汉公交车上演中国版《生死时速》。一名男子突发疾病昏倒，呼吸、心跳骤停。在这命悬一线的危机时刻，5名武大医学生挺身而出。他们顾不上平日那些讲究，跪在地上为病人实施心肺复苏，把手伸进病人嘴里，抠出阻碍呼吸的分泌物。据急救专家讲，国际上这类病人生还率只有5%，若稍微耽搁救治时机，再好的医术也无力回天。

有人说，"遇到这种事，救活了是功劳一件，救不活岂不是自找麻烦？"或许是出于尊重生命的本能，或许根本来不及多想，那一刻，他们只想着救人，5个人一个也没有迟疑！正是他们的"凡人善举"，避免了"小悦悦悲剧"的重演。这难道不是人性善念的光辉闪耀？这难道不是积极奉献的感性表达？这难道不是勇于担当的精神彰显？江山等5名武大医学生用他们质朴的行动告诉我们：在追逐梦想的路上，有一种品格叫守正，它让人心如明镜，大道直行！

从桂希恩、杨昌林到潘迎春，从黄来女、赵小亭到黄碧海，珞珈山道德的天空明星闪耀，他们守护社会良知，播撒人间大爱，积聚浩然正气，引领时代风骚。坚守正道，大爱无疆，这就是我们武大人的精神气质！同学们，对于当前这个社会，你们或许有些忐忑与困惑，接二连三的安全事故让你们忧心忡忡，同室操戈的"室友投毒案"让你们痛心不已，形形色色的"潜规则"让你们愤懑不平。面对纷纭复杂的社会现实，我希望你们学会舍弃与坚守：舍弃投机与功利，坚守诚信与正直；舍弃冷漠与私欲，坚守善良与大爱；舍弃狭隘与偏执，坚守尊重与包容；舍弃虚荣与奢华，坚守质朴与纯真。你们的舍弃，或许会失去一些眼前的利益，但一定能收获内心的圆满，而这恰恰就是人生画卷更显功底、最能出彩的地方。我相信，只要你们恪守正道永不偏离，人生出彩会有时！

第三个故事，是我的故事，讲一讲我在美国加州大学Berkeley分校学习的一段经历。1989年，我到一个矿区做现场实验，在那个偏远的小山村，我是唯一的中国人。美国人很爱国，矿区每天都会升美国国旗。当时正值西方企图以"和平演变"颠覆中国的时候，我的德国师弟Peter对我说，"你看，东欧剧变，德国的柏林墙也推倒了，社会主义国家都要变了，总有一天你们中国的五星红旗也要倒下来"。当时，我很生气，一种强烈的民族责任感和爱国情怀，促使我到中国驻旧金山总领事馆领来一面五星红旗，把它高高挂起。我凝视着它迎风徐徐展开，与朝阳融为一片，飘扬在美国的蓝天下，那一刻我的眼眶完全湿润了。之后，我每天都要站在这面红旗下，向它行注目礼。我的导师向我竖起大拇指，矿工和村民也对五星红旗充满敬意，至此这个村庄的村民从我这里了解到了中国。

异国他乡的这个小举动，不仅极大地安慰了我的思乡之情，也极大地鼓舞了我的报国之志，使我深刻领会到"家"与"国"之间是那样 4/4 的水乳交融、密不可分。因此，我想告诉你们：在追逐梦想的路上，有一种情怀叫国家，它让人登高望远，砥砺奋进！

翻看武大 120 年的发展史，诞生于民族危亡之际的武汉大学，始终把自己的使命与国家的命运紧密相连，这种信念深深融入"武大精神"，让一批批珞珈学子在"大我"中成就"小我"，让一个个武大人的名字闪耀在科教报国的历史画卷上。胸怀天下，自强不息，这就是我们武大人的精神气质！

当下，一些人信奉"个人主义"和"实用主义"，重功利、讲实惠，也有不少人习惯于在网络上以"屌丝"自嘲，对这个社会充满怀疑，还调侃"信春哥，得永生；信凤姐，得自信"。但是，没有国家好、民族好，哪有大家好？我希望，同学们不仅要做一个社会的批判者，更要以"我是建设者"的姿态去参与、去完善，主动担纲属于你们这代人的使命，把"个人梦"融入"中国梦"，用"青春梦"托起"民族梦"！我相信，只要你们勇于担当永不言退，人生出彩会有时！

（本文节选自武汉大学校长李晓红于 2013 届毕业典礼致辞）

（三）厦门大学：担当

同学们，在刚刚过去的"五四"青年节，习近平总书记在北京大学与学生代表座谈，他的通篇发言充满了对中国青年一代的期望和关爱，在他的讲话中，多次提到"担当"二字，我的一个体会是，他对当今中国这一代年轻人的最大期望，是期望你们都能成为勇于担当、敢于担当的一代年轻人；期望你们学会担当社会责任，能够担当起党和人民赋予的历史重任，在激扬青春、开拓人生、奉献社会的进程中书写无愧于时代的壮丽篇章。我觉得，习近平总书记的期望也是我们每一位老师对在座各位的期望。勇于担当、敢于担当，这是厦大学子的品格。

"担当"二字，对于厦大人而言从不陌生，因为厦大历史上从来不乏敢于担当之典范。陈嘉庚 17 岁时远渡南洋谋生，历经艰辛，经过几十载的奋斗事业有成。陈嘉庚事业有成后，第一个想到的就是他的祖国，当时祖国正处在危难之中、亡国边缘，陈嘉庚怀着救国之志，创办集美学村、创办厦门大学。在为厦门大学建校募捐的大会上，他个人一次认捐 400 万洋银。这 400 万洋银，经后人的考证，相当于他当时的全部个人资产。因此，后人把陈嘉庚创办厦大誉为"倾资办学"，也誉为"毁家兴学"。世世代代的厦大人都把他尊称为"校主"。陈嘉庚这样的一种作为，就是一种担当，这是一种对国家对民族的担当。

1921 年，年仅 16 岁的罗扬才从广东考入集美师范学校就读，1924 年师范毕业又考入厦大预科，第二年预科毕业升入本科。在当年，能够成为大学生的可谓凤毛麟角、人中豪杰。进了大学，有了大学的文凭，也就意味着走上一条衣食无忧、前程似锦的阳光大道。但年轻的罗扬才更多的是看到社会的黑暗，看到的是当时国民党的独裁、腐败和反人民，因此，他抛开个人的似锦前程，为理想奋斗、抗争，反饥饿，反独裁，争自由，争民主。1927年5月23日，他被国民党反动派杀害，牺牲时年仅22岁。罗扬才的这样一种作为，就是一种担当，这是一种对理想对信念的担当。

1937年，年仅35岁的萨本栋在民族危难之际、在抗战爆发前夜，毅然舍弃已有的舒适生活和成功的学术事业，从清华到厦大，接任厦大校长一职。他在国家最危难、厦大最困难的八年执掌校务，殚精竭虑，艰苦办学，使得厦大在抗战八年不仅没有停办一天，反而蒸蒸日上，不断发展，成为名副其实的"南方之强"，但萨校长自己却累垮了身体，到厦大之前他是一个网球运动员，身体十分强健，但到1944年他离开厦大时，已是一个弯腰驼背、行走困难的抱病之人。1949年1月31日，萨本栋校长病逝于美国加州医院，年仅47岁。后人都说，萨本栋校长在厦大的7年，是燃烧自己生命的7年。萨校长这样的一种作为，就是一种担当，这是一种对职责对事业的担当。

我们厦大人还熟知王亚南和陈景润。王亚南在20世纪30年代就开始传播共产主义的思想和理论。1938年，他与郭大力合译的《资本论》三大卷全译本由上海读书生活出版社出版，这是中国第一部《资本论》的全译本。20世纪40年代，他任厦门大学经济系教授，长期为学生讲授马克思主义政治经济学，是最受学生欢迎的教授之一。我想，在座的各位同学都知道，20世纪的三四十年代，公开地宣传马克思主义、共产主义思想，这是需要多大的勇气！陈景润的唯一爱好是数学，数学就是他的生命和一切，他在1966年发表论文，解答了"哥德巴赫猜想"中"1+2"的难题。此后，"文革"爆发，他被打为走"白专道路"的修正主义分子，造反派对他进行了无休止的批斗和干扰，但他白天被批斗，晚上躲在斗室之中仍然进行自己心爱的数学研究。可惜"文革"十年耗去了他最宝贵的光阴和健康，他最终没能解出"1+1"，但他的精神和事业是永存的，仍在继续。王亚南和陈景润的作为，就是一种担当，是一种对科学对真理的担当。

在厦门大学90多年的办学历程中，"担当"二字已经融入厦大人的血液之中，"担当"二字已经成为厦大人的精神追求。一代又一代的厦大人为了民族的解放、国家的富强奋斗不止、矢志不渝、前仆后继、不断向前，就是因为他们牢记"勇于担当、敢于担当"是从校主陈嘉庚就开始传下来的一种精神、一种使命。

亲爱的同学，亲爱的朋友，你们是光荣的一代，你们也是肩负重任的一代。因为你们处在一个伟大的时代，中华民族伟大复兴的光荣与梦想将在你们这一代人手中实现，要依靠你们这一代人去实现。因此，勇于担当、敢于担当对于在座的各位就有着更重的分量、有着更高的期望！

我由衷地希望在座的各位，参加完今天的毕业典礼后，走出这雄伟的大会堂，都能面对大海和蓝天深深地吸上一口气，轻轻地说一句"我毕业了！我真正地成年了！"一个人在成年之前，他（她）理所当然的要得到他人更多帮助与照顾，一个人在成年之后，他（她）也就理所当然的要更多地帮助和照顾他人。在座的各位能有今天的成长，是你们的家人、是你们的朋友、是你们的师长、是你们的学校、是你们的国家、是你们的社会给予你们帮助和哺育的结果。你们一定要牢牢记住每一个帮助过你们的人，虽然他们可能都不图回报，但你们要常怀感恩之心，要有大爱情怀，当他人、当社会、当国家有需要时，你们要毫不犹豫地挺身而出、伸出双手、贡献力量。我由衷地期望，在你们的人生字典中，没有冷漠、无情和懦弱的位置，热情、勇敢和善良是你们的本色。我由衷地期望，不论何时、何地、何人有难需要帮助，伸出双手去相助的，肯定有厦大学子的身影，有你们的参与和你们的奉献。同学们，从今天开始，你们应当为国家、为社会、为家庭、为你们的父母家人承担更多的责任。我认为，这就是你们应有的担当。有了这样的一种担当，你们就一定能够不畏艰险、克服万难，实现自己的人生理想！

（本文节选自厦门大学校长朱崇实在 2014 届毕业典礼上的讲话《担当，是一种使命》）

（四）西南财经大学：超越自己、领导未来

我最想说的是："亲爱的同学们，让我们一起超越自己，领导未来。"这是历史赋予"西财人"的光荣使命。要"超越自己、领导未来"：

首先，我们要做一个有人格品德的人。大学的目标首先是培养人，人不是工具，人本身就是目的。诚实、正直、宽容是为人的基础。朱镕基总理曾经说过："为人要正，正大光明，正直清廉，正己然后正人。"

中国古人强调"安身立命"，即要"能安身，会做人"。能安身，需要我们以诚待人，诚实是立身的基石，是人生风险管理最后的底线，诚实将直接决定我们事业之路有多长。会做人，需要我们宽容处世，超越自己，有足够的空间包容异见，有足够的胸怀倾听质疑，有足够的智慧应对挑战。今天的 6249 名同学心中，呈现的是 6249 个不同的世界，每一位同学都应该以一种博大的胸怀去理解与包容另外 6248 个与你不同的世界。

其次，我们要做一个有专业素养的人。同学们在西财学到的专业知识和专业技能，已经赋予了同学们良好的专业素养，足以让大家在社会上自立、自强。但是，我要说，自立、自强，独善其身，只应该是对西财学子起码的和最低的要求。

在这个信息更新和知识老化呈几何速度爆炸的时代，我们对知识本身的态度和方式将决定着我们未来的舞台有多高多大。不断追求卓越的专业精神，是西财

人固有的专业素养。

第三，我们要做一个有人生目标的人。西财学子应该有远大的人生目标，我们要"有责任、有理想、有抱负、敢担当"，做一个对社会有益的人，做一个能影响他人的人，做一个领导他人的人。真正地领导不是职位，而是一种影响力。

人生有着无数的可能形式，但永远不是儿童时代堆积木的游戏，不满意可以从头再来。作为这个社会的精英群体和优秀分子，走出校园，你们选择的方向将代表着国家和社会的未来。今天的世界遍布危机，今天的中国充满挑战。急功近利和功利主义，对权力和金钱的崇拜，严重侵蚀着我们的社会。行走于天地之间，我们将面对无数困扰，重重磨难，山重水复之时，唯有志存高远，才会到达柳暗花明之彼岸。西财的创办者是1925年的一群爱国知识分子和热血青年，拯济民族命运、弘扬中华精神是他们的抱负与理想。80余年来，代代西财人砥砺奋进，聚沙成塔，为西财奠下了深厚的根基。有理想、有抱负、敢担当铸就了"经世济民，孜孜以求"这一不朽的西财大学精神。我希望同学们继承西财先辈们留下的宝贵财富，树立远大的人生目标，勇敢地担当起时代赋予我们的庄严使命，创造属于当代西财人的精彩，在民族的精神履历中印下西财人应有的光辉足迹！

第四，我们要做一个有创新精神的人。成功从无定式，卓越贵在创新，没有哪个时代像今天这样渴求创新，但创新的基础是独立思考与批判性思维。当下，众声喧哗与价值多元互为表里，人云亦云或亦步亦趋永远实现不了超越，希望大家学会独立思考，敢于质疑，勇于创新。而创新的灵魂是批判性思维。在西财，你们度过了生命中最重要最宝贵的一段历程，在这里打下的烙印将永远伴随着你们。

（本文节选自西南财经大学校长张宗益在2012届学生毕业典礼上的讲话《超越自己，领导未来》）

第四章

择业的前提：分析与抉择

第一节
毕业致辞（四）——勇敢与超越

一、香港中文大学：不流俗、不盲从

2011 年 12 月 1 日，在香港中文大学颁授学位的典礼上，校长沈祖尧发言时这样为毕业生们祈祷：

当我见到毕业生名册上你们的名字，我按手其上，低头为你们每一位祷告。

我祈求你们离校后，都能过着"不负此生"的生活。你们或会问，怎样才算是"不负此生"的生活呢？

首先，我希望你们能简朴地生活。在过去的三至五年间，大家完成了大学各项课程，以真才实学和专业知识装备了自己。我肯定大家都能学以致用，前程似锦。但容我提醒各位一句：快乐与金钱和物质的丰盛并无必然关系。一个温馨的家、简单的衣着、健康的饮食，就是乐之所在。漫无止境地追求奢华，远不如俭朴生活那样能带给你幸福和快乐。

其次，我希望你们能过高尚的生活。我们的社会有很多阴暗面：不公、剥削、诈骗，等等。我呼吁大家为了母校的声誉，务必庄敬自强，公平待人，不可欺辱弱势的人，也不可做损及他人的事。高尚的生活是对自己的良知无悔，维护公义，事事均以道德为依归。这样高尚的过活，你们必有所得。

最后，我希望你们能过谦卑的生活。我们要有服务他人的谦卑心怀，时刻不忘为社会、国家以至全人类出力。一个谦卑的人并不固执己见，而是会虚怀若谷地聆听他人的言论。伟大的人物也不整天仰望山巅，他会蹲下来为他的兄弟濯足。

假如你拥有高尚的情操，过着简朴的生活并且存在谦卑的心，那么你的生活定会非常充实。你会是个爱家庭、重朋友，而且关心自己健康的人。你不会着意于社会能给你什么，但会十分重视你能为社会出什么力。

我相信一所大学的价值，不能用毕业生的工资来判断，更不能以他们开的汽车，住的房子来作准，而是应以它的学生在毕业后对社会、对人类的影响为依托。所以，诸位毕业后作为我校的代表，做个令我们骄傲的"中大人"罢！

各位毕业生，在我的心目中你们都是我的儿女。在我诵念你们的名字时，我默祷你们都能不负此生。

（本文节选自香港中文大学校长沈祖尧于 2011 年 12 月
学位典礼上的致辞《不流俗不盲从，不负此生》）

二、湖南大学：勇敢实现梦想

同学们，我还想向你们谈一些希望的话。希望你们在离开学校之后，去大胆追寻自己的梦想，并在新的人生征程里，能够做一个憧憬梦想、幸福快乐的人，做一个独立思考、精神自由、具有独立人格的人，做一个有益于社会和他人的人。

希望你们拥有梦想，实现梦想。真羡慕你们，你们还这么年轻，没有什么梦想不敢去拥有，没有什么目标不敢去实现！这些梦想，可以很大，上天入地、排山倒海，也可以很小，平凡而不足为道，但希望你们能够为了实现这个梦想去努力，去奋斗，世界上最快乐的事，莫过于为梦想而努力奋斗。在你们追逐梦想的路上，或许会有阻碍，或许会有风浪，甚至想要放弃，这个时候，我希望大家可以看看《自由在高处》这本书，书中写道："无论环境多么恶劣，你总还可以做最好的自己……你不能决定太阳几点升起，但可以决定自己几点起床。"希望你们懂得奋斗，懂得坚守，做更好的自己，做最好的自己，无论生活多么艰难，不抛弃、不放弃，成为改变世界、创造未来的人。每个人的前途命运都是与国家民族紧密相连的，也是跟周围的环境和人息息相关的，希望你们能够将自己个人的梦想融入中国梦当中，积极投身中华民族复兴伟业，做到爱国报国；将自己的事业融入国家社会发展的事业当中，干好本职工作，做到敬业乐业；在工作和生活中能严格要求自我，清白做人实在做事，做到诚信诚实；能够善待周围环境，以礼待人，关爱弱者，善待他人，做到友善仁善。希望你们努力去践行社会主义核心价值观，并将它变成你们的基本行为准则和普遍价值去遵循，在敢于做梦，勇于追梦的征程里，努力做社会主义道德的示范者、诚信风尚的引领者和公平正义的维护者。

希望你们能够始终坚持独立思考，拥有独立人格。《论语》中"学而不思则罔"，岳麓书院学规最后一条"疑误定要力争"，都是教大家要具有独立思考的精神。我们都是独立的生命个体，理应具有独立的人格，在问题面前，只有独立思考的人，才能把握真知，富有主见，才能够在这个信息爆炸式、碎片化的时代里不被海量的新信息所淹没，不随波逐流，不顺从世俗，坚守自我，从而成为国家和民族的脊梁。

希望你们能够继续勤奋学习，终身学习，向社会和实践学习。当今时代，世界在飞速变化，上半年还是 4S 独领风骚，下半年已经变成 S4 雄霸天下。知识更新的速度也大大加快，一日不学便会落后，三日不学便会面目可憎。习近平总书记在今年的"五四"讲话中告诫广大青年要"勤学、修德、明辨、笃实"，母校"博学、睿思、勤勉、致知"的校风也要求我们要重视学习、善于思考。我们的校训是"实事求是，敢为人先"，"实事求是"是"敢为人先"的前提条件，"敢为人先"必须符合实际，要有底气和本领，这需要从学习中获得，否则就是盲目自大，难免失败。吾生有涯，而知无涯。大学毕业绝不意味着学习的结束，而是意味着新的学习的开始，希望大家能够努力做到终身学习、不停思考。

一个人的一生，你无法预料到将来会遇到一些什么样的挑战和压力，无法预料到将来会遭遇一些什么样的痛苦和不堪，而能够让你在未来的生活中从容应对压力、挑战和各种痛苦的，只有你扎实的本领和强大的内心。扎实的本领来自不断的学习、持续的学习，强大的内心来自不断的思考、阅读和反复的磨砺。在现在这个时代，知识更新日新月异，世事成败瞬息万变，你们今后的人生将不可例外地经历失败和挫折，不可例外地遭受到批评、指责甚至排斥和打击。那么，未来的你，能够具备过硬的本领和从容的内心来应对这些吗？让我们保持学习的习惯吧，在工作中学，在社会上学，在赞扬中学，在批评中学，在成功中学，在失败中学。

（本文节选自湖南大学校长赵跃宇在 2014 届本科毕业生毕业典礼上的致辞）

第二节
学会作职业分析

马云常说，作为一个企业家，小企业成功靠精明，中企业成功靠管理，大企业成功靠做人。这句话深刻、耐人寻味。纵观马云职业生涯中的成功经验，有一条是会作职业分析。

我们需要认清所选定的职业在社会环境中的发展过程以及社会发展趋势对此职业的影响。作个人职业分析时，可思考社会发展趋势对于你目前所从事的职业有何影响和需求？未来社会对你选择的职业需求度是否会越来越高？目前从事的工作是不是最适合你的职业？在择业中，大学生要学会作职业分析。以下是两个例子，可作参考。

【例3-1】某先生，企业管理人员，五年择业。其中有对社会一般环境的分析。

1. 2001年社会发展状况

（1）经济增长保持了较高的速度，为社会形势的健康平稳发展奠定了基础。

2001年的中国经济面临着较为严峻的国际形势，美国经济增长速度的下滑使得世界经济发展步伐放缓，中国的外贸出现比较严峻的局面。但是由于积极财政政策的实施和其他方面的经济工作基本保持平稳，整个经济增长速度达到了既定目标。

（2）公众生活水平保持了一定的增长趋势。

（3）社会其他领域的变革不断深化。

进入攻坚阶段的体制改革，在2001年依然艰难地向前推进。

最具有突破性的改革进展发生在户籍管理体制方面。

社会保障体制改革也稳步推进。

住房制度改革在2001年基本保持平稳。

（4）北京申奥成功和加入WTO激起了全社会对未来开放社会的高度期待。

2001年中国申办奥运获得成功，这是1993年以来中国第二次申办，标志着国际社会认可了中国在申办过程中所做的各种努力，更表明中国将以更加开放的姿态进入国际主流社会，并承担起应有的责任和义务。此项重大体育赛事在中国举行也激发了人民对国家发展前景的美好憧憬；奥运会的筹备带来的经济利益，也使各界公众激动不已，我们有理由期待中国经济的快速健康发展，并因此而产生了更强的驱动力。

时隔两个月，中国加入WTO的进程也走到胜利的终点，历经15年的艰苦谈判，在2001年中国终于成为世界贸易大家庭中的一员，这对中国的开放事业是一个标志性的转折，对世界经贸格局的变化，也是一个重大事件。加入WTO，对中国政府、各界人士和广大人民来说，是期盼已久的盛事，它意味着中国将在世界贸易组织的严格规则下处理相关事务，这对中国的法律体系、政府职能、产业结构、人才体制等几乎所有经济社会领域的改革与发展都是一种巨大的推动。

（5）法制建设在原有基础上取得新的进展。

2. 社会发展中存在的问题

（1）收入差距过大已经引起社会性不满情绪。

（2）部分居民生活困难局面没有改观。

2001 年，部分居民的生活依然陷入困难的局面。调查显示，这一人群主要由下岗职工、效益不好企业的职工、欠发养老金的离退休人员、失业人员、欠发达地区的中小学教师，以及贫困地区的农村居民组成。

（3）失业（下岗）现象依然严重。

（4）社会治安形势尚未完全好转。

（5）部分党政干部的腐败行为尚未禁绝。

从 2001 年揭露的腐败案件看，腐败依然是困扰中国社会的严重问题，而且呈现出一些新的特点。部分腐败官员与黑社会组织勾结，沈阳市政府众多主要官员与之进行赤裸裸的权钱交易，而震惊中外的远华集团走私大案已经超出人们的想象，这些官员的行为严重败坏了执政党和政府的形象，也破坏了社会的基本道德准则。

（6）生态环境总体上仍有恶化趋势。

虽然经过主管部门和全社会的多方面努力，抑制了一些地区环境状况日益恶化的势头。但总体上，生态环境问题仍没有得到根本的改变。2001 年，某些特定的生态环境恶化引起了社会的震动，也对社会经济的发展产生了严重的消极影响。

3. 2002 年社会形势走向

（1）党的十六大的召开将具有重大的政治意义，经济发展的新目标将得到确立，执政党的创新将取得新的进展。

（2）经济发展将保持比较快速的势头，为社会形势健康平稳格局的实现提供基础。

（3）党风和社会道德风气问题将引起更集中的关注。

（4）公众对社会稳定和生活水平改善的预期值将提高。

（5）各个领域的改革将获得进一步的推进。

（6）加入 WTO 将促进社会的进一步开放。

2002 年是中国成为 WTO 正式成员的第一年，相关的法律法规已逐步与国际规范和惯例接轨，虽然这种转变在一段时间内并不明显，却是一个新的进程的启动。

这种开放格局不仅会表现在经济领域，也会显著地在社会的各个领域中表现出来。国际规范和惯例的逐步实施将首先对一些政府部门的职能转换产生影响，社会管理机制的变动将因此而获得更大的动力。在很多领域，规范意识的明确、透明度的增强和公众个人选择范围的扩大，将在新的一年里显示出最初的积极势头。可以肯定的是，社会生活领域的活跃程度会进一步提高，在职业选择、居住地选择、出入境、法律援助、个人生活等方面逐渐形成新型的关系。

（7）失业（下岗）依然是一个困扰政府和部分公众的严峻问题。

点评

> 此份分析比较全面客观。

【例3-2】某先生，金融行业企业管理人员，五年择业。其中有对某企业的现状、发展领域、领导人的能力及企业文化等作的分析。

1. 企业现状

本人所在公司为证券公司，属于金融证券行业。中国证券行业发展时间才短短十几年，中国经济已由计划经济向市场经济转轨，证券行业必将面临大的发展，同时随着世界经济一体化进程的加快，中国加入WTO后，国内金融服务业对外开放速度加快，国内证券业的竞争加剧，所以证券行业是一个充满机遇和挑战的行业，主要表现如下。

（1）交易品种逐步多元化。在完善监督体系、提高监管水平和加大监管力度的前提下，我国将有秩序地推出股票期货、指数期货及指数期权等交易品种。推出股票期货，对于平抑市场波动、防范和化解市场风险，培育机构投资者，完善证券市场结构和功能，保持国民经济持续和健康发展具有重要意义。

（2）网上交易在我国具有很大的发展潜力。

（3）证券业的产业组织结构必将经历一场剧烈的调整，以充分提高那些在市场竞争中得以生存的券商的本土竞争力。目前，我国证券行业具有很高的行政性进入壁垒和退出障碍，从而使得我国证券业的产业组织形态难以得到有效的优化。在加入WTO后，欧美等知名券商必将以种种方式进入中国市场。因此，我国证券业必将加快吸收国际先进经验和引进优秀人才的步伐，提高自身的综合竞争力。

（4）国内券商在加入WTO后的过渡期内须在各个方面与国际接轨，全面提升各项业务的综合竞争力。

（5）证券公司朝金融集团化方向发展，未来集团业务包括传统的证券业务——证券经纪、投资银行、证券自营，基金管理，期货业务，创新业务，参与银行保险等银行金融机构的业务。

2. 企业发展领域

中国证券公司实行分类管理，包括：综合类和经纪类。本企业属综合类全国大型券商，业务领域包括中国证监会允许的所有全方位业务。

3. 企业在行业中的地位及发展前景

本公司经 2000 年增资扩股后，注册资本 22 亿元人民币，全国证券行业排名第五，总资产超过 100 亿元人民币，2001 年公司完成由"有限责任公司"到"股份有限公司"的转型，为 2002 年发行新股票公开上市做好准备，现注册资本为 24 亿元人民币，全国证券业综合业绩排名第九；公司未来五年以每年 18.5% 的速度增长，实现全国证券业综合排名前五的战略目标，同时步入国际化的目标。

4. 企业主要领导人的抱负及能力

企业主要领导人来自于商业银行，经营风格追求稳健，近 10 年公司一直保持高速稳步发展，2000 年为公司管理变革年，先后请来美国波士顿管理顾问公司和美国全益管理顾问公司，为公司制定未来 10 年的发展目标和战略，实施业务流程和管理架构的重组，并完成了薪酬体系设计与推行绩效管理体系。公司未来 5 年将采用"进攻性"战略，在完成公司上市后，对同行业进行一系列兼并、收购，以壮大自己。

5. 企业文化

公司的核心价值观是："诚信、稳健、服务、创新。"

"诚信"是公司的立业之本；

"稳健"是公司的经营风格；

"服务"是公司存在、发展的理由；

"创新"是公司不断发展的动力。

6. 企业制度

公司目前还是一家国有法人全资的国有企业，企业运作及制度方面很规范、稳健，在用人方面以资历、学历、年龄、知识技能、经验等标准选用人才；干部的提拔很谨慎，企业中人员基本无淘汰机制，原有干部下来更不容易；员工薪资在刚进公司时就定下级别，以后只有连续两年在考核中评为优，或职务升迁才能变动。

我本人认同公司的发展战略，认同企业文化核心价值观。但公司设立的时间仅 10 年，文化底蕴还不够深厚，新的文化尚待形成，企业的组织在朝企业化、国际化方向发展，自己未来的职务有提升的可能，待遇方面会有进一步提高，但幅度不会太大，本人可能在本企业内实现部分职业生涯目标。

点评

此份分析认真详细，个人发展与企业发展结合紧密。

第三节
择业铸就成功

人的生命来源于父母，出身不能选择。但是事业源自于职业，命运是可以掌控的！俗话说，"男怕选错行，女怕嫁错郎！"难道女就不怕选错行？！当今社会，选择一份合适的职业对于实现人生的价值至关重要，所谓"一人一世界，择业定乾坤"。

一、职业生涯理论

我们可以将人的一生划分为三大阶段：输入阶段、输出阶段和养老阶段。输入阶段指学习知识、经验和信息，以家庭和学校教育为主；输出阶段是指向社会输出知识、智慧、服务，也叫作从业阶段；养老阶段指人们对输出的回报。输出阶段又分3个阶段（从业的3个阶段）：进入职业阶段，通常是16~35岁，最早进入社会的劳动者年龄在16岁（初高中毕业），博士后通常在30岁进入职业阶段；发展职业阶段，通常在35~45岁；维护职业阶段，通常在45~65岁。

1. 职业生涯的开端：应聘

应聘工作分四步走：第一步，调查和收集公司的背景资料，如公司总经理、企业组织结构、经营状况与规模、资产负债情况、企业文化状况等；第二步，了解你所要应聘岗位的工作职责，分析其在企业中的地位；第三步，了解你所应聘岗位的知识技能、工作所要求的性格是否与个人心理、个性、特长相吻合；第四步，参加面试时，应学习与掌握基本的面试技巧：着装切忌奇装异服、袒胸露背；注意个人风度与身体语言，言谈举止大方，回答问题既要诚恳又要有公关技巧，避重就轻。进入公司后试用适应期应遵守3个原则：对领导——用行动来表示接受领导；对同事——协同工作；对自己——要表现出色。正式被录用后，自己能独当一面地工作，并有创新，这样才会有成就感。试用期内也许失败，没有被正式录用，职业生涯又回到起点。遇到这种挫折时，"要有积极的人生态度"，重新选择工作。

2. 职业生涯的发展阶段：四大经验论

（1）马论——机遇论。把机遇比作一匹向我们飞奔而来的马，谁能抓住这匹马，谁就会获得成功。"马"论告诉我们，要想成功必须学会识"马"、跃"马"、驭"马"。识"马"指靠知识、见识、积累识别机遇。机遇具有双向性，骑上会带你前进，未骑稳会跌下。跃"马"指靠勇气与胆量，以大无畏的精神骑马，向前飞跃。驭"马"指靠技巧、驭马术实现奋斗目标。

（2）球论——协作论。球论的要素是：人在特定的环境条件下，自由度是定数；人是可变的，尽量互相去适应；即使有很好的班子，不一定能获得最佳绩效。球论所表达的是整体美，如没有双手的巴尔扎克塑像一样。现举一个例子说明。在美国一个边远山区的小城镇，有一位名叫约翰的男孩子喜欢踢足球，他经常邀请邻居麦森与其踢球，每次踢球回来，约翰总是跟他的妹妹说：麦森踢的球是如何如何的差，等等。他妹妹由于听得多了，有一次很不耐烦地问他："你既然认为他的球踢得不好，为什么还要与他一起踢球呢？"约翰顿时恍然大悟，我不与他踢，我跟谁踢呢？从此以后，他再也不说麦森的球踢得不好，两人合作得非常成功。从这里可悟出一个道理：在特定的条件和特定的环境中，人与其合作对象只能是被迫性选择，因此人们只能在这种相对的选择中寻求相互理解，追求最佳合作绩效。

（3）红叶子论——开发自己的长处。将人比喻成一棵树，人的缺点比喻为绿叶子，人的优点比喻为红叶子，一个人不在于他的缺点有多少，只要他有一片很大的红叶子，他就会成功。你一定要把握一生中最大的红叶子，要开发它，即开发自己的"亮点"。绿叶子不能说没有，应少培养，让红叶子越长越大，绿叶子越长越少，"只要开发了一片红叶子，他就会成功"。

（4）命运论。任何事物都有其生长、发展的规律，作为万物之灵长的人也都有各自独特的周期律，以所谓的 30 年、10 年、5 年、3 年、1 年等不一的周期而上下波动。人生周期律能预先反映出未来人生的走向，人一生的机遇、财运、健康、伤灾、事业、高潮期、低潮期等自然状况都可通过"人生周期律"预测出来。运用中国独特的《周易》等传统文化知识，破译人生奥秘的天机，为茫然彷徨的人们释道解惑，更为事业蒸蒸日上的人们敲响未雨绸缪的警示钟，引导人们信心百倍地走向未来。命运论的要点是："人生要有积极的心态"；遵循自然之道；大富由命，小富由勤。

3. 职业生涯的发展阶段：三要素

一是素质的培养。

"比学历重要的是知识，比知识重要的是能力，比能力重要的是素质。"

有 4 项素质需要个人培养：

（1）承受失败的素质——挫折承受能力；

（2）百折不挠追求成功的素质——"发自内心的向上是最重要的"；

ZE YE XUE

（3）经受成功的素质——不要得意忘形，太得意易失败，要有平常心；

（4）与人分事的素质——大气，"追求大的，小的要让给人家"。

二是注意自身修养。

（1）控制自己的情绪。情绪不稳甚至失控会因某一小事发展到剧烈的冲突。

（2）了解自己的优缺点。古人云：骏马能历险，耕田不如牛；坚车能载重，渡河不如舟。每个人都有优点和缺点，做最好的自己，就要扬长避短，多向别人学习，不要总是对别人充满戒备或妒忌心理。要善于与他人合作，要知道合作能够给我们带来快乐。

（3）处理好自己与环境的关系。在复杂的状态下要能沉着应付，不要经常处在焦虑的状况之中，不要经常发牢骚，甚至用一些激烈的没有进行认真思考过的话来点评社会现实。

（4）要注意细节。细节，不是指细小的事情，细节是追求完美。武汉长江大桥上的百万螺丝至今没有一个松动，就是对完美追求的最好见证。

三是对自己准确的定位。

所谓定位，顾名思义就是尽量使自己的心中所想和客观世界相吻合。角色定位，目标定位，都不要定得太高，太高了未实现就会失望，甚至绝望，如"男人总认为自己的官低一级"；"女人总认为自己的衣服少一件"就是定位不准。

你将如何进行职业定位呢？

首先，你要分析和了解影响职业生涯的行业因素，看这个行业与你的兴趣是否对口，这个行业是否具有发展优势。其次，要对自己的性格和能力进行分析，看是否适应从事某个职业。最后，可与就业所在的单位领导交流，征求自己的择业在此是否可行。

常见的职业定位类型有：

技术职能型（重专业技术）

管理型（重领导职位）

自主独立型（重独立自由）

安全稳定型（重环境保障）

创造型（重凸显才干）

欣赏

言行就是"介绍信"

一位知名企业的总经理登了一则广告，他想要雇一名助理。一时间，应征者云集，最后他却挑中了一个毫无经验的年轻人。他的一位朋友问道："你为何选中他？他既没有介绍信，也没人推荐，而且毫无经验。"

"你错了，"总经理告诉他的朋友，"他带来许多介绍信。他在门口蹭掉脚下的土，随手关上了门，说明他做事小心仔细；当看到那位前来应聘的残疾青年时，他立即起身让座，表明他心地善良、体贴别人；进了办公室他先脱去帽子，回答我提出的问题时干脆果断，证明他既懂礼貌又有教养。

其他人都从我放在地板上的那本书上迈过去，而他却拾起那本书并放回桌子上；和他交谈时，我发现他衣着整洁，头发整齐，指甲干净。难道你不认为这些细节是极好的介绍信吗？如果一个人连这些修养都不具备，那么有再多的经验和介绍信又有什么意义？"

4.职业生涯的维护阶段：调整

在这个阶段，要着重调整自己的心理：

（1）善于调整自己，培养一定的个人爱好；

（2）维护自己的三维空间：友谊、爱情、工作；

（3）在工作上不要间断，在职位上不要过分追求；

（4）要有健康身体。

二、择业模型

这里，我们介绍一种可用于择业的模型——职业之轮，如下图所示。

大学生的职业之轮

职业之轮的下面 4 个部分——个人禀性、价值观、兴趣、技能，是用来辨认自己属于哪一种类型的人、自己能做什么以及是如何行事的，这些都是择业的重要方面。职业之轮的上面 4 个部分是关于当前和未来的劳动力市场的信息（这有助于人们找到现实的工作岗位），人们的工作经验和休闲活动的经历，人们受教育的背景，还包括在自己生活中的重要他人对自己的看法。上述的因素都会对人们的职业目标产生影响。

总体而言，职业之轮下面的 4 个部分属于主观因素，上面的 4 个部分则属于客观因素。尽管我们将那些不同的因素分成 8 等份，实际上，不同因素对不同的个体具有不同的重要性。因此，如果按照每个人的实际情形，各人的职业之轮就会有不均等的分布状况。

运用职业之轮择业时，首先需要搜集自己关于每个要素的相关资料，然后对此进行评估，以确定相对重要的内容，在这过程中，自己独特的职业目标就会清晰突现出来。

三、行业环境分析

我们发现有些人在求职时对选择聘用单位一直犹豫不决，下不了决心。原因是：就两个企业作比较时，对企业的性质不了解，或一知半解。如果你能了解这些企业的基本属性，将对你的职业选择很有帮助。

下面介绍一些企业的概况。

1. 股份有限公司

股份有限公司是指依照《公司法》设立的，其全部资本分为等额股份，股东以其所持股份为限对公司承担责任，公司以其全部资本对公司债务承担责任的企业法人。

设立股份有限公司应具备以下条件。

（1）发起人应在 5 人以上，其中应有过半数的发起人在中国境内有居住权（国有企业改建为股份有限公司的，发起人可少于 5 人，但应当采取募集设立方式）。

（2）发起人认缴和社会公开募集的股本达到法定资本最低限额，股份有限公司注册资本的最低限额为人民币 1000 万元。

（3）股份发行、筹办事项符合法律规定。

（4）发起人制定公司章程，并经创立大会通过。

（5）有公司名称，建立符合股份有限公司要求的组织机构。

（6）有固定的生产经营场所和必要的生产经营条件。

2. 有限责任公司

有限责任公司是指由两个或两个以上的股东所组成，股东仅就出资额为限对公司负责，公司以其全部资产对其债务承担责任的企业法人。目前，有限责任公司是我国公司设立的主要形式。

设立有限责任公司，应具备下列条件。

（1）股东符合法定人数。

（2）股东出资达到法定资本最低限额。

（3）股东共同制定公司章程。

（4）有公司名称，建立符合有限责任公司要求的组织机构。

（5）有固定的生产经营场所和必要的生产经营条件。

有限责任公司由 2 个以上、50 个以下股东共同出资设立，其注册资本为在公司登记机关登记的全体股东实缴的出资额。有限责任公司的注册资本不得少于下列最低限额：以生产经营为主的公司的注册资本不得低于人民币 50 万元；以商品批发为主的公司的注册资本不得低于人民币 50 万元；以商业零售为主的公司的注册资本不得低于人民币 30 万元；科技开发、咨询、服务性公司的注册资本不得低于人民币 10 万元。

3. 国有独资公司

国有独资公司是指国家授权投资的机构或者国家授权的部门单独投资设立的有限责任公司。国务院确定的生产特殊产品的公司或者属于特定行业的公司，应当采取国有独资公司形式。与其他类型公司相比，国有独资公司具有以下特点。

（1）国有独资公司的公司章程由国家授权投资的机构或者国家授权的部门，授权公司董事会行使股东会的部分职权，决定公司的重大事项，但公司的合并、分立、解散、增减注册资本和发行公司债券，必须由国家授权投资的机构或者国家授权的部门规定。

（2）国家授权投资的机构或者国家授权的部门依照法律、行政法规的规定，对国有独资公司的国有资产实施监督管理。

（3）公司董事会成员为 3~9 人，由国家授权投资的机构或者国家授权的部门按照董事会的任期委派或者更换。董事会成员中应该有公司职工代表。董事会中的职工代表由公司职工民主选举产生。

4. 子公司

子公司是指一定比例的股份（票）被另一公司所控制或通过彼此的协议、契约实际受控于另一公司的公司。子公司和分公司的最大区别在于子公司具有独立的法人资格而分公司一般不具备法人资格。因此，子公司的设立必须符合《公司法》和《中华人民共和国企业法人登记管理条例》的有关规定。

在具体操作上，必须按照《公司法》的要求以参股的形式组建有限责任公司或股份有限公司，母公司可以以参股的形式进行投资而成为子公司的股东之一。

子公司的名称原则上应使用独立的企业名称，并可以使用所从属企业的企业名称中的字号。

5. 合伙企业

合伙企业是指两个人以上按照协议投资、共同经营、共同盈亏的企业。合伙人对企业债务承担连带无限责任。合伙企业的特点：由两个以上公民按照协议，各自提供资金、实物、技术、合伙劳动、共同劳动。个人合伙和个体工商户都是特殊的自然人，但二者有明显的区别，具体表现如下。

（1）在出资形式上，个人合伙是共同出资；个体工商户是个人或家庭出资。

（2）在财产所有权上，合伙人的出资在合伙存续期间，形成共有财产，相对独立于合伙人的个人财产，它具有共同财产的一切法律特征；个体工商户的财产一般与个人或家庭财产不分。

（3）在决策经营上，合伙人对合伙事业共同经营；个体工商户由个人或家庭经营。

（4）在财产责任上，合伙人对合伙债务承担连带无限责任；个体工商户以个人全部财产承担责任。

（5）在劳动分配上，合伙人对盈利所得按出资比例或约定的比例分配；个体工商户的盈利归个人或家庭所有。

6. 联营企业

联营企业联营各方应是企业或事业单位，并具有法人资格。分为紧密型联营企业和半紧密型联营企业。联营企业应具备下列条件。

（1）有符合规定的企业名称和组织章程（半紧密型联营企业可不具备组织章程的条件）。

（2）有与生产经营规模相适应的经营管理机构、财务核算机构。

（3）有固定的经营场所和必要的设施。

（4）有与生产经营规模和业务相适应的从业人员。

（5）有健全的财会制度，能够实行独立核算、自负盈亏、独立编制资金平衡表或者资产负债表（半紧密型联营企业可不具备此条件）。

（6）有符合国家规定的注册资金（半紧密型联营企业也可免于申报，在营业执照"注册资金"一栏中，注明"联合成员承担连带责任"，紧密型联营企业的联营各方应按照出资比例或者依据合同、协议以各自所有的或者管理的财产承担民事责任。依照法律的规定或者协议的约定负连带责任的承担连带责任）。

（7）有符合国家法律、法规和政策规定的经营范围。

（8）法律、法规规定的其他条件。

7. 企业集团

作为国家试点企业集团，应由一个大型企业或控股公司为核心组建，经国务院或国务院授权的审批机关批准后，向国家工商行政管理局办理申请登记。企业集团的注册必须按照《公司法》和《若干国家试点企业集团登记管理实施试行办法》的要求办理。

企业集团应具备以下条件。

（1）必须有一个实力强大、具有投资中心功能的集团核心。集团核心可以是一个大型生产、流通企业，也可以是一个资本雄厚的控股公司。

（2）必须有多层次的组织结构。除核心企业外，必须有 3 个以上的紧密层企业，还可以有半紧密层和松散层企业。

（3）企业集团的核心企业与其他成员企业之间，要通过资产和生产经营的纽带组成一个有机的整体。核心企业与紧密层企业之间应建立资产控股关系。核心企业、紧密层企业与半紧密层企业之间，应逐步发展资产的联结纽带。

（4）企业集团的核心企业和其他成员企业，各自都具有法人资格。企业集团的核心企业应是一个全民所有制大型企业或国家控股的公司。紧密层企业应符合下列条件。

①核心企业投资入股并达到控制股的。

②核心企业长期承包或长期租赁的。

③经批准将全民所有制企业归核心企业管理的。

④经国有资产管理部门授权，将全民所有制企业的国有资产交核心企业经营。

半紧密层企业应是核心企业参股（但未达到控股）或紧密层企业全资、控股的企业。

松散层企业是指与核心企业没有资产关系，但有稳定经营业务关系的企业，或紧密层企业、半紧密层企业参股的企业。

8. 股份合作制企业

股份合作制企业（以下简称企业）是指由两个以上的自然人（含两人）或法人与自然人发起设立，并以股份形式投入，自愿组合，自筹资金，共同劳动，民主管理，股东以其认缴的出资额对企业承担有限责任，企业以其全部资产对其债务承担责任的企业法人。

持有企业股份的出资人即为企业股东。法人股东应是国家允许其从事投资经营活动的法人组织；自然人股东应是本企业专职从业人员。企业资本总额不得少于 3 万元。股东可以用货币出资，也可以用实物、工业产权、非专利技术、土地使用权出资。股东以非货币出资的，应委托具有资格的资产评估机构进行资产评估，在股东中自然人股东不得低于股东总数的 50%。自然人股东的入资额也不得少于股本总额的 50%。

企业不印制股票或股权证，在企业登记注册后，应发给记有股东姓名的出资凭证，并由董事长签名，加盖企业公章。股东入股后不得退股。在规定的持股限额内，股东可依据企业章程规定转让其股权。

企业的最高权力机构是职工代表大会，在职工代表大会中，股东人数不得少于 50%。企业应设立董事会，也可根据需要设置监事会。董事会是职工代表大会决议的执行机构，董事由职工代表大会选举产生；董事长由董事会选举产生，经工商行政管理机关登记注册后，董事长为企业的法定代表人。董事会可聘任经理，实行董事会领导下的经理负责制；监事会对董事会和经理的行为进行监督。

9. 非法人营业单位

非法人营业单位是指不具备企业法人条件的企业和营业单位，如非独立核算、资金不足 3 万元、人员不足、不能独立承担民事责任的企业及国家核拨经费的事业单位、科研性社会团体。从事经营活动的应进行营业登记，由登记主管机关依法进行查询并颁发营业执照，确认其合法经营权。

10. 分支机构

企业法人的分支机构是指企业法人全额投资设立的直接从事生产经营的单位和企业。分支机构按承担民事责任的形式，可分为不能独立承担民事责任的分支机构（包括企业所属的分公司、分厂、分店、门市部等）和能够独立承担民事责任的分支机构（包括隶属企业法人的子公司、厂、场等）两类。

企业法人设立的能够独立承担民事责任的分支机构，经核准登记，领取《企业法人营业执照》，具有以下特征。

（1）有独立的企业名称，并可以使用其所隶属企业名称中的字号。

（2）注册资金不与所隶属的企业法人的注册资金重复登记注册。

（3）经济性质与所隶属企业法人经济性质一致。

（4）法定代表人由所隶属企业法人任命。

（5）有权以自己名义对外签订合同和开展经营活动，其民事责任由自己承担。

（6）在行政上、业务上接受所隶属企业法人的管理指导，按规定上缴一定比例利润。

11. 外商投资企业

外商投资企业包括中外合资经营企业、中外合作经营企业和外资企业（即外商独资企业）。

外资企业是指在中国境内设立的全部资本为外国投资所有的企业，它的举办者只能是外国的公司、企业、经济组织或个人。

中外合资企业又称为股权式合营企业，中外投资者以同一货币计算投资，并根据投资比例分配利润、承担风险和亏损。

中外合作企业又称契约式合营企业，中外投资者的投资不以同一货币计算，有关投资方式、利润分配、资本回收、对企业承担责任方式等均通过协商在合同里加以规定。

12. 外商投资企业分支机构

外商投资企业分支机构均为对外非独立核算，不独立承担民事责任，资金全部由上级企业拨给的派出机构。可分为经营性分支机构和非经营性分支机构。经营性分支机构一般分为公司、经营部、分厂、销售部等；非经营性分支机构一般为办事处等。

13. 社会团体

社会团体的必备条件如下。

（1）应有与法律、法规不抵触的章程。章程包括名称、宗旨、任务、组织机构等。

（2）必须有一定数量的成员，各成员应具有代表性。

（3）要有政府业务主管、归口部门负责业务指导。

（4）要设立精干的常设办事机构。

14. 事业法人

事业法人是指事业单位在申领事业单位法人证书后，依法取得法人资格，并可以从事与自身性质相关的各类活动的社会组织；事业单位是指由国家机关设立、受国家机构领导、依靠国家预算拨款从事公益事业的单位。包括文化、教育、卫生、体育、广播电视、科学研究、公用事业等行业。

事业单位由县以上政府或政府职能部门设立，各级人事管理部门机构编制由审批机关批准，按其隶属关系，包括各级政府的直属事业单位和政府各部门所属的事业单位。

第四节

本讲小结

择业的本质，是一个人追求最佳职业生涯的过程。马云出于对互联网的兴趣而拼命工作，决不退缩，终于取得了职业生涯的成功。B2B模式的确改变了全球几千万商人的生意方式，从而改变了全球几十亿人的生活。

分析和了解影响职业生涯的社会环境和行业因素，有助于找到较好的职业定位，有助于选择适合个人的有发展前途的行业。

对职业生涯的开端、发展阶段、维护阶段的策划，有一些可资借鉴的经验论、应把握的要素以及应该注意的方面。特别是对职业生涯发展阶段的策划，要注重素质的培养和自身的修养。

行业分析和企业分析如下。

1. 行业分析

（1）行业与职业的区别。从社会的角度来讲，职业是个体的集合，只有从事同样工作的人达到一定的数量才能形成一个职业；行业是企业的集合，从事同样的产品生产销售的企业或提供类似服务的企业达到一定的数量才能形成一个行业。而当这个行业的生产总值或销售总额在社会经济中占有相当权重位置时，则可称为产业。在同一行业可以从事不同的职业。例如，在建筑行业你可以做建筑工程师，也可以做财务经理，在不同行业里，可以从事同一职业，如在金融行业、运输行业你都可以担任人力资源经理。

（2）目前从事的行业。你现在从事的是什么行业？是制药行业，还是咨询服务行业？这个行业在我国的发展趋势如何？是一个逐渐萎缩的行业，还是一个朝阳行业？

（3）企业是否跨行业发展。有的企业一看保健品赚钱赶紧投资保健品，一看建筑赚钱赶紧投资建筑业。但是要知道，别人赚了钱不等于你赶着干就一定能赚钱。有没有相关的人才和从事这个行业的专业知识和技能，是决定是否跨行业经营的关键因素。

（4）国家政策（研究国家对相关行业的政策）。政府会根据国家宏观经济状况对一些行业发布法规政策，对一些行业鼓励、扶持；对一些行业限制、缩小规模。

2. 企业分析

（1）企业实力。物竞天择，适者生存。在激烈的市场竞争当中，不一定是最大、最强的企业就能生存。也就是说，不是"强者生存"，而是"适者生存"。只有适应这个环境，适应发展趋势的企业才能够生存。

（2）企业领导人。企业主要领导人的抱负及能力是企业发展的决定因素。一个真正的企业家能够制造顾客群。他的产品和服务能够满足顾客的潜在需求。这个领导人是否考虑到员工的发展也是评价分析企业的重要因素之一。

（3）企业文化和企业制度。企业文化是企业领导所倡导的，并且身体力行的价值观和行为准则。一个企业最本质的企业文化到哪里去找？不否定，墙上的标语、公司的口号、领导的讲话等是企业文化，但不是最本质的文化。最本质的企业文化到厕所里去找，到澡堂去找，到食堂去找，到电梯里找、到楼道里找。真正的企业文化是在没有任何掩盖的时候仍然坚持的理念。

（4）分析结果。即通过对企业分析，包括你要得出结论。包括你对企业发展战略、企业文化和管理制度的认同程度，企业组织结构发展的变化趋势，与自己有关的未来职务的发展预计。你要考虑自己在本企业内实现职业生涯目标的可能性有多大。

◈ 第五节
思 考 与 阅 读

一、比尔·盖茨：辍学的"软件帝王"

比尔·盖茨创建微软公司时的最高文凭是中学毕业证，因为这位不到 20 岁的哈佛大学的学生，在他没等完成学业时，就开始了在计算机软件行业的择业生涯。

盖茨及早发现自己在电脑领域的智力之长，对电脑软件的研究开发非常着迷，并果断地去从事自己所擅长的职业，他说："我很幸运，在很年轻的时候就接触了电脑，那时电脑价格昂贵而且功能有限，但毕竟还是很神奇。我和一些朋友多次谈及电脑，最后认定：因为芯片技术的奇迹，电脑可以变成每个人都能用的东西，我们看出电脑的未来没有什么限制，而且我们真的认为复制软件是一件有意义的事，所以我就与会编软件的朋友合作，看看软件到底是什么样的东西。通过全力以赴地追求这一点，并且在这个行业中捷足先登，我创建的微软公司在一场巨大的变革中扮演了中心角色。我创建微软公司的时候，因为太兴奋，根本不觉得会有什么风险，这是真的，我也许会破产，但我有这套技术，找到工作的机会很多，而且父母还希望我回到哈佛读完课程。"当人们问他："你怎样给成功下定义？"盖茨说："关键一点是你要喜欢你每天所做的事情。对我而言，是与聪明的人一起工作，而且要去解决新的问题。每次我都想，嘿，我们有一点成功了。但我很小心不要太陶醉其中，因为困难也随之升级了，总是有顾客反馈说电脑太复杂，用起来不自然。竞争、技术上的突破与研究使电脑业，尤其是软件业，成为最有刺激的领域，而我觉得自己在这个领域已经拥有了最好的合作伙伴。"

盖茨逐渐成为世界"软件帝王"，成为当今世界靠知识致富的大富豪，其成功的原因可归纳为四点：第一，盖茨对自己在计算机领域内的天赋充满自信，非常清楚自己最适合干什么。第二，盖茨身在哈佛大学校园时就非常关注社会需要，先于别人预料出微电脑软件业有不可限量的巨大前景，面对这一重大社会机遇，果断中途辍学择业，抢先一步，就如同战斗中抢先占领了制高点一样，自然占尽先机，无往不胜。盖茨告诉人们：你必须明白什么将会变得流行起来，并坚持做下去，通常在 5 年前就要作出选择，5 年后才会变成现实。第三，盖茨聘用了在高科技行业中一流的人才，他们共同研究开发新产品，不断地开发出社会急需的新产品。第四，盖茨最喜欢与社会需要相一致的工作，巨大的社会需要推动了他的事业滚滚向前。

二、蔡志忠：退学从画

蔡志忠是华人世界中影响最大的漫画家，他的漫画图书作品销量超过亿册，这种业绩不仅在华人中是首屈一指的，在整个世界范围内也属凤毛麟角。中国内地的读者是从他的《禅说》《庄子说》《老子说》等作品中认识蔡志忠的。

蔡志忠从小喜欢漫画，并且画得很好，他对这门艺术有特殊的天赋，但他的功课却很一般，并一直为此深感苦恼。初二那年，一位新来的老师的一段循循善诱的教导成为蔡志忠人生的转折点。"并不是每个人都应该走读书这条路，也不是每个人都能从读书中获得最大的益处……不是每个人都要等拿完所有该拿的文凭后，才决定人生要走哪一条路，那样就太晚了！我们应该随时随地反省：自己现在走着的路，是不是应该走的路；自己现在做的事，是不是真心想要做的事……不能盲目地随波逐流随着大家浮浮沉沉，等已走了老长一段路程后，才来后悔这条路不适合自己。当年应该选择其他路才对。这种自我反省越早越好，那样才能够及时改正，作出最正确的选择。"

有了这位了不起的老师点拨，蔡志忠开始反思自己与社会：当时的台湾已经进入了一个讲求效率的商业时代，漫画在台湾非常受欢迎，自己喜欢漫画，也擅长画漫画，我为什么不走画漫画这条路呢？蔡志忠先把自己的作品寄到台北一家漫画社求职，对方很快发来了邀请函，蔡志忠非常果断地退了学，背上行李去台北开始闯荡。时年是 1963 年，当时蔡志忠年仅 15 岁。

蔡志忠进入了一个更加广阔的社会课堂，在漫画界他终于发现一个"海阔凭鱼跃，天高任鸟飞"的天地，他开始学习各种绘画知识，积累种种绘画技能。他牢记老师的教导，要时刻反省自己：自己现在选择的路是不是最适合自己走的路。蔡志忠认识到社会非常需要漫画作品，目前自己的积累与天赋有利于自己所从事职业的长远发展。

一个非常值得深思的现象是，在学校里，蔡志忠觉得读书学习不是一件轻松的事，在走进社会舞台后，当他因自己的工作需要去选择书籍的时候，他却真正感觉到读书既是一种快乐，更是一种需要，他开始如饥似渴地利用业余时间读书。每当旅行外出，他都要随身带上几本书。1985年4月，他出差到日本，随身带了《老子》《庄子》这两本书。旅途中，蔡志忠跟两千多年前的大智者庄子进行了精神上的交流，他发现自己顺遂自然、活脱大度的生活方式、工作作风和庄子的智慧不谋而合，他想，我为什么不能用漫画的形式让更多的人了解庄子呢。不久，蔡志忠最光彩夺目的漫画作品《庄子说》诞生了，此后《孔子说》《老子说》等一系列中国传统文化作品相继问世。

点评。

比尔·盖茨和蔡志忠都是中途辍学的人，在他俩走向社会时，蔡志忠只有初中二年级的学历，比尔·盖茨的最高文凭是中学毕业证。他们都是及早认识到自己的智能特长，清楚自己是最适合干什么的人。他们在校园里就触摸到社会的变化脉搏，非常清楚社会最需要什么。在这些方面，他俩都是早熟者，正是这种在关键问题上的早熟与果断，使他们在事业上捷足先登，把别人远远地甩在了后面。大家不要产生误解，在成功者群体中，中途辍学的行为只是一种特例，我们不应该盲目地去效仿，应该看清问题的本质。2000年10月，比尔·盖茨表示："绝大多数的人都应大学毕业，这是最基本的。别学我中途辍学！"比尔·盖茨和蔡志忠的成功经历告诉我们这样一个道理，一个人要想取得事业成功，必须在三大问题上下功夫：第一，自己最适合干什么；第二，社会最需要什么；第三，自己最适合干的是不是社会最需要的。

三、天津大学：做平凡人，思天下事

前天津大学校长龚克曾将陶行知老先生的一句话"千学万学学做真人"送给当届的毕业生。现任校长李家俊却希望每个天大人都能做一个胸怀天下的"平凡人"。

"平凡人"始终心态豁达，"平凡人"从不自视过高。有一颗平常心，因为他们知道自己对于世界的渺小，也知道要达到目标的路还很长。人生的道路不可能一帆风顺，每个人都可能遇到一些挫折和失败，也会遇到不尽如人意的事情。"平凡人"能够平和地面对困难，面对挫折和种种的"不如意"，将其变成个人成长成熟的"磨刀石"。他们知道只有这样，信念不会垮掉，梦想不会垮掉。

"平凡人"始终厚积薄发。一种叫作毛竹的植物，用了4年的时间，仅仅长出3厘米，但是从第五年开始，它就以每天30厘米的速度疯狂地生长，仅仅用了六周的时间就长到了15米。其实在前面的四年，毛竹将根在土壤里延伸了

数百平方米。"平凡人"就像毛竹一样，不会担心此刻的付出得不到回报，因为这些付出都是为了积蓄力量，等到时机成熟，他们便会登上别人遥不可及的巅峰。

但是，请你们记住，平凡绝不等于平庸。

（本文节选自天津大学校长李家俊于 2014 年毕业生典礼上的致辞《做一个胸怀天下的"平凡人"》）

四、重庆大学：你若安好，便是晴天

真人也好，平凡也罢，回归生活的本质，不过都要幸福。无论如何择业，或者择什么业，目的都是为了幸福。诚然，如重庆大学校长林建华对当届毕业生的期望一般——你若安好，便是晴天。

走出校门，你们即将成为独立的人，去驾驭自己的未来，驾驭国家和民族的未来。你们将面对真实生活，要遵从内心的召唤，保持清醒的头脑，不依附权贵，不利令智昏，珍惜天赋，发挥特长，实现人生价值。你们会变得更加"成熟"，但成熟不是磨去棱角，不是冷漠世故和精神早衰，更不是个性的夭亡。它意味着一个人独特个性的形成，真实自我的发现，精神世界的坚毅与柔韧；意味着人生肩负使命的开始，意味着责任、担当、奉献。成熟者知生命可贵，追求自我价值的实现，成熟者更知人与社会、自然之间的和谐共生。只有当你的心灵接受世事无常的洗礼，接受孤独困苦的磨砺，才会更深地认识自我，更饱满地积蓄能量，才会走向成熟。成熟不是结果，是永远的过程。

今天是你离开母校的日子，师长们衷心地祝福你——希望你幸福。

人生试题有三道："学业、事业、家庭"，平均分高才幸福。你们完成了学业，开始走向人生大舞台，将面临众多选择。人生犹如一杯水，很难完满。悲观的人只见缺失，用失望扼杀快乐，自我折磨。而乐观的人则欣赏过程，把挫折当作磨炼，把失败看成是成功之母。一个人独自在外，受了再大的委屈，也要坚持不懈，不言放弃。人生是场直播，没有推倒重来，只有勇往直前。没有喧嚣，哪懂得安静；不经贫困，就不知慷慨；如果没有暴风骤雨，怎能珍惜风和日丽？正所谓大美无形，大爱无疆。成功没有范式，关键是如何走出属于自己的精彩。既要学会用脑做事，更要学会用心做人。用脑做事，你可以 do things right！但只有用心做人，你才能 do the right thing！快乐的秘诀是懂得珍惜与感恩，幸福是种选择！

幸福还需要能力。你们可以离开学校，但不可以离开学习。实际工作是学习，

旅行和阅读也是学习的好办法。在旅途和读书中，你可以获得知识，欣赏自然，学习他人，反思自己。一句很哲理的话这样讲：you are what you read，读什么书就会成什么人。满足于网络快餐文化和信息，你可能是一个什么都知道，但什么都不真懂的平庸的万金油。我希望大家花时间，读一些能够引起思考的经典，读一些已经或可能的传世之作。读书是借他山之玉，但千万别忘了用你的心血和汗水，去辨析、去发现、去求证、去创新、去奋斗。追寻幸福需要你不断建设自己的能力，阅读能力帮你获得知识并懂得欣赏；思考能力帮你理智辨析、突破局限、求异创新；探究能力使你能发现并辨别新的机会；现实操作能力让你能最终对自己的思考和时光负责。在学校里，你有老师和同学，从今天起，你要将社会当成学校，"三人行必有我师"，要不断虚心学习、训练自己，建设追寻幸福的能力。坦然接受者是幸福的，创新开拓者更懂得幸福的含义。

勿忘，你若安好，便是晴天。

（本文节选自重庆大学校长林建华于2012年毕业生典礼上的致辞《你若安好，便是晴天》）

五、西南财经大学：做正确的事，比正确地做事更重要

今天，各位正站在一个历史的关键点上。我们国家的经济已经持续30年高速发展，社会保持着充分的活力。与此同时，经济社会的转型也给我们提出了许多新的课题。你们——西财学子、未来精英，理应担当起时代大任。在你们迈向人生新征程之际，我期望：我们的每一个西财学子，都要努力做未来社会的引领者。

做未来社会的引领者，需要我们"大气为人"。大气是一种人格修养和魅力，体现了独特的气质和风度。

要大气，就要保持乐观勇敢的心态。树立并坚守高远的志向，不断努力跳跃并尝试触摸自己的梦想，始终微笑面对困难和挑战，不怕失败，愈挫愈勇！要大气，就要拥有海纳百川的胸襟。不分何种职业、无论长者年轻，只要我之不足、学之有益，就要虚心请教、潜心学习；遇到优秀者，既不忌妒，更不贬斥，而是要善于欣赏和学习别人的优点；面对不同的意见，更需要平和淡定，包容他人的观点，反思自己的不足。要大气，就要拥有宽广而深远的视野。我们生活的世界正变得越来越平坦，地球村的成员也交流得日益频繁，因此，你们要继续努力拓展自己的视野和眼光；要细心地观察社会的发展趋势，将目光投向远方，把自身的发展与时代前进的方向紧密相连！

做未来社会的引领者，需要我们"大智谋事"。大智是历史经纬线"理性"与"激情"完满结合的一种状态，体现了人生的灵动和睿智。

聪明的人可能很多，但智慧的人可能较少。智慧谋事，需要我们保持从容和淡定。在这个飞速发展、充满诱惑的世界，自身一定要保持自信、理性、平和的心态，防止急功近利和浮躁情绪，不以物喜，不以己悲，戒骄戒躁，抵制诱惑。智慧谋事，需要我们学会思考、学会选择。步入社会，你们将接受社会大熔炉的锻造，面临社会大风浪的滤淘，不管眼前的情况多么复杂，你们一定要独立思考、辨别分析。请同学们记住，做正确的事，比正确地做事更重要！智慧谋事，还需要我们不断领悟为人做事的道理，修炼和完善自我，探寻和积累立身处世、达济天下的人生智慧！

做未来社会的引领者，需要我们"大爱行天下"。大爱是"修身、齐家、治国、平天下"的基石，体现了共通的人生追求与境界。

孟子说，爱人者，人恒爱之。因为爱，我们的生命得以延续，智慧得以开启，生活充满温情。"5·12"汶川大地震，西南财大勇敢地挑起了大学的社会责任，你们也用自身的行动践行了母校以及"80后"大爱的品格。行走天地间，大爱永相随。希望你们以感恩之心，爱你们的父母，爱你们的母校和母校的老师，爱你们所爱的人；以博爱之情，关心和帮助身边那些还处在艰难中的人们；更希望你们牢记"经世济民 孜孜以求"的西财精神，勇敢地承担起对国家、民族和社会的责任，始终以坚韧、顽强、昂扬的精神投身于学习、工作和生活，为国家富强、民族复兴、人民幸福、社会和谐贡献应有的力量！

"大气为人、大智谋事、大爱行天下"，既是人生的一种境界，也是人生成就事业的必需。在此我送给大家，希望你们以此为圭臬，做未来社会的引领者，不断创造属于西财人的新高度。

（本文节选自西南财经大学校长赵德武于2010届毕业生典礼上的讲话《做正确的事，比正确地做事更重要》）

六、耶鲁大学：学会区分什么是正确的

你们刚刚完成了一段伟大的旅程。4年来，你们在一个充满了财富的地方不断探索。全世界最聪慧、最富创造力的学者和专家为你们授课；你们拥有其他学校望尘莫及的图书馆；你们的博物馆包罗人间百态、宇宙万象；你们可以欣赏到第一流的音乐和戏剧；你们有充满活力的校内外体育竞技；你们身边是一群永远

卓俊的同学——这一切，都在一座座本身就充满了灵性与诗意的建筑中为你们呈现。你们与来自五十个州、五十个国家的同学朝夕相处。你们中的许多人都曾利用耶鲁充足的国际资源，拓展了自己在海外学习与生活的经验。

在课堂里，你们完整而严密的独立思考能力通过所学课程不断得到发展。你们的批判精神和思辨习惯不断经受考验。这对你们未来的发展与成功至关重要。在课堂以外，你们的团队精神和领导才能在数百个学生组织的活动中得到提升。你们的海外经历加深了你们对不同价值观、不同文化的包容与理解。你们因此成为与世界相联通的全球公民。也许你们自己还没有意识到，你们已经为人生的下一步做好了准备。

你们心中想必对未来还有一些踌躇与顾虑。如果我们依历史预测未来，那么我们知道，光明坦途就在你们脚下。你们自身的禀赋，以及在这里所经历的成长，将必定帮助你们在所选择的道路上取得成功。我们也希望你们能够相互扶持。回想你们所亲历过的校友们的馈赠，如院长茶会、客座演讲、学院研讨，你们就会意识到，这所学校的生活正是依赖毕业生们的执着与付出而如此丰富多彩。当你们感谢父母时，你们也需要明白，正是一代代耶鲁毕业生的回馈，支撑着属于你们的这个集体。

也许我对你们未来将会实现的人生价值和取得的事业成就过于乐观了。但是我不这么认为。假如你同意我的观点，那么请允许我提出一个问题，一个深植于耶鲁之精神与传统，以至于你们中的许多人都已经把他看作与生俱来的问题，那就是，你将如何奉献？你将如何把你在学院中为集体奉献、在纽黑文为这座城市奉献的精神，带到你的生活之中，去改善你身边每一个人的生活？这样重要的一个问题，在现在这样的时刻提出，正当其时。请让我先解释为什么要提出这样的问题，然后让我们看看应该如何来回答。

亚里士多德说，我们每一个人都是天生的政治动物。但是在他眼里，当今的我们也许早已经成为了一个完全陌生的种群。18个月前，美国选举出了一位新总统。他肩负的使命是全面而深入地解决这个国家所遭遇到的最紧迫的问题——教育，医保，气候变化，以及重塑美国的国际形象。在选战的后半阶段，金融危机的影响扩散开来，于是经济复苏与金融业改革也被提上日程，列入了这本已十分宏伟的计划。

之后发生的事情并没有让我们相信当前的体制可以有能力解决这些问题。我们出台的复苏计划远没有达到预期的效果，而中国采取的相应措施比我们有效的多。15个月过去了，美国的失业率仍然高达 9.9%。经过几个月的拖延，国会终于通过了一项惠及几百万家庭的医疗保障计划。但是与之相关的高昂成本会让我们未来几十年负债累累，国会对此却完全无人问津。在哥本哈根我们没能就全球气候变化达成任何有价值的协议。不仅如此，金融业改革的可能性也在对关键症结的误解和对报复性举措的滥用中消耗殆尽。

为什么会这样？请先让我提出我的两点看法，然后让我们看看这与你们未来的政治生涯以及公民身份有什么联系。第一，当今的政治决策过程中往往充斥着为了迎合普通选民肤浅的诉求而刻意简单化的意识形态。第二，美国的政客为了确保再次当选，对手握重金的利益集团过于看重，而对他们的行为到底会给普罗大众带来怎样的利害却漠不关心。

在联邦党人宪章第十篇中，詹姆斯·麦迪逊针对美国宪法刚刚确立的共和政体论述过我上面的第二点看法。他指出，对个人利益的追求永远无法被完全消灭，但是一个良好的政治制度却可以最大限度地消除这种追求的负面影响。麦迪逊认为，相比起人人追逐自我利益的直接民主体制，共和体制将会更有效地推选出代表最广泛群众利益的人民代表。不仅如此，他还认为，一个由许多不同利益诉求所构成的大共和体，相比起由一小撮竞争党派构成的小共和体，更易于推动人民代表克服狭隘主义的局限。

但是自麦迪逊时代以来，我们的政府形式所能发挥的对意识形态和党派争端的限制作用已经被大大削弱。导致这一变化的原因至少有两点：第一，大众传媒手段的普及放大了简单政治口号对普通选民的影响作用。当然，大众传媒手段的兴起可以通过对选民的教育而达到提高政治决策水平的目的。第二，即大众传媒时代的选战胜利往往对特殊利益集团的政治献金过于依赖，大众传媒手段便往往被这些利益集团所利用，通过散布过于简单化的信息，来达到扭曲政治决策的目的。

这样的变化对于推行科学有效的公共政策所产生的阻碍作用是显而易见的。比方说，反对医疗保障改革的利益集团给降低医保成本的计划贴上了"死刑审判"的标签，从而使得这些计划无法得到推行。他们通过鼓吹"政府不干涉医疗保障事业"来阻碍公共医疗保险机制的创立与推进。实际上，仅退休医保、医疗低保、退伍医保三项，就承担了这个国家超过 40% 的医疗保障成本。我并不想在此事上加入个人偏见。我只想指出，公共医疗事业的决策过程，如今早已被意识形态和集团利益所扭曲和左右。

我们要怎样做，才能在全国乃至全球范围内，逐渐克服这样过于简单化的趋势和狭隘主义？我认为，我们需要你们在座的每一个人来改变政治决策的过程。你们来到这里接受教育，为的是培养你们的思辨能力，为的是让你们学会区分什么是正确的，什么是肤浅的、误导的、蛊惑的。无论你们所学习的是文学、哲学、历史、政治、经济、生物、物理、化学，还是工程，你们都可以深入思考，辨识矛盾与错误，并最终得出你们自己的正确结论。你们不仅可以运用这些能力去取得个人的成功，也可以为公众的利益作出贡献。

在这样一个欣欣向荣的集体里，你们获得的点滴教育都指引着你们为超越自身利益的事业而付出努力。在你们的学院里，你们明白了只有互相尊重、互相理解，并且有时牺牲个人诉求，才能构建起一个和谐的集体。这些精神应该在你们离开耶鲁之后的生活中得到延续。如果你们将为解决这个国家的问题而奋斗，或者跨越国界，为解决全世界所面临的诸如气候变化、恐怖主义、核武器扩散等问题而奋斗，你们都必须明白，耶鲁教育的成果，是为了帮助你们，在智力上与道义上，都取得超越个人利益的成功。

我知道你们中的许多人一毕业就将成为人民公仆。我也希望你们中的更多人最终会加入这个行列。公共事业的许多领域都需要你们这样的毕业生去为之努力，不论是作为短期计划，还是终身事业。你们中的许多人都已经报名成为教师。其他人也许会进入商业或者技术领域。无论你们选择了怎样的道路，你们都可以为这个国家和世界作出贡献，只要你们记住，政治决策过程不是用来为意识形态和个人利益服务的。为了克服短浅的意识形态局限，你们必须用你们的思辨能力去考量每一个问题，最终得出全面而科学的结论。为了克服狭隘主义，你们必须把耶鲁赋予你们的道德力量发扬光大，而这道德力量的缘起，就是为人民服务的黄金法则。无论你们是为政府工作，还是行使你们作为公民与选民的权利，你们都需要意识到，唯有超越个人利益而惠及整个人类文明的决策，才能最大限度地服务我们每一个人。唯有提高政治决策的水平，我们才能克服意识形态和党派争端的局限。你们，作为你们这一代人未来的领袖，必须去直面这样的挑战。

为了努力捍卫一部年轻共和国的宪法，亚历山大·汉密尔顿在联邦党人宪章第一篇第一段里写道：

许多例证都表明，这个国家的人民最关注的问题是，这个社会能否在反思与抉择的基础之上，建立一个好的政府……

从220多年的美国历史来看，汉密尔顿所提出的问题，应该早已有了一个肯定的答案。我们构建在人民代表制度基础上的政府与体制是经得起考验的；我们的法制化进程不断推进；我们对个人自由的保障远超出了开国元勋们的设想。但是今天，面对过于简单化的意识形态和日益主宰政治决策过程的狭隘特殊利益，我们必须重新思考，汉密尔顿的问题是否仍然有相同的答案。

耶鲁大学2010届的毕业生们：你们作为同辈中受过良好教育的未来领袖，肩负着超越意识形态和党派局限的历史责任。你们必须用你们过人的智慧和思辨的精神去提升政治决策的水平。你们必须以公民的身份响应时代的号召。只有通过你们的努力，我们才能保证我们的未来一代能够在"反思与抉择"的基础之上

为整个人类文明的福祉服务。你们必然能够完成你们的使命。你们必然能够完成。

（本文节选自耶鲁大学理查德·查·莱文校长于2010年毕业生典礼上的讲话）

七、清华大学：在坚持和选择中自强不息

同学们，你们成长在全球化深入发展的时代，人类的命运休戚与共，各国的发展息息相关；你们成长在信息化方兴未艾的时代，科技进步日新月异，知识经济蓬勃发展；你们成长在文化交融日益加深的时代，各种思想文化相互激荡，不同文明交相辉映；你们成长在中国快速崛起的时代，我们的综合国力和国际地位显著提升，中华民族更加自信地迈向伟大复兴。与我们这一代人相比，你们的视野更宽、知识更广、节奏更快，更自觉地开始了个性发展，更多地拥有了独立、平等和开放的意识。今天，你们大学毕业了。无论毕业后是走向社会还是继续读研，你们都将置身新的环境、面对新的变化。你们的学习成长将拥有更大的自主性，生活交往将面对更复杂的社会关系，事业发展将面临更多的机遇、更多的选择。我想告诉你们，机遇不仅孕育着成功也伴随着挑战，迎接挑战不仅需要追求卓越，也要懂得坚持，更要学会放弃。

今年1月，我们在达沃斯举办了一场高层圆桌会议，邀请了多位世界知名人士，请他们对清华的未来发展提出建议。当谈到对年轻人的培养时，澳大利亚前总理、现在又再次担任总理的陆克文先生对我说，年轻人在成长过程中要回答三个重要问题：你相信什么？你为什么相信？你能为你所相信的做些什么？因为每个人的生活和事业都不会一帆风顺，总是起起伏伏，甚至会遭遇挫折和失败。当人生处于低潮的时候，只有回归到最基本的价值观，坚信自己所相信的，才能在挑战中把握机遇，在绝望中看到希望。今天，我想结合身边的三个故事，对同学们的未来发展谈一些看法。

大家知道，清华最近启动了苏世民全球学者项目。在和项目捐赠人苏世民的交往中，我们成了无话不谈的好朋友。他说起学生时代有一位田径教练，总让他们大冷天在停车场练冲刺和中长跑。在他们累得筋疲力尽、双腿麻木的时候，教练还冲他们大喊：再跑一圈，再跑一圈！因为训练多一分付出，对抗才多一分收获。在一圈又一圈的奔跑中，他逐渐懂得，"再跑一圈"不仅是对身体的训练，更是对意志品质的磨炼，这也成了他的价值追求和人生信条。"再跑一圈"，就是选择努力和坚持，努力就是机遇，坚持就有希望。

第二个是关于选择的故事。两年前，我校新闻学院组织研究生国际实习，很

多同学争着去美国、欧洲等发达国家，但有一个女生主动提出要去埃及。那时候，埃及正处于严重的动荡时期，政局不稳，社会混乱，随时面临着各种危险。但她觉得，作为一个未来的新闻人，应该有自己的价值判断，应该在风险中锻炼成长。听了她的故事，我很受感动，也很欣赏她对新闻事业的执着和热爱。我相信，她的选择不仅意味着更大的付出和努力，更折射出她的独立人格和职业信念。

还有一个是清华长期合作伙伴新加坡佳通集团的故事。集团执行董事林美金女士曾跟我说，公司最早是在印度尼西亚做轮胎，总裁林德祥先生热心公益事业，为当地经济社会发展作了很多贡献。由于林先生的为人和经营之道，集团的一个子公司顺利取得了烟草产业的经营执照。一般来说，大家都会认为这是一个赚钱的好机会。但林先生对子女们说，一本万利的生意谁都想做，但这种生意容易让人见利忘义，对企业发展不利，对子女们的未来也不好；何况烟草不利于公众健康，做烟草有违他的道德良知。在如此巨大的诱惑面前，他们毅然决定放弃。这么多年来，新加坡佳通集团始终以橡胶轮胎为主业，经过三代人的努力，终于成为新加坡著名的跨国企业。

同学们，这三个故事揭示了同一个道理，那就是：不管你处在人生的高峰还是低谷，命运终究需要掌握在自己的手中。当你经过长途跋涉、身心疲惫时，只有坚持"再跑一圈"，才能冲出困境、跨越极限，迎来意想不到的新机遇，迈向人生旅程的新起点；当你面临困难挑战、风险危机时，只有坚持独立思考、不随大溜，才能作出正确选择，敢于迎难而上，超越自我，赢得尊重；当你面对巨大的压力或者诱惑时，只有坚守最基本的价值观，才能看淡得失、懂得放弃，获得内心的宁静，感受到生命的厚重。

（本文节选自清华大学校长陈吉宁在 2013 年毕业典礼上的
讲话《在坚持和选择中自强不息》）

第五章

择业的实践：方法与技巧

第一节

毕业致辞（五）——创造未来

创意、创新、创业的创造者精神已然成为新时代潮流的必然要求。如何在困境中择业、择好业更是对这种创造者精神的新考验。清华大学校长陈吉宁也曾在2014年本科生毕业典礼上对毕业生们谈及创造这个话题：

同学们，你们生活在一个崇尚创新的伟大时代。科技进步日新月异，思想文化交融激荡，人类社会深刻转型。这一切，为你们今后的发展提供了广阔的空间，也提出了前所未有的挑战。你们今后要有所作为、有所成就，不仅取决于你的知识和技能，更依赖于你的创造性。2010 年，IBM 公司针对 33 个行业 1500 名首席执行官的一项调查发现，他们的成功至关重要的因素就是"创造力"。在职业社交网站 LinkedIn 的用户档案中，"创造力"也是两年来使用最多的词汇。在当今世界，创造是你们面对生活、面对事业、面对社会、面对未来的最佳选择。

同学们，创造需要理想，那是你们心灵夜空中的耀眼星光。刚才颜宁教授给大家分享了她自己的"野心"，就是希望探索自然的奥秘，在科学史上留下自己的印迹。正是这种科学梦想，使她和她的团队毅然选择了一项已困扰全球科学界半个世纪的课题。然而前四年的进展很不顺利，困难重重，怎么也做不出来，但她们没有放弃，依然执着地坚持，每天都在实验室工作十几个小时。到了第五年，才有所突破。最近，她的团队首次成功解析了人源葡萄糖转运蛋白 GLUT1 的晶体结构和工作机理，被 2012 年诺贝尔化学奖得主布莱恩·克比尔卡（Brian Kobilka）誉为"一项伟大的成就"。颜宁的学生、团队主要成员邓东，当初就是被导师这种强烈的科学梦想所感染，跟着她一起"发疯"，一起"死磕"转运蛋白机理这一世界性难题。颜宁教授认为，正是这种既充满吸引力又极富挑战性的理想追求，才使这个年轻的团队沉静下来，并最终取得突破。她曾经跟我讲，做一件事情，最基本的是要把它当作职业来做，进一步是把它当作兴趣来做，而只有把它当成理想和事业来做的时候，才能最大限度地激发出创造力。

同学们，创造还需要勇气，那是你们人生征程上跨越艰险的基石。犹太民族充满创新的活力，以色列创意创新公司高度密集，在纳斯达克上市的公司数是中国、日本、欧洲、印度的总和。一个多月前，我在以色列见到内塔利亚胡总理时，谈到清华和特拉维夫大学正在共建联合创新中心。在短暂的会面中，他两次强调说，创新就要允许失败。之后，我们参观 EcoMotion，这是一家致力于推广智能交通的高科技机构。机构创始人阿尔农（Arnon）先生先前是做信息技术创新的，创业成功后曾对财富 100 强的多家公司进行了战略投资。临走时我问他，他成功的秘诀是什么？他说，所有的成功都是从失败中来的。每次失败之后，而不是成功之后，他都要办一个 Party，等大家喝伏特加喝到东倒西歪的时候，就会告诉他为什么失败。在他看来，创新创业的精髓就是勇于失败。勇气是创新的前提，是把创意变成创造的关键。害怕失败，不冒风险，不敢走前人未走之路，不敢做他人未做之事，就永远感受不到创造者的巅峰体验。同学们，年轻是你们最大的资本，年轻时的失败并不是人生的失败，而是你人生中最为宝贵的阅历和收获。

同学们，创造更需要包容，那是你们事业发展中兼容并蓄的内核。最近，首届"校长杯"创新挑战赛的决赛刚刚落幕。我和评委们发现，有的项目虽然有很好的创意，但并不成功，原因并不是技术不行，而是缺乏一个结构合理、能力互补、分工合作的团队。随后，我做了进一步调查，发现同学们大多数时候喜欢找身边熟悉的人一起做事，愿意与同性格、同质化的人开展合作。其实，做成一件事，更多的时候要和不同的人一起工作，特别是你们有时并没有办法选择团队，必须与各种个性特质的团队成员相处。因此，你们将来在自己的团队中做事，或者领导一个团队，不仅需要发挥自己的聪明才智，更重要的是学会包容。包容，首先要包容别人，能倾听不同的意见，特别是反对的声音和那些看似荒诞的想法，真正做到心胸宽广、厚德载物。包容，还要包容自己，你追求卓越和完美，但不要期望得到周围每个人的赞赏，要习惯于刺耳的批评甚至无端的指责，因为创新总是从少数人开始。同学们，我们正处在一个日益多样化的社会，只有尊重他人的与众不同，才能做到与众不同的自己。

同学们，今天，终将成为历史；未来，意味着创造。我有一位朋友也是一名学者，叫谢利·哈瑞森（Shelley Harrison），现已年过七旬。他曾利用激光技术创办了条码扫描枪公司，他的经历充满传奇色彩。我对他说，如果他写回忆录，一定非常精彩。而他却说："我更感兴趣的是未来，而不是过去。"

这让我想起一段话："人们总是喜欢回忆，而不喜欢想象。留在我们记忆中的是熟悉的事物，存在于想象中的则是未知的事物。想象也许令人恐惧，因为需要冒着探索未知的风险。我喜欢未来，因为那需要想象。"各位同学，在你们人生新的征程中，希望你们用执着的理想、创造的勇气和君子的包容，去想象自己的未来，去创造属于你也属于整个人类的未来。

（本文节选自清华大学校长陈吉宁于2014年毕业典礼上的致辞《创造未来》）

第二节
影响择业技术发挥的特质因素

开场白中已经讲过，择业是一种技术，技术的力量能够改变人的生活。而影响技术发挥的因素中有一种特质因素，那就是人的潜能。大学生们在做择业的时候，要充分认知自身的潜能，并且充分开发和利用这些潜能。

一、巨大而神奇的潜能

人的潜能犹如一座待开发的金矿，蕴藏着无穷的价值，而我们每一个人都有一座潜能金矿。遗憾的是，由于没有进行各种潜能开发训练，绝大多数人的创造力没有能够得到淋漓尽致地发挥。

并非大多数人命中注定不能够成功，只要发挥了足够的潜能，任何一个平凡的人，都能成就一番惊天动地的伟业，都可以成为一个新世纪的领航者。

下面的两个例子说明，每个人都有巨大的潜能。

第一个例子：一位已被医生确定为残疾的美国人，名叫斯蒂文，他靠轮椅代步已二十年。斯蒂文原先身体非常健康，赴越南打仗时，被流弹打伤了背部的下半截，经过治疗他虽然康复，却已无法行走。他整天坐轮椅，觉得此生已经完结，有时就借酒消愁。有一天，他从酒馆出来，照常坐轮椅回家，却碰上三个劫匪，动手抢他的钱包，他拼命呐喊、拼命反抗，却触怒了劫匪，他们竟然放火烧他的轮椅。轮椅突然着火，斯蒂文竟然忘记了自己的双腿不能行走，他拼命逃走，求生的欲望竟然使他一口气跑了一条街。事后，斯蒂文说：如果不逃走，就必然被烧伤，甚至被烧死。当时他忘了一切，一跃而起，拼命逃走，以致停下脚步，才发现自己会走动。现在他已在纽约找到一份工作，与正常人一样行走。

第二个例子：一位农夫在粮仓前面注视着一辆轻型卡车快速地开过他的土地。正在开着这辆车的是他 14 岁的儿子。由于年纪还小，他还不允许考驾驶执照，但是他对汽车很着迷，似乎已经能够操作一辆车子，因此农夫准许他在农场里开这辆客货两用车，但是不准上外面的路。突然间，农夫看见汽车翻到水沟里去，他大为惊慌，急忙跑到出事地点。他看到沟里有水，而他的儿子被压在车子下面，躺在那里，只有头的一部分露出水面。根据报纸描述，这位农夫并不很高大，他只有 170 厘米高，70 公斤重，但是他毫不犹豫地跳进水沟，把双手伸到车下，把车子抬了起来，从而让一位跑来援助的工人把那失去知觉的孩子从下面拽出来。当地医生很快赶来，给孩子检查一遍，只有一点皮肉伤，其他毫无损伤。事后，农夫觉得奇怪。他刚才去抬车子的时候根本来不及想一下自己是否抬得动，由于好奇就再试了一下，结果根本就抬不动那辆车子。

由此可见，每个人通常都存有极大的潜在体力。同时，这类事情还告诉我们另一个重要的事实，斯蒂文和农夫在紧张情况下会产生一种超强的力量，并不只是身体的反应，它还涉及心智的和精神的力量，正是出于自救和救人的心智反应，精神上的肾上腺爆发出潜在的力量。据专家认定，潜意识的力量是有意识力量的三万倍。

科学家发现，人类储存在脑内的能量大得惊人。人平常只发挥了极小一部分的大脑功能，要是能够发挥一大半的大脑功能，那么可以轻易学会 40 种语言、背诵整本百科全书、拿 12 个博士学位。这种研究证明，任何成功者都不是天生的，成功的根本原因是他 / 她开发了无穷无尽的潜能。只要你抱着积极的心态去开发你的潜能，你就会有用不完的能量，你的能力就会越用越强。相反，如果你抱着消极心态，不去开发自己的潜能，那就只有叹息命运不公，并且越来越无能！

二、认知自身潜能

每个人都有潜能，潜能可以在情况危急的时刻发挥出来，也可以被自己所建立的有挑战性的目标激励。不要等到哪天遇到意外或受外力刺激才发挥你的潜力，给自己建立有挑战性的目标照样可以激发出无穷的潜能。

认知自身潜能的有效方式是潜能测评。潜能测评有助于找到实现职业生涯目标的路径，能更加有效地为目标的实现提供科学依据。测评潜能最有效的方法是实境模拟或使用测评软件。

潜能测评有多元潜能测评、学习潜能测评、创新潜能测评、大脑潜能测评、职业潜能测评、专业潜能测评、择业潜能测评、基本素质及潜能测评等。下面简单介绍基本素质及潜能测评和职业潜能测评中的 MAPP（Motivational Appraisal of Personal Potential）。

基本素质及潜能测评对测试者潜在于大脑结构中影响人类行为的各项因素进行测试，通过对被测者语言理解能力、数学推理能力、判断力、逻辑思维能力、记忆力等方面的测试，充分了解被测者的智力水平和潜能。

职业潜能测评中的 MAPP，已经经过了几十年的发展和检验，能全面分析个体内在的职业潜能。使用 MAPP 就像打开一本书，使被测者清楚了解自我和他人行为的内在原因，并能帮助被测者准确预测在各种工作和教育情境下的表现。通过 MAPP 测验，被测者能够深入了解自己的职业潜能和职业内在动机；准确把握自身 23 项核心工作特质、9 种基本职业能力动机。通过了解这些核心工作性质及职业能力动机，被测者能够明确自己感兴趣的工作方向及和工作的匹配程度，更科学有效地为自己择业，从而达到事业的成功。结合报告方案的 23 项核心工作特质、9 种基本职业能力动机，被测者可以按照自己的目标要求进行更有针对性的培训来开发自己。

MAPP 职业潜能测评，还能给被测者带来别的帮助。

——可以帮助被测者了解自身职业兴趣、工作气质、职业倾向、人际、事务、数据资料、推理、数学、语言方面工作特质的动力状况。它信息量丰富，结构合理，可让被测者清楚地了解自己在这些方面的优势及不足。

——被测者可以得到自身社交能力、说服力、细节处理能力、管理能力等方面的详细结论。

——能提供被测者和具体工作岗位的匹配程度，预测被测者在具体岗位的未来成就。

——对被测者在思考模式、接收信息、保存和过滤信息、学习环境等方面的学习特点进行量化分析，可以帮助被测者确定最佳的培训方式和学习环境，使被测者更加有效地进行各种学习。

三、信心是潜能的高效催化剂

（一）信心具有巨大的能量

碰上新情况时，人们往往花过多的时间去设想最糟糕的结局——这等于在预演失败。斯坦福大学的研究表明，头脑里的想象会按事情进行的实际情况，刺激人的神经系统，就像当一个高尔夫球运动员嘱咐自己"不要把球击入水中"时，他脑子里将出现球掉进水中的映像，试想，在这种心理状态下打出的球会往哪儿飞呢？

一位著名的击剑运动员在一次比赛中输给了一个与自己水平不分伯仲的对手。第二次相遇，由于上次失利阴影的影响，这名运动员又输掉了，尽管他并非技不如人。第三次比赛前，这名运动员做了充分的准备。他特意录制了一盘磁带，反复强调自己有实力战胜对手，每天他都要将这盘录音听七八遍，有效消除了心理障碍。终于，他在第三次比赛中轻松击败了对手。

我们总能看到在体育比赛中，弱队战胜强队，大爆冷门；或是在商战中，实力弱的公司战胜实力强的公司。为什么弱能胜强？因为在诸多因素之中，充满必胜的信心去迎接挑战，是取得成功的基础。

缺乏自信常常是性格软弱和事业不能成功的主要原因。有一个美国外科医生，他以善做面部整形手术闻名遐迩。他创造了一个个奇迹，把许多丑陋的人变成漂亮的人。他发现，某些接受手术的人，虽然手术很成功，但仍找他抱怨，说他们在手术后还是不漂亮，说手术没什么成效，他们自感面貌依旧。于是，医生悟到这样一个道理：美与丑，不仅在于一个人的本来面貌如何，还在于他是如何看待自己的。

一个人如果自惭形秽，那他就不会成为一个美人；同样，如果他不觉得自己聪明，那他就成不了聪明的人；他不觉得自己心地善良，即使在心底隐隐地有这种感觉，那他也成不了善良的人。

一个人只要有自信，那么他就能成为他希望成为的那种人。有这么一件事：心理学家从普通大学生中挑出一个最愚笨、最不招人喜爱的姑娘，并要求她的同学们改变以往对她的看法。在一个风和日丽的日子里，大家都争先恐后地照顾这位姑娘，向她献殷勤，送她回家，大家以假作真地打心眼里认定她是位漂亮聪慧的姑娘。结果在不到一年的时间里，这位姑娘出落得非常漂亮，连她的举止也跟以前判若两人。她自豪地对人们说，她获得新生。确实，她并没变成另一个人——然而在她的身上却展现出每一个人身上都蕴藏着的美，这种美只有在我们相信自己，周围的所有人也都相信我们、爱护我们的时候才会展现出来。

许多人以为，信心的有无是天生的、不变的，其实并非如此。童年时代招人喜爱的孩子，从小就感觉到自己是善良、聪明的，因此才获得别人的喜爱。于是他就尽力使自己的行为名副其实，造就自己成为他相信的那样的人。而那些不得宠的孩子呢，人们总是训斥他们："你是个笨蛋、窝囊废、懒鬼、游手好闲的东西！"于是他们就真的养成了这些恶劣的品质，因为人的品行基本上是取决于自信的。我们每个人的心目中都有各自为人的标准，我们常常把自己的行为同这个标准进行对照，并据此去指导自己的行动。所以，我们要使某个人变好，应该对他少加斥责，要帮助他提高自信心，修正他心目中的做人标准。如果我们想进行自我改造，进行某方面的修养，我们就应首先改变对自己的看法。不然，我们自我改造的全部努力便会落空。对于人的改造，只能影响其内心世界，外因只有通过内因才能起作用，这是人类心理的一条基本规律。

对真善美的自信，对我们来说至关重要。我们总是本能地竭力保持这样自信所造成的形象。我们也接受别人的批评，但我们接受的只是那些善意的和那些我们认为对自己信任和爱护的人的批评。若是有人伤害我们的自尊心，即以己之见贬低、训斥我们，谩骂我们是笨蛋、呆子时，我们便愤然而起，进行反击。我们的心理自发地护卫着自己，护卫人最宝贵的自信心。假若有人削弱了我们的自信心，那我们真的就会堕落，我们追求真善美的意志就会衰退。

一个人真有性格，就会有信心，就会有勇气。大音乐家瓦格纳遭受同时代人的批评攻击，但他对自己的作品很有信心，终于赢得举世赞美。黄热病流传许多世纪，死的人不计其数，但是一小队医药人员相信可以征服它，于是在古巴埋头研究，终于研制出特效疫苗。达尔文在一个英国小园中工作20年，有时成功，有时失败，但他锲而不舍，因为他自信已经找到线索，结果终见成效。

由此可见，信心的力量惊人，它能改变恶劣的现状，创造令人难以相信的圆满结局。充满信心的人永远不会被击倒，他们是人生的胜利者。

星星之火可以燎原，信心就好比星星之火，而信心激发的潜能则犹如燎原之势。

山姆·拉布德就是由于这星星之火而终于激发出燎原之势的。

山姆·拉布德一直想阻止人们捕获鲔鱼，后来他争取到机会，受雇担任一名临时水手，偷偷拍摄水手们的一举一动。在一次捕鱼过程中，拉布德一一拍下了令人惨不忍睹的画面。一条接一条的海豚被鱼网缠住，无法浮出水面吸取氧气，最后气绝而死。事实上渔民的目标并不是海豚，而是通常游在它们下方的黄鳍鲔鱼，可是当渔民抛下流刺网时，不分什么鱼都全部一网打尽。

拉布德所拍下的镜头，成为多年来人们争执最有力的证据：渔民作业中每天至少有数百条海豚被杀害，而在此前10年之间，估计被人类杀害的海豚数字高达600余万条。拉布德所拍的画面虽缩剪成11分钟，可是却深深震撼了每一位观众，他们不理解为何要杀害如此聪明伶俐、善解人意的生物。在媒体的助推之下，愤怒的消费者拒绝购买鲔鱼，随之便形成全国性的抵制运动。1991年，就在拉布德拍摄了那一场悲剧整整4年之后，世界最大的鲔鱼罐头制造商对外宣布，即刻起不再采用流刺网所捕获的鲔鱼制造罐头，几个小时后，另两家鲔鱼制造商也做了相同的承诺。拉布德的镜头大大地改变了美国的鲔鱼工业，不仅拯救了无数海豚的生命，而且对平衡海洋生物的保育工作贡献甚大。

很多人对于某些社会问题或国际大事感到无能为力。当一个人没有信心时，就什么样的行动都拿不出来，从而不想改变自己的生活环境，也不想去帮助其他的人。如果你懂得了这些道理，就很可能拥有了控制自己思想、感受和行为的能力，为什么不拿出积极的作为来呢？以往不明白主宰系统对人的影响，因而形成了今天的你，然而此刻是你头一次可以掌握住系统，为什么不尝试改变自己的无力感呢？借着本章所讲的道理和技巧，只要能好好练习，你就必能成为自己人生的主人、命运的主导者。

不要眼睛只盯着事情的问题面来看，要去找出它的原因。我们不要忘了，今天所做的任何不起眼的决定，都会影响到我们未来的命运。此外我们也要记住，一切的决定都会有其结果，因此我们若是不自己做主，而任由别人或环境来为我们做主，或者是连想都不想所作决定的后果便贸然采取行动，那么很可能就会愚蠢地酿成滔天大祸。有时候我们所作的决定是为了避开一时的麻烦，结果却造成了长期的困扰，等到发觉事情不妙了，却已是沉疴难起，回天乏术。

我们会面临许多问题，有些还很棘手，大部分人都认为要想解决恐怕只有"超人"才有办法，这实在是再错误不过的想法了。要知道，"人生乃是不断的积累"，在我们人生中所碰上的各种结果，事实上都是无数小小决定积累而成，那可能是你个人的决定，也可能是你的家庭、你居住的社区、你生活的社会，乃至你所属的国家的决定。一个人的成功或失败，绝不是因为他作出了石破天惊的大决定（也许它看起来像是如此），而是在于他每天所作的小决定，以及根据这个决定所拿出来的行动。

同样的道理，我们若是想扭转自己的人生，若是想跟自然界和平相处，那么人人都得有信心，都得每天作出决定、拿出行动并确实承担起应尽的责任。为了造成广大且深远的影响，我们个人得和这个社会形成"命运共同体"，大家一起来推动，如此我们才能真正地促成永远的改变。对于职业生涯来说，每天的小决定累积起来，构成一个链条，最终承托起原本"遥不可及"的职业梦想。

（二）信心是成功的秘诀

信心是成功的秘诀。拿破仑曾经说过："我成功，是因为我志在成功。"如果没有这个目标，拿破仑必定没有毅然的决心与信心，当然成功也就与他无缘。

信心对于立志成功者具有重要意义。有人说：成功的欲望是创造和拥有财富的源泉。人一旦拥有了这一欲望并经由自我暗示和潜意识的激发后形成一种信心，这种信心就会转化为一种"积极的感情"。它能够激发潜意识释放出无穷的热情、精力和智慧，进而帮助其获得巨大的财富与事业上的成就。所以，有人把信心比喻为"一个人心理的建筑工程师"。在现实生活中，信心一旦与思考结合，就能激发潜意识来激励人们表现出无限的智慧和力量，使每个人的欲望转化为物质、金钱、事业等方面的有形价值。

你的某些潜能可能正昏睡不醒，而成就的种子如果被信心唤起并付诸行动，会带给你极高的、难以想象的成就。就像一个音乐家，能够触摸琴弦而发出优美动人的旋律，因此你可以唤起昏睡在大脑里的天才，促使你达到你所希望达到的目标。亚伯拉罕·林肯到40岁时还是个一事无成的失败者，出身低微、默默无闻。直到一次伟大的经验才唤醒昏睡在他内心里的天才，给世界送来一位真正的伟人。

下面的这个故事，就印证了信心的威力。

从前，有个人把全部财产投资在一项小型制造业上。由于世界大战爆发，他无法取得工厂所需要的原料，只好宣告破产。沮丧的他离开妻子儿女，成为一名流浪汉。他对于这些损失无法忘怀，甚至想要跳湖自杀。

一个偶然的机会，他看到了一本名为《自信心》的小书。这本书给他带来勇气和希望，他就找到这本书的作者，请作者帮助他再度站起来。

那位作者听完他的故事，却对他说："我很希望我能对你有所帮助，但事实上，我没有这个能力。"他的脸立刻变得苍白，他低下头，喃喃地说道："这下子完蛋了。"作者停了几秒钟，然后说道："虽然我没有办法帮助你，但我可以介绍你去见一个人，他可以协助你东山再起。"

作者把他带到一面高大的镜子面前，用手指着镜子说："我介绍的就是这个人。在这世界上，只有这个人能够使你东山再起。除非坐下来，彻底认识这个人，否则，你只能跳到密歇根湖里。因为在你对这个人做充分的认识之前，对于你自己或这个世界来说，你都将是个没有任何价值的废物。"

几天后，作者在街上碰见了这个人，几乎认不出来了：他的步伐轻快有力。头抬得高高的；他从头到脚打扮一新，完全是一个成功人士的模样。"那一天我离开你的办公室时，还只是一个流浪汉。我对着镜子找到了我的自信。现在我找到了工作。我的老板先预支一部分钱给我。我觉得我的人生正在变得更加成功。"

这个故事告诉我们：从来不曾发现"信心"价值的那些人的意识中隐藏了巨大的潜能。世界上，除了信心之外，还有其他的力量能做这样的事吗？

（三）建立信心的小窍门

1. 挑前面的位子坐

你是否注意到，无论在教学或教室的各种聚会中，后排的座位总是先被坐满的吗？大部分占据后排座位的人，都希望自己不会"太显眼"。而他们怕受人注目的原因就是缺乏信心。

坐在前面能建立信心，把它当作一个规则试试看，从现在开始就尽量往前坐。当然，坐前面会比较显眼，但我们要记住，有关成功的一切都是显眼的。

2. 练习正视别人

一个人的眼神可以透露出许多有关他的信息。某人不正视你的时候，你会直觉地问自己："他想要隐藏什么呢？他怕什么呢？他会对我不利吗？"不正视别人通常意味着：在你旁边我感到很自卑；我感到不如你；我怕你。躲避别人的眼神意味着：我有罪恶感；我做了或想到什么我不希望你知道的事；我怕一接触你的眼神，你就会看穿我。这都是一些不良信息。

正视别人等于大声宣告：我很诚实，而且光明正大；我告诉你的话都是真的，我毫不心虚。

3. 把走路的速度加快 25%

当大卫·史华兹还是少年时，到镇中心去对他来说是一个很大的乐趣。在办完所有的差事坐进汽车后，母亲常常会说："大卫，我们坐一会儿，看看过路行人。"

母亲是位绝妙的观察行家。她会说："看那个家伙，你认为他正受到什么困扰呢？""你认为那边的女士要去做什么呢？"或者"看看那个人，他似乎有点迷茫"。

观察人们走路不仅很有趣，对我们还很有启发性。许多心理学家将懒散的姿势、缓慢的步伐跟对自己、对工作及对别人的不愉快的感受联系在一起。但是心理学家也告诉我们，借着改变姿势与速度，可以改变心理状态。你若仔细观察就会发现，身体的动作是心灵活动的结果。那些遭受打击、被排斥的人，走路都一副拖拖拉拉，完全没有自信心的样子。

普通人有"普通人"走路的模样，做出"我并不怎么以自己为荣"的表白。有一种人则表现出超凡的信心，走起路来比一般人快，像是在跑。他们的步伐告诉整个世界："我要到一个重要的地方，去做很重要的事情，更重要的是，我会在 15 分钟内成功。"

使用这种"走快 25%"的方法，抬头挺胸走快一点，你就会感到自信心在潜滋暗长。

4. 练习当众发言

拿破仑·希尔指出，有很多思路敏锐、天资甚高的人，却无法发挥他们的长处参与讨论。并不是他们不想参与，而只是因为他们缺少信心。

在会议中沉默寡言的人都认为："我的意见可能没有价值，如果说出来，别人可能会觉得很愚蠢，我最好什么也不说。而且，其他人可能都比我懂得多，我并不想让别人知道我是这么无知。"

这些人常常会对自己许下这样的诺言："等下一次再发言。"可是他们很清楚

自己是无法实现这个诺言的。

每次这些沉默寡言的人不发言时，他就又中了一次缺少信心的毒素，他会越来越丧失自信。

从积极的角度来看，如果尽量发言，就会增加信心，下次也更容易发言。所以，要多发言。这是信心的"维他命"。不要担心会显得很愚蠢，不会的，因为总会有人同意你的见解，所以不要再对自己说："我怀疑我是否敢说出来。"不论是参加什么性质的会议，每次都要主动发言，也许是评论，也许是建议或提问，而且，不要最后才发言，要做破冰船，第一个打破沉默。用信心获得会议主席的注意，好让自己有机会发言。

5. 咧嘴大笑

大部分人都知道笑能给自己很实际的推动力，它是医治信心不足的良药。但是仍有许多人不相信这一套，在他们恐惧时，从不试着笑一下。

真正的笑不但能治愈自己的不良情绪，还能马上化解别人的敌对情绪。如果你真诚地向一个人展颜微笑，他实在无法再对你生气。

拿破仑·希尔曾向人讲述他的一次亲身经历："有一天，我的车停在十字路口的红灯前，突然听到'砰'的一声响。原来是后面那辆车的驾驶员的脚滑开刹车，他的车撞了我车后的保险杠。我从后视镜看到他下来，也跟着下车，准备痛骂他一顿。但是很幸运，我还来不及发作，他就走过来对我笑，并以最诚挚的语调对我说：'朋友，我实在不是有意的。'他的笑容和真诚的说明把我融化了。我只有低声说：'没关系，这种事经常发生。'转眼间，我的敌意变成了友善。"

咧嘴大笑，你会觉得美好的日子又来了。笑就要笑得"大"，半笑不笑是没有什么用的，要露齿大笑才能有功效。

有人会说："是的，我相信这个方法会奏效，但是当我害怕或愤怒时，就是不想笑、不能笑。"

当然，这时任何人都不容易笑出来。窍门就在于你强迫自己说："我要开始笑了。"然后，笑。要控制、运用笑的能力。

6. 怯场时不妨道出真情

内观法是研究心理学的主要方法之一，这是实验心理学之祖威廉·华特所提出的观点。此法就是很冷静地观察自己内心的情况，而后毫无隐瞒地抖出观察结果。如能模仿这种方法，把时时刻刻都在变化的心理秘密，毫不隐瞒地用言语表达出来，那就没有产生烦恼的余力了。

例如，初次到某一个陌生的地方，内心难免会疑惧万分，这时候，不妨将此不安的情绪，清楚地用语言表达出来："我几乎愣住了，我的心志忐地跳个不停，甚至两眼也发黑，舌尖凝固，喉咙干渴得不能说话。"这样一来，不但可将内心的紧张驱除殆尽，而且也能使心情得到意外的平静。

不妨举一个很实在的例子。有一个位居美国第五名的推销员，当他还不熟悉这行工作时，有一次，他独自会见美国的汽车大王。结果，他真是胆怯得很。情不自禁之下，他只好老实地说出来了："很惭愧，我刚看见你时，害怕得连话也说不出来。"结果反而驱除了恐惧感，这都是内观法和坦白的功效。

7. 采用肯定的语气、肯定的态度

有些人面对着镜子看到自己的形体或肤色时，会忍不住产生某种幸福的感受。相反地，有些人却被自卑感所困扰。虽然他们的肤色很可能一样黝黑，但自信的人会以为："我的皮肤呈小麦色，几乎可跟黑发相媲美。"内心一定暗喜不已。可是，一个缺乏自信的人却因此痛苦不堪起来："怎么搞的，我的肤色这么黑。"两种人的心情完全不同。有的人看见镜子就丧失信心，甚至在一气之下，把镜子摔破。由此可见，价值判断的标准是非常主观而又含糊的。只要认为漂亮，看起来就觉得很漂亮；如果认为讨厌，看来看去都觉得不顺眼。

自信与自卑的感觉，也常常会受到语言的影响，所以说，具有否定意味的语言，对于一个人的心理健康有百害而无一利。

《物性论》一书的作者是古罗马大诗人卢克莱修，他奉劝天下人要多多称赞肤色黝黑的女人，对她们说："你的肤色如同胡桃那样迷人。"只要不断如此赞赏对方，那么，这些女人即使再三对镜梳妆，或明知自己的皮肤黝黑，也会毫不在乎。这样一来，她们就能专心于化妆，而且总觉得自己不失为迷人的女性。

卢克莱修还奉劝我们不妨将"骨瘦如柴"改说为"可爱的羚羊"，把"喋喋不休"改说为"雄辩的才华"。不同的语言可将相同的事实完全改观，而且也给人以不同的心理感受。

运用肯定或否定的措辞，可将同一件事实，描述成有如天壤之别的结果。可见措辞这件事，诚然是任何天才都无法比拟的魔术师。在任何情况之下，只要常用有价值的措辞或叙述法，就可以将同一个事实完全改观。驱除自卑感，让自己更有信心，从而能享受愉快的生活。

如果缺乏自信时一直做出没有自信的举动，就会越来越没有自信。所以，缺乏自信时更应该做些充满自信的举动。缺乏自信时，与其对自己说没有自信，不如告诉自己是很有自信的。为了克服消极、否定的态度，我们应该试着采取积极、肯定的态度。如果自认为不行，身边的事也抛下不管，情况就会渐渐变得如自己所想的一样糟。

曾经有一个学生团体提倡每年举办比赛，选出一位最合乎现代审美标准的大学生。工作人员到各个大学，看到长相较好的人就把小册子拿给他（她）看，请他（她）参加这个比赛。从地方到中央，举办一次又一次比赛。在一次又一次的选拔中，参赛者都变得越来越美，并且看起来明显比原来更有信心了，有些人简直让朋友认不出来了。因为"我要参加这个比赛"，是一种肯定生活的积极态度，参赛者抱定这种态度，产生更多自信，自然就显得更美了。

丹麦有句格言："即使好运临门，傻瓜也不懂得把它请进门。"如果抱着消极、否定的态度，即使好运找上门来，我们也会将大门紧闭，更不要说请它入内了。我们应该抛开自己消极、否定的态度，转而抱定积极、肯定的态度，随时准备迎接机遇与挑战。

电话交谈时，如果用有笑容的声音说话，对方听了舒服，自己也觉得快意。苦着一张脸或者冷言冷语、不情不愿，不仅会让对方不舒服，自己也会不痛快。笑意发源自心灵，展露于音容。如果带着笑意与人交流，即使对方看不到我们的面容，也能感受到我们的善意、自信和愉悦。而冲撞对方时，其实等于用言语冲撞自己，我们对别人的态度同时也反映出你对自己的态度。

8. 做自己能做的事

做自己能做到的事时，个性与优点会很快显现出来。更重要的是，与其不切实际地极力树立与实情不符的自我形象，不如找出现在可以做的事。知道应该做哪些事，然后加以实行，就可以从自我的形象中获得解放。

试着记下马上可以做的事，然后加以实践。这些事不必是伟大的、不平凡的行动，而应该是自己力所能及的。很多时候我们总是妄图一步登天，所以不知从何处下手，才找不到事做。因此，我们应从自己能做的事做起，应该把大目标分成几个小阶段来完成。每达成一个阶段，都会产生新的动力。然后就会激发达成终极目标所需要的动力。如果心想：大概很难吧！就会陷入忧郁中，这样的人一开始就向目标屈服了，而且，这些人反而会树立一个自己达不到的目标，从而愈加无法成功。

9. 今日事今日毕

"今日事今日毕"，今天可以轻松做完的工作，如果留到第二天，工作就会变得沉重。

生活中，我们很少见过有人说"从明天起我要戒烟"而把烟戒了的。我们也很少遇到有人说"今晚喝酒到此为止"而把酒戒掉的。这是因为说这话的人总是把今日能做的事留到明天。

以下是一位摄影师的小故事。一次，这位摄影师出席某个聚会。途中这位摄影师说道："我戒酒了。"别人问道："什么时候开始的？"他回答说："就在现在，我决定开始戒酒。"后来，他成功地把烟、酒都戒掉了。而大量没能成功戒酒的人总会把执行的时间往后推，他们会说："待这次酒会过后我就戒酒。""这次酒会是我最后一次喝酒。"

"永远"也是一小时一小时累积起来的，如果抽掉一小时，我们离"永远"就更远。

我们可以制作一张卡片。在正面写上"Go ahead！"（做吧）在背面写"要有自信"。把这张卡片随身带着，当自己不太有自信时，拿出来看看，以增加信心与行动的力量。当自己不知道要不要做时，务必抽出这张卡片。因为今天关系着第二天，今天可以动手做的事如果没有动手做，明天再做就困难了。

第三节
择业中的自我激励

一、择业面对的实际问题

大学生了解职业生涯发展的基本规律，懂得自我激励的理论和方法，可以更好地规划个人职业发展并付诸实施。为了发展自己的职业生涯，需要面对和解决的最为实际的问题大体可以分为以下几大类型。

一是有关成长话题。成长的问题是人们最先面对的问题，也是人们在生理成熟和社会成熟过程中产生的问题，具体包括人体的生理性问题（如身体发育、成长、状况的变化等）和成长的社会性问题等。

二是有关家庭的问题。家庭是人们在一生当中必须时刻面对的问题。这里的家庭包括原点家庭（父母给你生命的家庭）和自己建立的家庭（通常是你创造生命的地方）。

三是有关工作的问题。工作问题是事关一个人生存的问题，包括选择何种职业，如何看待工作与事业，通过工作追求什么等一系列问题。

二、影响职业生涯的因素

职业生涯既是个人发展的基础，又是个人发展历程的体现。在这个重要而且漫长的过程中，每个人的职业生涯都会受到多种因素的影响。其中既有客观因素，也有主观因素。归纳起来，有以下几个方面。

（一）个人因素
一个人的个性、追求、主观能动性等都对个人职业生涯有重大影响。通常情况下，多数人都会对自己未来发展有一定的愿望、设想、预计与准备，还为实现个人抱负设置了目标，并为实现此目标而努力创造条件。

（二）组织因素

在人的一生中，对职业生涯影响最大的是他们的工作组织。影响员工个人职业生涯发展的组织因素包括人力资源观念、管理措施及管理者的水平等。

（三）偶然性因素／客观因素

不能否认，一个人在职业发展过程中，要受到某些偶然性因素的影响。有时候，这些影响的作用是巨大而难以抵制的。但是，即使面对同样的机会环境，有所准备的人总是要比那些缺乏准备的人更易于掌握主动权。

三、自我激励的方法

（一）目标激励法

目标是一种心理引力。所谓目标激励，就是确定适当的目标，诱发自己的动机和行为，达到调动自身积极性的目的。目标作为一种诱引，具有引发、导向和激励的作用。一个人只有不断开启对更高目标的追求，才能激发奋发向上的内在动力。正如一位哲人所说，目标和起点之间隔着坎坷和荆棘；理想与现实的矛盾只能用奋斗去统一；困难，会使弱者望而却步，却使强者更加斗志昂扬；远大目标不会像黄莺一样歌唱着向我们飞来，却要我们像雄鹰一样勇猛地向它飞去。只有不懈地奋斗，才能逐渐接近光辉的顶峰。许多人埋头苦干，却不知所为何来，到头来发现成功的阶梯搭错了方向，但为时已晚。因此，我们必须掌握真正的目标，并拟定目标，澄明思想，凝聚继续向前的力量。

我们周围有许多人都明白自己在人生中应该做些什么，可就是迟迟拿不出行动来，根本原因就是他们欠缺一些能吸引他们的未来目标。若你就是其中之一，那么这个部分将教你怎么去挖掘出从未意识到的潜能，进而拿出行动以实现那些从来不敢设想的美梦。以下就请各位释放自己的想象力，重新回到孩提时代，大胆表达出心中的所想，只要你真的有心，这些梦很快便会成为现实。

不知道你是否还记得阿拉伯神话故事《天方夜谭》。阿拉丁神灯可能是大家最喜欢的一段，而你肯定曾经希望手中能有这样一盏神灯：只要用手摩擦一下，就能从里面跑出一个精灵，帮助你实现心中的愿望。在此要告诉你一个秘密，你身上就有一个精灵，能帮助你实现心中的愿望。此刻就是你指挥身上那个精灵的机会，只要你抓住它，它便能使你的人生无往而不利。只要你不禁锢自己的想象力，只要你下定决心，那么你所做的"梦"迟早都会实现。

有什么样的目标，就有什么样的人生。经常有人说："我的问题就在于没有目标。"这话只能说明他不了解目标的真正意义。事实上，追求快乐而避开痛苦便是我们人生的目标之一。所以说，我们是有目标的，只不过要看这个目标是否能促使我们拿出行动，去追求高素质的人生。

遗憾的是，许多人所追求的目标只在于如何应付人生的一个又一个的麻烦，当一个人落到这样的境地就根本谈不上人生目标了。我们要记住，目标对于我们的人生来说，就像撒在园中的种子，如果我们不留意照顾它，有一天野草就会蔓生。如果你期望你的潜能得以充分发挥，那么就请你定下一个远大的目标，相信你在向它挑战的过程中，会发现无穷无尽的机会，使人生攀上另一个层次。今天的你是真正的你吗？你的潜能完全发挥出来了吗？相信你的未来会远胜于今天，现在是你下定决心给自己定出一个值得追求的目标的时候了。

目标使我们产生积极性。你给自己定下目标之后，目标就会在两个方面起作用：它是努力的依据，也是对你的鞭策。目标给了你一个看得着的射击靶，随着你向目标一步步靠近，你会有成就感。对许多人来说，制定和实现目标就像参加一场比赛，随着时间的推移，你实现了一个又一个的目标，这时你的思想方式和工作方式也会渐渐改变。

有一点很重要，你的目标必须是具体的，可以实现的。如果目标不具体——无法衡量是否实现得了——那会降低你的积极性。因为向目标迈进是动力的源泉，如果你无法知道自己向目标前进了多少，就会感到泄气，最后很有可能甩手不干。

游泳能手费罗伦丝·查德威克第一次试图横穿卡塔林纳海峡的时候，她曾经在离对岸只有半英里的地方放弃了。后来她说，真正令她半途而废的不是疲劳，也不是寒冷，而是因为在浓雾中看不到目标。查德威克虽然是个游泳好手，但也需要看见目标，才能鼓足干劲完成她有能力完成的任务。因此，当你选择自己的职业生涯时，千万别低估了制定可测目标的重要性。

（二）职业锚激励法

职业锚（career anchor）理论产生于美国麻省理工大学斯隆管理学院埃德加·施恩（Edgar H. Schein）教授领导的专门研究小组。职业锚是一个人面临职业选择的时候无论如何都不会放弃的职业中至关重要的东西或价值观。研究表明，职业锚是内心深处对自己的看法，它是个人对自己的才干、价值观、动机经过自省后形成的。职业锚可以指导、约束或稳定个人的职业生涯。

因此，了解自己的职业锚，并根据职业锚的特点对自己实施激励，能够实现对择业的助推。我们可以根据 8 个职业锚的内涵，来分析自身的职业锚是哪种类

型，从而对自己进行有效的激励，以更有效地实施择业。

1. 技术／职能型人才的特点与激励重点

技术／职能型人才追求在技术／职能领域的成长和技能的不断提高，以及应用这种技术、职能的机会。这一类型人才对自己的认可来自于他们的专业水平，并喜欢面对专业领域的挑战。他们通常不喜欢从事一般的管理工作，因为这意味着他们不得不放弃在技术、职能领域的成就。

激励的重点：专心、专注、专业。高端技术人才的缺乏是所有行业共同面临的问题。所以，技术职能型人才的职业定位一定要围绕专业进行，专心于国际最前沿技术的发展，专注于本领域、本行业，力争成为专家型高级专业人才。当今技术知识更新的速度特别快，技术／职能型人才应有针对性地进行专业进修，提高专业水平和创新能力。需要注意的是，技术职能型人才需要注意社交礼仪方面的学习和培训，构建良好的人际关系，避免成为"书呆子"型的技术人员。

2. 管理型人才的特点与激励重点

管理型人才追求并致力于工作晋升，倾心于全面管理，独立负责一个部门，可以跨部门整合其他人的努力成果。他们想去承担整体的责任，并将公司的成功看成自己的努力方向。具体的技术、职能工作仅仅被看作是通过更全面管理的必经之路。

激励的重点：指挥团体作战。如果把团队比作球队，那么，管理型人才就是教练。教练要选拔优秀的球员组建球队，平时要经常训练，比赛时要制定适当的战略战术，临场要排兵布阵，指挥若定。有优秀的教练才有优秀的球队；同样，有优秀的管理者才有优秀的团队。管理者需要具备基本的管理素质，树立正确的管理思想，组建战斗力强的团队。

3. 自主／独立型人才的特点与激励重点

自主／独立型人才希望随心所欲地安排自己的工作方式、工作习惯和生活方式，追求能施展个人能力的工作环境，最大限度地摆脱组织的限制和制约。他们宁愿放弃提升或工作发展的机会，也不愿意放弃自由与独立。

激励的重点：自我管理，自我成长。为了获得自由与独立，自主／独立型人才必须学会自我引导、自我管理、自我监督、自我约束，灵活完成工作。在全新的经济形态中，自主／独立型人才一方面要充分利用现代科学技术知识提高工作的效率，另一方面要具备较强的学习知识和创新知识的能力。自主／独立型人才应兼具知识性、创造性、灵活性等方面的特征，这一切都必须通过自我管理、自我成长来实现。

4. 安全／稳定型人才的特点与激励重点

安全／稳定型人才追求工作中的安全与稳定感。他们因为能够预测到稳定工作而感到轻松。他们关心财务安全，热衷退休金和退休计划。稳定感包括诚实、忠诚，以及完成老板交代的工作。尽管有时他们可以达到一个高的职位，但他们并不关心具体的职位和具体的工作内容。

激励的重点：忠诚与绩效。安全/稳定型人才追求安全、稳定、有保障的工作职位。基于稳定的考虑，为了追求基于工作年限的、稳定增长的且提供保险与养老金的薪酬，安全/稳定型人才会以稳定而连续的雇佣为努力目标，稳定而连续的雇佣必须通过忠诚与绩效来实现。

5. 创造/择业型人才的特点与激励重点

创造/择业型人才希望靠自己的能力去创建属于自己的公司或创造完全属于自己的产品（或服务），愿意去冒风险，并克服面临的障碍。他们想向世界证明公司是他们靠自己的努力创建的。他们可能正在别人的公司工作，但同时他们在学习并寻找机会。一旦时机成熟了，他们便会走出去，创立自己的事业。

激励重点：开创自己的事业。在为别人工作期间，创造/择业型人才应全面培养个人能力，为独立择业打下坚实基础。创造/择业型人才还可以选择内部择业。内部择业是指由一些有择业意向的企业员工发起，在企业的支持下承担企业内部某些业务内容或工作项目，并与企业分享成果的择业类型。

6. 服务型人才的特点与激励重点

服务型人才一直追求他们认可的核心价值，如帮助他人、改善人们的安全、通过新的产品消除疾病等。他们一直追寻这种机会，这意味着即使变换公司，他们也不会接受不允许他们实现这种价值的变动或工作提升。

激励的重点：满足服务愿望。服务型人才被称为"默默无闻的英雄"，这些英雄应主动寻求为心中的理想打拼的机会，满足自身的服务愿望。此外，应注意提高自身的知识与技能水平，以更好地提供服务，满足为他人、为社会服务的愿望。

7. 挑战型人才的特点与激励重点

挑战型人才喜欢解决看上去无法解决的问题，战胜强硬的对手，克服无法克服的困难障碍等。对他们而言，参加工作或职业的原因是工作允许他们去战胜各种不可能。他们需要新奇、变化和困难；如果事情非常容易，工作马上变得非常令人厌烦。

激励的重点：寻求挑战。对挑战型人才来说，竞争并战胜别人是职业中最令人兴奋的事情。不断寻求挑战，体内就会发生奇妙的变化，从而获得新的动力和力量。工作中挑战你的事情，你可以用来挑战自己。这样，你就可以开辟一条成功之路。成功的真谛是：对自己越苛刻，生活对你越宽容；对自己越宽容，生活对你越苛刻。

8. 生活型人才的特点与激励重点

生活型人才希望将生活的各个主要方面整合为一个整体，喜欢平衡个人的、家庭的和职业的需要，因此，生活型人才需要一个能够提供足够弹性的工作环境来实现这一目标。生活型人才甚至可以牺牲职业的一些方面，如放弃职位的提升，来换取三者的平衡。他们对成功的定义比职业成功更广泛。相对于具体的工作环境、工作内容，生活型人才更关注自己如何生活、在哪里居住、如何处理家庭事务及怎样自我提升等。

激励的重点：寻找工作与生活的平衡点。生活型人才可以制定弹性的工作安排表，为自己创造更有弹性的工作空间；高效工作，以获得相对充裕的闲暇时间，用来平衡个人的、家庭的、职业的需要，平衡工作与生活。在条件允许的情况下，自我管理与自我约束能力强的生活型人才可以加入 SOHO 一族；条件不具备者可以选择在家庭需要的时候从事非全职工作。

总之，通过辨识自身的职业锚，疏通通往职业目标的渠道，对自己进行不同职业性质的激励，可以更有满足感，从而愉快地高效工作，同时也可以进一步提升整个团队的工作效率，为企业创造更多的财富。

四、自我激励技术

（一）稳操前行的桨

俗话说："计划赶不上变化"，影响择业的因素有很多，其中存在很多变数。有的变化因素是可以预测的，而有的变化因素则难以预测。在此状况下，要使择业行之有效，就需要不断地对择业进行评估与调整。其调整的内容包括：职业的重新选择；职业生涯路线的选择；人生目标的修正；实施措施与计划的变更等。

职业发展过程中理想与现实的脱节几乎人人都会碰到，对职业人来说，有些是致命的，有些却能走通另一条路。发生这种情况时，最不可取的态度是急于求成、消极对待当前工作，正确的做法是在稳定中求发展，要沉着冷静，观云识雨，稳操前行的桨。

（二）加强自我培训

与组织培训相比，自我培训在长期性、灵活性、主动性、针对性方面更有优势。可以说，自我培训是个人择业的重要保障。

1. 自我培训的内容

（1）个人素质。这是自我培训最重要的内容。因为个人素质的提高是一个需要长期积累的过程。现代企业的员工要使自己成为成熟的职业人、社会人，就需要具备良好的文化素养，并能够与人和谐相处。

（2）技能。主要是指岗位技能及通用技能（如计算机操作等）。

（3）基础知识。这是一个人成长的基础，包括语文知识、外语知识，甚至数理逻辑知识。

（4）广度知识。这主要强调成功的人需要广博的知识储备。社会在发展，知识在更新，不要当落伍者。

2. 自我培训的方法

（1）读书。读书是一种永远有效的自我培训方式，因为书籍是人类进步的阶梯。但是，书海茫茫，一定要有目的明确的读书计划，才能取得预期的效果。

（2）业余进修。学位、证书虽然不能完全代表一个人的能力，但是对于渴望有所发展的员工而言，毕竟是获得机会的基础。在合适的条件下安排好自己的业余进修计划，以便赢得发展机遇。

（3）岗位练兵。这虽然是一个老提法，但是我们认为岗位练兵是最有效、最直接的成长和提高方式。因为岗位是我们每个人唯一真实的舞台，也是自己能得到最多表现机会的舞台。

（三）自我激励的步骤

（1）你要在心里确定你希望拥有的财富数字、希望达到的最高职位、希望达到的学术水准等。笼统地说，"我想拥有很多、很多的财富""我想升到一个很高的位置""我想在学术上有所作为"等是没有实际意义的；你必须确定所追求的财富的具体数额、职位的具体高度及具体的学术水准等。

（2）作出确确实实的决定，你才会切实付出相应的努力与代价去换取所梦想的财富、职位、学术水平等，世界上是没有不劳而获这回事的。

（3）规定一个固定的日期，一定要在这日期之前把你要达到的目标逐步实现——没有时间表，你的船永远不会"泊岸"。

（4）拟定一个实现你理想的可行性计划，并马上进行；你要习惯"行动"，不能够再停留于"空想"。

（5）将以上四点清楚地定下——不可以单靠记忆，一定要白纸黑字。

（6）不妨每天两次大声朗诵你写下的计划内容。一次在晚上就寝之前，另一次在早上起床之后——当你朗诵的时候，你必须看到、感受到并深信你已经拥有你所梦想的东西。

这6个自我激励的"黄金"步骤最初来自拿破仑·希尔的《思考致富》一书。从表面上看，这一组合是非常简单的，但希尔一再叮咛："对一个没有接受过严格心灵锻炼的人来说，以上6个步骤是行不通的……请你先记住，将这些步骤传下来的人不是没有完善意识和成功勇气的平庸之辈，而是在全球经济及政治领域中颇为成功的一些杰出人物。"这6个步骤也得到了托马斯·爱迪生的认可，他

终生实践这 6 大步骤，因为他知道这些步骤不仅是致富的重要途径，更是达到最终目标的必经之路。

（四）选择适宜的激励方法

根据自身特点采取相应的激励方法。例如，你有志于成为管理型的人才，就要考虑为自己安排管理方面的专业培训，借助相关培训实现职位的提升。如果你属于专家型人才，但是不太擅长管理，就要尽量少涉足管理，或从管理中抽出身来，利用更多的时间去从事研究开发。如何区分自己属于哪种类型，我们可以采取 5P 考评系统评价自己。5P 是指 Person（个人）、Position（职位）、Past（过去）、Present（现在）和 Potential（潜力）。每个人在公司都有一个相应的岗位和职务，在这个职位上，仅仅根据当年的业绩，评价一个人的成长是片面的。我们可以通过对过去职位和工作内容、现在职位和工作内容的连续评价，结合对将来发展的潜力预测来评分。在整个评价过程中，员工过去及现任的上级经理、公司各业务部门的高级管理层都将参与进来，所有这些综合成为 5P 考评系统得出的最终评价，而这种公平的评价系统必然得出一个公平的评估结果。

对大学生来说，可以结合自己的实习、实践经历来评价自己的"工作绩效"，同时征求周围老师、同学的评价和意见。要注重"主动性"，鼓励自己主动地去做应该做的事情，将自己的潜能发挥得淋漓尽致。要有意识地培养创新精神和国际化意识。"创新精神"，不仅是组织的 DNA，也是大学生个人职业发展的重要因素之一。

第四节
本讲小结

（1）大学生择业的实践，不是盲目的行动，要讲求方法，讲求技巧。而这方法、技巧从何而来？除了不断地学习、总结之外，还有一样东西不能忽视，那就是开发和利用自身的潜能。

（2）"难道这样就算了吗？""难道正确的也要否定？"这是对信心的追问。信心的力量是惊人的，它能帮你创造奇迹，它能帮你战胜困难，它能帮你改变恶劣的现状，它能帮你实现理想的职业梦想。

（3）建立信心也有技巧，本讲之中介绍了一些建立信心的窍门。

（4）在择业过程中，要明确需要面对和解决的问题。需要了解影响职业生涯的因素。

（5）择业中职业激励的方式和方法有：目标激励法，帮助你拿出行动来完成你应该做什么；职业锚激励法，帮助你指导、约束或稳定个人的职业生涯。

（6）对当代大学生来说，要有意识地培训创新精神和国际化意识，因为这是个人职业发展的重要因素。

第五节
思 考 与 阅 读

一、请从择业自我管理的角度谈谈你对小刚择业的看法

18 岁，高中毕业典礼上，小刚发誓要当李嘉诚第二、中国首富。

20 岁，春节老同学聚会上，小刚想创立自己的公司，30 岁时拥有资产 2000 万元。

23 岁，在某工厂当技术员，第二职业是炒股。小刚说："在这里工作太没前途了。我将全力炒股，三年内用 5 万元炒到 300 万元。"

25 岁，炒股失意情场得意，小刚开始准备结婚。希望一年后能有 10 万元，风风光光地结婚。

26 岁，不太风光的婚礼上。小刚的理想是生一个胖小子，将来当个车间主任，别的不多想。

28 岁，工厂效益下滑，正遇妻子怀胎十月。小刚希望这次下岗名单里千万不要有自己的名字。

二、下面的案例给你什么启示？这个案例与上面的案例有什么不同？

齐瓦勃出生在美国乡村，只受过很少的学校教育。15 岁那年，家中一贫如洗的他到一个山村做了马夫。然而雄心勃勃的齐瓦勃无时无刻不在寻找着发展的机遇。3 年后，齐瓦勃终于来到钢铁大王卡内基所属的一个建筑工地打工。一踏进建筑工地，齐瓦勃就抱定要做同事中最优秀的人的决心。当其他人在抱怨工作辛苦、薪水低而怠工的时候，齐瓦勃却默默地积累着工作经验，并自学建筑知识。一天晚上，同伴们在闲聊，唯独齐瓦勃躲在角落里看书。那天恰巧公司经理到工

地检查工作，经理看了看齐瓦勃手中的书，又翻开了他的笔记本，什么也没说就走了。第二天，公司经理把齐瓦勃叫到他的办公室，问："你学那些东西干什么？"齐瓦勃说："我想我们公司并不缺少打工者，缺少的是既有工作经验，又有专业知识的技术人员和管理者，对吗？"经理点了点头。不久，齐瓦勃就被升任为技师。打工者中，有人讽刺挖苦齐瓦勃，他回答说："我不光是在为老板打工，更不单纯为了赚钱，我是在为自己的梦想打工，为自己的远大前途打工。我们只能在业绩中提升自己。我要使自己工作所产生的价值，远远超过所得的薪水，只有这样我才能得到重视，才能获得机遇！"抱着这样的信念．齐瓦勃一步一步升到总工程师的职位上。

25岁那年，齐瓦勃成为这家建筑公司的总经理。后来，齐瓦勃终于自己建立了大型的伯利恒钢铁公司，并创下非凡的业绩。真正完成了他从一个打工者到择业者的飞跃。

三、你经常进行自我激励吗？你的自我激励方法跟本章介绍的有什么不同？

四、你有时会感到自信心不足吗？结合本章的内容，谈谈你准备怎样提高自信。

五、阅读

（一）郑州大学：自信地面向未来

在郑州大学2013届本科生毕业典礼上，校长刘炯天曾嘱咐毕业生们：自信地面向未来！

这份自信，来自于你们知识的获取和能力的提高。几年来，你们从课堂上学到了知识，在实验室里练就了动手能力，在课外科研活动中培养了科研兴趣，在各种大赛中也创造了很多很多的佳绩。法学院的周俊南等9位同学，在全国高校模拟法庭竞赛中勇夺冠军；化学与分子工程学院陈南同学首获宝钢教育基金会优秀学生特等奖，还有机械工程学院侯九霄等同学组成的创新团队，凭借"能爬楼梯的智能轮椅"在去年国际大学生物联网创新创业大赛总决赛中，摘得比赛的最高奖：一等奖。人们说，知识就是力量，对于你们来说，知识与能力奠定了自信最重要的基础。

这份自信，来自于你们身体的成长和心智的成熟。

这份自信，来自于你们奋斗的经历和意志的磨炼。

这份自信，来自于你们心胸的宽广和眼界的开阔。

人们常说，人站得多高，舞台就有多大。同学们，这就是自信！

你们从稚嫩走向成熟、从愤青走向包容、从羞涩走向从容，这是终身受益的财富，更是走向成功的保证！这是自信，更是特质！这份自信，是你们的自信，更是全体郑大人的自信！

凭借着这份自信，你们创造了学习和生活的奇迹。在实际的学习和生活当中，不是每个人，也不是每时每事都是一帆风顺的。我们有的同学有学习上的困难，有的同学有生活上的艰辛，有的同学遇到各种障碍。没有鲜花、没有荣誉和奖励。但你们没有意志消沉，靠着坦然面对、埋头苦学，不仅完成了学业，更完成了朴实与自信的人生体验。尽管有的同学甚至没有拿到学位证书，也没有获得任何的奖励，但是只要我们努力过，我们依然拥有自信，依然可以走向人生的成功！

当我今天站在这里的时候，我更愿意把郑大人的自信作为礼物送给今年毕业的每一位同学。

请你们带上这份郑大人的自信，迎接新的挑战。同学们将步入一个全新的社会环境，感触到的或许是社会的变迁与世态炎凉，感触到的或许是工作的艰难和创业的艰辛，感触到的或许是命运的不公和人生的酸楚。有挑战就会有机遇！请你们拿出郑大人的自信，适应新环境，勇敢地面对挑战。自信是一个心理活动，也是一种生理活动，它会给你带来无穷的创造力与激情，当然也会产生你们一直期盼的正能量！请牢记："我是郑大人！"

请你们带上这份郑大人的自信，追求新的生活。追求美好幸福生活是我们每个人的愿望。我们向往一份满意的工作，找到一个深爱的人，组成幸福的家庭，而这美好的一切不会从天而降，需要我们用心经营，努力奋斗。希望同学们用勤劳的双手和勤奋的工作，让父母少一点操劳，让爱人和子女多一点幸福。郑大人不仅会创造生活，而且会享受生活与生命的乐趣！

请你们带上这份郑大人的自信，创造新的辉煌。美国第28任总统威尔逊曾说过，"要有自信，然后全力以赴假如具有这种观念，任何事情十有八九都能成功"。在竞争激烈的人才大市场上，请不要再像大学上课时那样总挑后排的座位，而要勇敢地站到前排，这样才会离成功更近；也不要像在校园里那样一味地低着头走路，而要经常地抬头远望，这样才会对未来看得更加清晰。虽然我们不能决定明天的太阳几点升起，但我们能够决定几点起床。希望同学们张开自信的臂膀，创造新的人生辉煌！

（本文节选自郑州大学校长刘炯天于2013年毕业生典礼上的讲话《自信面向未来》）

（二）吉林大学：人生的三重境界；追求卓越

同学们，我为今天毕业典礼致辞所起的题目是"丹墨莲花开，明德天下时"。你们在校园里浸润书香，用丹青笔墨绘就青春画卷，而你们的清雅、纯洁，宛如出水莲花，待你们这些"丹墨莲花"盛开的时候，也就是你们毕业离开校园吐露芬芳的季节。如何一展"丹墨莲花"的魅力？古人曾说：古之欲明明德于天下者，先治其国。欲治其国者，先齐其家。欲齐其家者，先修其身。欲修其身者，先正其心。欲正其心者，先诚其意。你们是建设未来的一代，是身担重任的一代，"明明德于天下"也必然是你们的职责与使命。因此，当"丹墨莲花开"的时候，也是你们"明明德于天下"的起点。同学们，生命的绽放，不是为了炫耀美丽，而是让世界充满芳香。在未来的日子，你们应当以"诚意正心、修身齐家、治国平天下"的气度和胸怀塑造自己，博学笃行，志存高远，与时代共进步，与人民同呼吸，用知识的力量振兴中华，改变世界。虽然路遥险阻，但我想，同学们若能看透人生的三重境界，定能享受心灵的宁静和事业的成功。

第一层境界是，以"诚意正心"为根，博学笃行，志存高远。

同学们，大学，不仅向你们传授知识，更重要的是让你们学会学习，学会做人，学会做事。当今的世界，是知识和信息爆炸的时代，一个人要想成大才、干大事、走向成功，就必须诚意正心，博学笃行，志存高远。今天的你们朝气蓬勃、风华正茂，理应为自己确立一个宏大的人生奋斗目标。或许曾经的你只为：农妇，山泉，有点田；或许过去的他只想：逃课，睡觉，不挂科；但当你们站在通往未来的十字路口，希望你们知道，无论你曾经是"球场中的战斗机"，还是"游戏中的VIP"，最终都要为自己的生存尽心尽力，为自己的梦想添羽加翼。你们很快就要走向社会、走向工作岗位了，我希望你们能一直保留住校园的书香，记住求知不为"一时"，而为"一世"。

始终保持对知识的渴望与探索，始终坚持在事业上追求卓越，这也是吉大"求实创新、励志图强"校训精神的重要内涵之一。正是有了这种精神，才有了唐敖庆院士当年白手起家，在实验器材短缺到要用墨水瓶自制酒精灯的情况下，依然坚持科学研究，最终创造出一门八院士，连获两次国家自然科学一等奖、至今无人超越的学界传奇；才有了李四光先生挑战学术权威、一举摘掉中国贫油帽子的创举；才有了一代代名师名医在白求恩精神的鼓舞下，救死扶伤，工作精益求精，为国家、为人民默默作贡献的口碑；才有了饶斌老校长矢志创新、奠定中国民族汽车工业基石的故事；才有了陈先舟前辈为新中国邮电通信事业而殚精竭虑的美谈；才有了何济林将军为人民军队培养高级军事兽医人才而无私奉献的佳话。这样感人至深、催人奋进的吉大故事，不但在校园内久久传颂，而且还成为了我们吉大人的精神财富。在同学们即将离开学校的时候，我希望你们好好珍惜这些精神财富，无论到了哪里，无论是何种岗位，无论遇到多大的艰难险阻，都始终保持对远大目标的不懈追求，始终保持对科学知识的学习热忱，始终保持对工作事业的求真务实，用你们的青春力量，用你们的聪明才智，用你们的辛勤劳动，谱写出新一代吉大人更加璀璨动人的壮丽篇章。

第二层境界是，以"修身齐家"为干，与时代共进步，与人民同呼吸。

孟子曾经说过：行有不得，反求诸己，其身正而天下归之。这在告诉我们：凡是行为得不到预期的效果，都应该首先检查自己，自身行为端正了，天下的人自然就会归服。修身为善，就是在生活中"静坐常思己过，闲谈莫论人非"的自律，是在志愿服务中"赠人玫瑰，手留余香"的奉献，是在募捐活动中"众人拾柴火焰高"的温情，是"五四青年节"晚会上"载歌载舞唱辉煌"的团结。人常说：人有一分修养，便有一分气质；人有一分器量，便有一分人缘；人有一分虚心，便有一分智慧；人有一分经验，便有一分事业；人有一分磨难，便有一分本领。现在每一分成长道路上的积累，相信都会在未来兑换为丰硕的成果！

同学们，中华民族对"家"的情怀源远流长。从个人的"小家"来说，家是你们温暖的港湾，是你们休憩的庭院，而如今你们已毕业成长，可能就少了"你妈喊你回家吃饭"的提醒，多了替家人分担的责任。从社会的"大家"来说，家是我们中华民族共同理想、共同命运的载体。大家知道，目前我们这个"大家"仍处于社会主义初级阶段，"家底"还不够厚，还有一亿两千八百万的百姓未摆脱贫困的生活，国力还不够强，内忧外患仍不少。为了使这个"大家"实现伟大复兴、走在世界前列，需要你们具有"天下兴亡，匹夫有责"的胸怀和"苟利国家生死以，岂因祸福避趋之"的胆量，与时代共进步，勇敢地担负起时代赋予你们的使命和责任。为了使这个"大家"更幸福、更和谐，需要你们树立"先天下之忧而忧，后天下之乐而乐"的情操，与人民同呼吸，甘当人民的"孺子牛"。不管将来你们会成就多大的事业，不管将来你们的地位和财富会发生多大的变化，希望同学们牢牢记住，人民永远是我们这个"大家"的主人，老百姓永远是我们的衣食父母，人民的利益永远高于一切。

第三层境界是，以"治国平天下"为果，用知识的力量振兴中华，改变世界。

同学们，中华民族有着五千多年灿烂的历史文化，有着享誉世界的"四大发明"，华夏儿女从来不缺少引领创新的智慧，不缺少攀登高峰的勇气。在吉林大学的校园里，近66年来也从不缺少治学为国的学风和理想，不缺少立志报民的责任和情怀，不缺少引领航程的大师和思想。在今天的社会变革与进步中，虽然创新和创造仍是不变的主题，但推动创新和创造的历史使命已转到了你们身上。所谓"治国平天下"，就是希望你们不负重托、不辱使命，用知识的力量振兴中华，改变世界。母校期待着未来的你们当中，就有李四光先生"崎岖五岭路，嗟君从我游"的跋涉研究，有唐敖庆前辈"十年如一日，躬耕科学垄"的理论开拓，有吕振羽导师"执着破荆棘，饱览经史哲"的学术思想。你们需要知道，报国治国，并不一定需要通过战场的生死拼杀，或是造就出权倾一地、富甲一方的显赫，而最能体现贡献的，往往是通过脚踏实地的工作、坚持不懈的创新，在平凡的岗位上创造出不平凡的业绩。

有个故事说，三个苹果改变了世界：夏娃摘下苹果认识了人类；牛顿被苹果砸中发现了万有引力；乔布斯的苹果带来电子产品的全新体验。如今的你们对乔布斯的苹果耳熟能详，更能了解《活着就为改变世界》的奋斗传奇。我想，当你们每天用智能手机刷微博、玩微信、切水果、弹小鸟的时候，也一定会去想一想这种改变世界的神奇魔力。你们生长在一个知识经济的时代，思维敏锐，求知欲强，只要你们抓住机遇，善于学习，勇于创新，敢于实践，振兴中华的夙愿，改变世界的梦想，就一定能在你们身上实现。

（本文节选自吉林大学校长李元元于2012年毕业典礼的致辞《丹墨莲花开，明德天下时》）

同学们！中国有梦，所以繁荣富强；吉大有梦，因而励志图强；你们有梦，才能奋发坚强。此时此刻，你们的未来人生书案已铺开、墨砚已备好，只等你们用青春、知识、能力和信念去描绘崭新的篇章！临别之际，我代表吉林大学送给未来的校友们几点寄语，以表达母校对你们的真挚祝福和殷切期望。

第一，我真心希望你们胸怀天下，勇于担当。

国之骄子，非君莫属。作为吉林大学的莘莘学子，作为民族振兴的冉冉希望，愿你们能够志存高远，与时代共进步，与人民同呼吸，用知识的力量振兴中华、改变世界！你们不仅仅是"中国梦"的见证者和践行者，你们本身就是一个个美丽的"中国梦"！

第二，我真心希望你们百折不挠，昂扬向上。

人生不会一帆风顺，前进道路常有坎坷。乐观与豁达会使你们坦然面对失败，坚强与刚毅会使你们从容把握失败，执着与拼搏会使你们战胜失败。只有自强不息，才能冲破阻碍；只有锐意进取，才能克服挫折；只有拥抱梦想，才能历练成才！

第三，我真心希望你们终身学习，坚持锻炼。

科技在进步，社会在发展，在瞬息万变的信息时代，要不断强化终身学习的理念。不仅要深化专业学习，更要不断地向他人学习、向工作学习、向实践学习。同时，你们也要坚持锻炼。运动强健体魄、健全人格。终身学习、坚持锻炼，这不仅是一种简单的追求，更是一种不简单的生活态度和生活方式。

最后，我希望你们心系母校、薪火相传。

今天，你们还是依偎在母校怀中，等待踏上征途的学子；明天，你们就是投身祖国建设，担当中流砥柱的吉大校友。同学们，吉大建校 67 年来，始终使我们倍感荣耀的是她拥有 40 多万优秀校友。他们中既有卓越的政治家、科学家、教育家，又有优秀的企业家和各行各业的建设者。吉大精神、吉大血脉将永远把你们联结在一起。希望你们始终关注母校、心系母校、热爱母校，在未来的人生路上，母校永远是你们的精神家园！

亲爱的同学们，无论你们未来的舞台在哪里，我都希望你们能够坚持启程时的梦想——那就是自强不息、敢于挑战，创造人生辉煌，成为社会精英。作为一名骄傲的吉大人，我希望你们在经历困难时，能够铭记"求实创新、励志图强"的矢志不渝；在探索人生时，能够满怀"人比山高，脚比路长"的无限豪情；在奉献社会时，能够秉持"五湖四海、兼容并蓄"的宽广胸襟；在完善自我时，能够拥有"追求卓越、敢于担当"的崇高境界。在校园里，你们是吉大的骄傲；在校园外，你们就是骄傲的吉大！

（本文节选自吉林大学校长李元元在 2013 届学生毕业典礼上的致辞）

第六章

择业的环境：社会与法律

第一节

毕业致辞（六）——在变化的世界中保持定力

深圳大学：定力如磐

当今天下是一个热情洋溢的世界，也是一个浮华躁动的世界；是一个充满机会与竞争的世界，也是一个充满诱惑与欲望的世界。初出茅庐，只身行走，有一种素质至为重要，这种素质，我把它叫作定力。

定力本是佛家语，指理念坚固、心地清净、克制物欲、适应环境的意志和开启智慧、觉悟真理的心源。其实佛家之外的现代世俗生活，缺少佛家戒律的约束，更要依靠自身的定力。

定力是处变不惊。历史上有许多年份，风平浪静；也有许多年份，风急浪高。碰上后一种时势，所有的人都要面临更多的风险，接受更多的挑战，分担更多的责任。这是一种个人生活的偶然，又是一种历史生活的必然。2009年恰恰就是风急浪高的一年。先是金融海啸，重伤经济，就业困难；又有甲型流感，威胁生命，干扰生活；加上2008年南方雪灾和汶川地震的余痛，我们每一个人都感受到了不同以往的生活压力。这个时候，毕业下海，冲浪社会，没有定力，难以从容进取。尤其是工作尚未着落、深造尚未如愿或者未出校门已遭受挫折的，更须处变不惊。今日中国以人为本，国内经济正逐步趋稳，且国家地大物博，东西南北均需人才，寻求工作总有渠道，寻求发展总有机会。选择北上广深，选择家乡，或者选择其他地区，都是大道青天。成语"条条大路通罗马"，就是这个意思。

定力是随遇而安。每个人都有不同的境遇，这境遇或许是自己满意的，或许是自己不满意的，甚至是一种无可奈何的屈就。这并不奇怪，人的志向不同，机会不同，能力不同，资历不同，人脉不同，境遇自然千差万别。但是，美丽人生的一条铁律，就是随遇而安。无论何种境遇，都要冷静面对；无论何种职业，都要安心就职。要明白，这个世界上，多数人的职业岗位并不是自己的初衷。要看到，每一种职业，或者说每一种岗位，都有各自的前程。更要理解，每一种境遇也都有自己的惬意境界。几米有一幅漫画，一位小姑娘天天到河边看鸭子游泳，自己却不会游泳，但是她天天快乐地去，天天快乐地回。画外音是，许许多多的人会在这样平凡的生活中拥有自己的幸福。随遇而安，并非故步自封。有想法的，应该做好当下，等待机会，而不是做砸当下，空想未来。一些人之所以东家聘，西家请，就是因为这些人的职场经历显示了随遇而安的职业操守和职业成效。

定力是洁身自好。社会生活从来是真善美与假恶丑的交织，社会关系也是真善美与假恶丑的交织。要抵抗纸醉金迷的诱惑，守住洁身自好的尺度，"任凭弱水三千，我只取一瓢饮"。社交可以积极，交友则须谨慎，遇上一开口专说别人坏话的，要小心；遇上当面一套背后一套的，要十分小心；遇上谋取名利不择手段的，要格外小心。亲君子，远小人，做君子，不做小人。君子坦荡荡，小人常戚戚；君子谋事不谋人，小人谋人不谋事；君子爱财，取之有道，小人爱财，作奸犯科。电影《舞台姐妹》有一句话听了三十年，至今记忆犹新，那就是"认认真真地唱戏，清清白白地做人"。

定力是锲而不舍。锲而不舍，方可创业；创业的路，从来艰难，开头最难；内心要有屡败屡战的准备，也要有铁树开花的自信。锲而不舍，方可治学；治学的路，从来艰难，持久最难；内心要守得住寂寞，要抛得开功利，风吹雨打不动摇。锲而不舍，方可出类拔萃；像马丁·路德·金追求他的梦想，像史蒂芬·威廉·霍金追求他的宇宙，像《千手观音》的表演者那群漂亮的聋哑姑娘一样专注于她们的舞蹈，像"长江三峡，黄河九曲，心有朝阳，终流大海"。

相信定力之理，人所尽知。但古人说"知之非艰，行之惟艰"，临别唠叨，是期盼各位在漫长的人生旅途上，定力如磐而行走无疆。

（本文节选自深圳大学校长章必功于2009年毕业典礼上的
致辞《定力如磐　行走无疆》）

浙江大学：变化中的世界

这个变化中的世界，充满机会与梦想。世界经济政治格局变革下的中国崛起，关键要靠科技、教育和人才。气候、交通、能源、健康等全球难题给大家发挥智慧开启了新的空间，信仰、理念、制度、文化等交融交锋为大家展示才华提供了广阔舞台。同学们面对瞬息万变的世界，纷纭复杂的现实，稍纵即逝的机遇，要始终保持一份敏锐、一份激情、一份梦想，作为浙江大学的毕业生，要坚信天生我材必有用，要志存高远、敢想敢做，争当具有全球视野的未来领导者。

这个变化中的世界，也充满了浮躁与诱惑。今年3月以来，因诚信危机，若干家在美上市中国公司遭停牌或摘牌，学术诚信的危机也屡有发生。社会上的某些人对一夜暴富、一举成名的追求，也许是经济社会发展一个无法回避的现象，这就需要我们在浮华躁动和充满诱惑的时代，坚守为人处世的基本价值。这让我们再次看到了求是精神的可贵。未来领导者重在践行，应大处着眼，小处着手，敏行讷言，脚踏实地。同学们要秉承"求是创新"的浙大精神，学习"走遍千山万水、讲尽千言万语、想尽千方百计、历尽千辛万苦"的浙江精神，相信艰辛付出必将迎来彩虹，淡然面对挫折失败，笑看花开花落，静观云卷云舒。

这个变化中的世界，需要新意与意志。当今世界，已经进入创新制胜的时代。世界经济和科技的高速发展，带来了许多新的挑战。唯有不断创新，方能适应变动世界的竞争压力。史蒂夫·乔布斯领导的苹果公司，用出色的技术创新、产品创新和商业模式创新，成为引领全球的创新典范。创新曾经极大改变人类的生产生活方式，创新也将引领世界走向更加美好的未来。我坚信，在座的同学们，只要不断接收新的信息，勤于思考，善于分析，勇于超越，砥砺创新，一定能在新的领域开辟出新的天地，你们中也一定有人可以超越这些传奇人物。同学们，你们对自己有这样的信心吗？

这个变化中的世界，需要竞争与合作。随着经济全球化趋势的深入发展，国家之间、组织之间、人与人之间需要在更大范围、更高层次参与竞争，加强合作。竞争让我们激发斗志、发掘潜力、不断进取；合作让我们和谐共处、互利共生、联手共赢。同学们在参与激烈的社会和市场竞争中，应当讲求尊重对手，恪守规则，公平竞争；讲求以和为贵，与人为善，包容看气量，以求变辟通途。唯心有大爱，才能成就大事。

（本文节选自浙江大学校长杨卫于 2011 年学生毕业典礼上的讲话《翱翔在变化中的世界》）

吉林大学：勇立时代潮头

我看到你们在时代的感召下，悟到"爱国、敬业、诚信、友善"的人生真谛。从关心地震灾区人民、关爱农民工子女、关怀孤寡老人，到寻找失联飞机、关注辽宁舰入役，再到谴责暴恐分子、维护国家主权，我感受到你们尊重生命、坚持正义，心系国家前途、心系民族命运、心系人民福祉的大爱情怀；感受到你们于平凡之中的伟大追求、平静之中的满腔热血和平常之中的责任担当。你们的成长和成才，就是母校最大的荣光！我和所有的师长一样，为你们感到骄傲；也和所有的父母一样，为你们感到自豪！

同学们，美好的青春对于每个人只有一次。青春无畏，方可逐梦远航；青春无悔，才能斗志昂扬。一千多年前，是一群像你们这样的青年，用穷天人之理的气势求索得大学的"三纲"；九十多年前，是一群像你们这样的青年，用满腔热血点燃了民族觉醒的希望；六十多年前，是一群像你们这样的青年，用悯怀华夏的心气扶正了一个国家不屈的脊梁。三十多年前，是一群像你们这样的青年，以振兴中华、吾辈担当的精神投入改革开放，使我国经济社会发展取得举世瞩目的成就，目前经济总量已跃居世界第二。当今，世界正处于大发展大变革大调整时期。党的十八大提出了"两个一百年"的奋斗目标。吉林大学这座高等学府的命运自诞生之日起就与党和国家的发展紧密相连，我们提出了建设世界一流大学的百年奋斗目标，与我们党提出的建国的百年奋斗目标几乎同步。而无论是国家的建设目标，还是吉林大学的发展目标，都需要你们这样一代代年轻人，承前启后，继往开来。

习近平总书记在今年五四青年节的座谈会上说：人生的扣子从一开始就要扣好。你们的价值观正处于加快形成的关键时期，你们的价值取向直接影响着未来整个社会和民族的价值取向。在即将踏上征途之际，我想送给你们几句话，表达母校对你们的殷切关爱和真挚祝福，也希望能够帮助你们紧扣人生中几颗重要的扣子。

第一，以开放的眼光，宽阔的视野，面向世界，面向未来，开拓创新

中华民族有过寰球共享的"四大发明"，有过世界敬仰的"开元盛世"。我们从来都不缺乏创新创造的开拓精神和敢为天下先的雄心壮志，从来都不缺少舍我其谁的责任担当和激浊扬清的青春力量。

我们处在一个风云变幻的时代，世界多极化、经济全球化深入发展，文化多样化、社会信息化持续推进。当前，中国共产党正带领全国各族人民为全面建成小康社会、实现中华民族伟大复兴的中国梦而团结奋斗，这是一个多世纪以来，值得全民族为之鼓舞和骄傲的梦想！即将踏入社会的你们，初步完成了从学习者到建设者的转变，并且站在了时代变化的风口浪尖。面对日新月异的知识和技术创新，我相信你们作为80后、90后的热血青年，能够继承先辈们勤于思考、勇于实践、善于创新和执着追求的光荣传统，勤学善思，敢于作为，以更加开阔的国际视野和全局视角观天下、闯四方，抓住机遇，创造未来，为国家富强和民族

振兴贡献你们的智慧和力量！

第二，以坚韧的意志，成熟的心智，面对生活，迎接挑战

有人说，生活像一首歌，时而高昂时而低沉；生活像一艘船，时而颠簸时而平静。生活不可能尽善尽美。古希腊哲学家苏格拉底曾说："没有经过思考的生活，是不值得过的生活。"生活需要反思。因为反思，生活才变得厚重；也因为有反思，才会从生活的困难中超拔出来。面对挫折与困难，有人认命，有人抗争，有人放弃。没有卧薪尝胆的坚忍，就没有三千越甲可吞吴的壮举；没有贝多芬扼住命运的喉咙，就没有锤炼人生境界的艺术巅峰。宝剑锋从磨砺出，梅花香自苦寒来。一个人面对困难的态度和能力决定了他的境况与成就。相信你们能够坦然面对生活带给你们的一切，在"困于心、衡于虑、而后作"的经历中勤学、修德、明辨、笃实，以越挫越勇的意志、昂扬向上的心智，认认真真干事，老老实实做人，接受生活的考验，扬起理想的风帆。

第三，以谦虚的作风、宽容的态度，适应社会，完善自我

同学们，在80后、90后的你们当中，总有些人不缺乏见识广博的傲气、唯我独尊的贵气、舍我其谁的霸气，也不缺乏担当重任的勇气、同仇敌忾的士气和精忠报国的锐气！你们有你们独特的优势，但也有因为年纪较轻而尚存的稚气。无论如何请你们记住：社会是一个大学校，它并不是你们想象的那么理想、那么单纯。希望你们以谦虚的作风、宽容的态度，适应社会，融入社会，增强团队意识，学会与他人沟通，即便一时受了委屈，也要多从自己身上找原因。希望你们始终保持"勿以恶小而为之，勿以善小而不为"的自律；始终保持"三人行必有我师"的自谦；始终保持"言必信，信必行，行必果"的自持。常存善心，常怀善念，常行善举，孝敬父母，尊敬他人，勇担使命，奉献社会，无愧于祖国和人民的期望，无愧于母校和老师的培养。

同学们，母校希望在你们当中，将会有更多的匡亚明在开创教育事业，将会有更多的唐敖庆在攀登科学高峰……同时，你们也要知道，事无尊卑，业无贵贱，螺丝钉也有大贡献。无论将来的你们，是左右时局的英豪，还是行业领域的精英，抑或是一名普通的劳动者，只要诚实守信、爱岗敬业、甘于奉献，就一定能够在各自的岗位上，创造出最大的人生价值！

（本文节选自吉林大学校长李元元于2014年毕业生典礼上的讲话《勇立时代潮头，再谱青春诗篇》）

社会学家认为，一个人所处的社会环境对于其做出职业生涯的选择是非常重要的。社会环境产生的具体影响如下。

（1）家庭。家庭所处的独特的社会经济地位决定了它在决定一个人的职业价值观方面有着重要的作用，这种价值观决定了一个人对待工作中所获得奖励和报酬的态度。社会学在这方面研究的一个重要发现就是父母对其工作环境的评价对子女职业选择产生的影响。他们认为，父母的工作特征会影响到自身的价值观和个性特征，继而塑造出他们的行为。而父母的言传身教以及他们的工作状况会影响到子女的职业发展兴趣、价值观和激情。

（2）学习经历。经过粗略的估算，在美国，大约20%的高中低年级学生和高年级学生在上学期间每周有20小时花在实习上。在很多方面，青少年的实习经历对于他们的择业有着很重要的影响。早期的实习经历为以后的就业起到了指导作用，使他们有机会来塑造自己的工作习惯、职业兴趣和价值观，鼓励他们去思考自己到底善于做什么样的工作，以及要想获得满意的工作需要具备哪些条件。另外，工作经历能增加人力资本，这是因为他们知道如何寻找工作并很好地去把握，这就使得年轻人在他们想"跳槽"的时候能有较高的起点，而且使他们在变换工作时有一个良好的"缓冲器"。最后，青少年的工作经历也能通过学校表现来影响职业的选择和发展。如果一项有酬工作影响到了青少年在学校的表现或是几乎将他们"拽"出了学校的话，职业机会就会消失。

很多人认为他们早期的实习经历对于今后整个的职业生涯发展都有好处，如可以培养他们的责任感、独立性，以及良好的工作态度和习惯，还能够帮助他们学到很多无法从学校获得的技能，如社交技能、服从指挥以及守时习惯。另外，实习经历还可以教会青年人寻找工作的技能，比方说如何或者去哪里找工作以及怎样才能在面试中有良好的表现，等等。随着年轻人工作经验的不断积累，他们的报酬也会不断增加。

当然也有一些人谈到了实习经历的一些负面影响——娱乐时间的减少，身体的疲惫，等等。

（3）地域。职业的选择受到当地劳动力市场状况的影响。这些影响在劳动力进入阶段显得尤为重要，这是因为最初的就业情况会影响到后续的职业生涯中的一系列抉择。一个地方的就业率以及工资水平一般都会受到当地的失业率、平均小时工资数，以及种族或民族的构成等因素的影响。一般来说，社会学家更关注那些生活在贫困地区的青年们的就业状况和职业发展。他们认为，就全世界而言，制造业中的工作机会越来越少，更多的就业机会出现于服务业中，而这种职业数量和种类的变化带给城市居民更多的就业机会，因为他们较之生活在偏远地区的青年受过更多的教育。而偏远地区的青年由于地域条件的限制，可能只能接触很少的信息，他们不能像城市同龄人那样受到各种教育和培训的机会，这些因素对于他们提高自身的就业能力来说无疑是一个很大的障碍。

社会学家们对于择业和发展的种种研究，将越来越有助于我们去理解那些存在于现代社会中对个体的择业和发展产生重要影响的社会的、地域的以及各种微观环境的因素。同时，他们的研究也有助于我们认识到时代的变化以及各种社会经济状况对于个人职业生涯选择所产生的影响。

有这么一个故事：小丁大学毕业后应聘于一家外贸企业，签订了为期 3 年的劳动合同，具体职务是接待部经理助理。在几个月的工作中，他感觉自己对这份工作非常不适应，接待工作中稍有疏忽就会影响公司效益，心情十分紧张，压力非常大，每天怀着忐忑不安的心情走进公司。因此想换一个工作环境，而人力资源部经理则说，如果要提前解除劳动合同，就要按约定赔偿一万元的违约金，这使小丁欲走不能，十分苦恼。

此例在毕业生中十分普遍。由于劳动力资源供大于求，很多用人单位纷纷抬高门槛，过去是文凭热，对求职者提出不符合岗位实际需要的过高要求，造成人才浪费，现在又人为设置违约金。由于《劳动法》中并没有明确规定劳动合同中能否约定违约金，加上劳动者在求职中往往违心地同意用人单位的种种"约定"，这就使得用人单位在劳动合同中随意约定违约金。

小丁 2003 年 7 月刚进公司，公司并没有出资为他进行专业技术方面的培训，也没有约定培训后在企业的服务期，小丁从事的工作不涉及保守商业秘密方面的限制。因此，公司在劳动合同中的所谓违约金赔偿规定属无效条款。

在了解相关法律、法规后，小丁向单位提出提前解除劳动合同的要求（提前30 日以书面形式），但单位执意要求小丁按劳动合同中的违约赔偿条款执行，最后小丁向当地劳动争议仲裁部门提出申诉，保护自己的合法权益。

调查

下面是大一学生择业情况的一次深入调查研究。

第一部分　调查样本的选取及方法

一、调查对象的选取

本次调查以某校汉语言文学、对外汉语及新闻专业 2014 级 378 名在校大学生为调查对象，主要通过问卷和个别谈话的方式进行较为全面的调查。

二、调查样本的构成

在 378 名调查对象中，汉语言文学专业 136 人；对外汉语 101 人；新闻专业 85 人。其中，男生 85 人，女生 293 人；农村籍学生 240 人。

三、资料收集、整理与分析方法

本次调查主要采取问卷调查法，辅之以个案访谈等方式收集与本研究相关资料。问卷采用自填法，由被调查者当场填写，经核实后当场回收，实际发放问卷 378 份，回收 375 份，回收率 99.2%，有效问卷 370 份，有效率 97.8%。

第二部分　大一学生择业概况

一、总体情况

（1）择业对于多数学生而言是陌生的。统计数据显示，85% 的学生只是听说过择业，约 14% 的学生比较了解，约 1% 的学生还从未听说过。同时，数据表明学生对择业的重要性认识不到位。67% 的学生认为择业很重要，20% 的学生不确定择业是否重要，甚至还有 13% 的学生对择业的重要性从未考虑过。47% 的学生认为择业能帮助他们重新考虑自己的职业定位。

（2）学生对自己所学专业了解不够。在"你对自己所学专业是否了解，比如培养目标？"一项问卷中，约 12% 的学生选择了"非常了解"，80% 左右的学生选择了"了解一些"，还有 8% 的学生"不了解"。

（3）"用其所学"观念不强。24.7% 的新闻专业学生想找一份与自己专业相关的工作，75.3% 的学生则抱着无所谓的态度；58% 的对外汉语专业学生希望找一份与自己所学专业相关的工作，而 42% 的学生认为只要有一份工作就行，至于是否与自己专业相关无所谓。相比之下，汉语言文学专业的学生更趋向于找一份与自己专业对口的工作，比例高达 69.47%。

（4）在职业取向上趋于多元化。约 52% 的对外汉语专业学生打算做教师，38% 的学生想自主择业，6% 的学生欲做公务员或其他职业。44% 的汉语言文学专业学生给自己的职业定位是教师，47% 的学生想做文秘，还有少部分学生想做

新闻工作者、公务员，以及自主择业等。76.5%的新闻专业学生欲做新闻工作者，8.2%的学生想做教师，文秘占3.5%，公务员占14.1%，欲自主择业的学生有3.5%。统计数据显示，除与专业对口的职业（教师、文秘和新闻工作者）外，公务员、自主择业也成为学生择业备选项。

（5）在工作地的选择上，"孔雀东南飞"和"进城热"现象较为严重。在"你希望到什么样的地方工作"的问卷中，66%的对外汉语专业学生想去东部沿海经济发达地区，10%的学生选择了成都，回家乡的仅占12%，只有4%的学生愿意服务西部。38.8%的新闻专业学生选择了沿海地区，打算去成都的有41.1%，西部最基层的仅8.2%，回家乡的占10.5%，抱无所谓态度的占9.4%。相形之下，汉语言文学专业的学生相对"冷静"一些，数据显示他们能正确认识当今大学生就业的严峻形势：23%的学生希望在东部沿海地区工作，26.5%想去成都，回家乡的占26%（注：本级约60%学生来自农村）。

（6）在找工作的态度上，绝大部分学生都能打算"自力更生"，但仍有一小部分学生抱着"等、靠、要"的消极态度。据调查，30%的对外汉语专业学生认为靠自己的知识和能力去找工作，66%的学生既靠自己的努力又要求助于社会关系，还有4%的学生打算完全靠自己的父母和亲戚朋友。约70%的汉语言文学专业学生、67.1%的新闻专业学生选择了既靠自己的努力又要求助于社会关系。3.5%的新闻专业学生打算靠父母和亲戚朋友找工作。

（7）在就业指导方面，就业形势与政策报告和就业心理调适成为学生迫切需要。31.8%的新闻专业、32%的汉语言文学专业、36%的对外汉语专业学生需要了解就业形势和政策；32.9%的新闻专业、38%的汉语言文学专业、46%的对外汉语专业学生需要就业心理调适。

（8）在决定就业成败的元素中，"个人综合素质"项点击率较高，其次是英语和计算机。46%的对外汉语专业学生、50%的汉语言文学专业学生、62.4%的新闻专业学生认为个人综合素质对就业成败影响最大。18%的对外汉语专业学生、14%的汉语言文学专业学生、12.9%的新闻专业学生认为较高的英语和计算机水平也会为自己的就业带来比较优势。

（9）在现实与理想之间，学生自我迷失的现象较为突出。"你是否找到了你与实现目标所需能力的差距"的问卷结果表明，70%的对外汉语专业和汉语言文学专业的学生、56.5%的新闻专业学生尚不知道自己现状与理想目标之间的差距。还有极少数（2%的对外汉语专业、2.1%的汉语言文学专业、1.2%的新闻专业学生）学生甚至觉得没有必要找差距。

（10）绝大部分学生求职态度主动积极，但也有少数学生心存侥幸。统计数据显示，94%的对外汉语专业、87.5%的汉语言文学专业以及97.6%的新闻专业学生打算在找工作时主动出击，参加各种招聘会；同时还有少数学生（各专业学生比例为 6%，12.5%，2.4%）选择了"网上投寄简历，守株待兔"或"等待机会，靠父母朋友"等消极方式。

（11）各项素质拓展小组支持率的高低因专业不同而异，但从总体看书法的支持率最高，写作次之。在"最受欢迎的素质拓展小组"问卷中，36% 的对外汉语专业学生、16.5% 的汉语言文学专业学生和 12.9% 的新闻专业学生选择了"书法"；32% 的对外汉语专业学生、18.5% 汉语言文学专业学生以及 16.5% 的新闻专业学生选择了"写作"。

二、分类对比

（1）对于何时开始准备找工作，不同专业学生看法迥异。对外汉语专业：76% 的学生打算进入大学就开始考虑就业的事情，20% 的学生毕业前半年开始考虑就业，4% 的学生打算在毕业前两个月开始准备。汉语言文学专业：52.63% 的同学认为就业准备应该在进入大学时就开始，37.36% 的学生认为在毕业前一年开始。新闻专业：71.8% 的学生认为就业准备应该从进入大学时开始，毕业前一年开始准备的占 27.1%。

（2）在回答"你希望找一份与自己专业相关的工作吗"时，不同专业的学生或许因为专业的原因答案也大相径庭。对外汉语专业和汉语言文学专业学生思想相对"保守"，他们想"用其所学"；而新闻专业学生较为"开放"，他们认为"无所谓，只要有工作就行"。

（3）职业取向上，学生在坚持"专业特色"的同时也开始追求多元化。对外汉语学生的教师情结较浓；汉语言文学专业学生既有想做教师的，又有近一半学生想圆文秘梦；新闻学专业学生欲从事新闻工作的比例高达 76.5%。同时，公务员、自主择业等也成为了学生的择业目标。

（4）在工作地点选择方面，学生对于沿海经济发达地区和大城市趋之若鹜，相形之下西部欠发达地区却鲜有学生问津。从专业看，对外汉语专业学生到东部沿海就业的欲望较为强烈，比例高达 66%；新闻学专业学生选择"东部沿海地区"和"成都等大城市"高达 79.9%；汉语言文学专业的学生思想相对保守，各个选择项的点击率较为均衡。

（5）在"依靠谁找工作"的问题上，调查结果显示，绝大部分学生（约70%）打算既靠自身努力又要求助于社会关系来谋求一份职业，约 1/4 的学生认为完全靠自己的打拼；但也有少部分（约 3%）学生还抱着"等、靠、要"的错

误想法。

你要依靠谁来找工作？

（6）对于我系现有的素质拓展小组，最受学生欢迎的是书法小组，多媒体制作小组次之，最后是话剧朗诵小组。书法小组最受对外汉语专业和汉语言文学专业学生欢迎；多媒体制作最受新闻专业和汉语言文学专业学生青睐。

（7）在找工作的主动性上，总地说来，绝大部分学生都会采取积极行动，但也有"守株待兔"者。从专业看，新闻专业和对外汉语专业学生主动猎取就业机会的愿望比汉语言文学专业学生强烈一些。

同学们都在忙于找工作，你呢？

（8）在对自我评价中，一半左右的新闻专业学生认为自己处理人际关系的能力亟须提高；不少对外汉语专业学生认为他们的书法和写作方面的素质有待改进；汉语言文学专业学生认为自己协调人际关系和多媒体制作能力不够，需要提升。从总的情况看来，学生对人际关系、写作、书法、多媒体制作等方面的培训需求较大。

第三部分　大学生择业现状分析

一个人事业成功，择业是必不可少的前提条件之一。"我将做什么？""我能做什么？""我将作出什么样的贡献？""社会提供给我什么机会？""我应该做些什么准备？"这些问题正是生涯择业要解决的问题。所谓"工欲善其事，必先利其器"，说的是做事之前需做好一些准备工作。实际上，择业就大抵相当于"利其器"的过程。

一、大学生要正确认识自我，先行自我定位

中国有句古训："知己知彼，百战不殆。"大学生们就要走进生命中的下一个驿站点——职场了，你要明白自己的能力大小，看看自己的优势和劣势，这就需要进行自我分析。通过对自己的自我分析，旨在深入了解自身，根据过去的经验选择、推断未来可能的工作方向与机会，从而彻底解决"我能干什么"的问题。

学生对自己的认识分析一定要全面、客观、深刻，绝不回避缺点和短处。要分析自我，首先要分析自身优势何在，即你所拥有的能力和潜力所在。其次，要找出自己的不足之处，包括性格上的弱点、经验与经历中所欠缺的方面及能力上的差距。清楚地了解自我之后，就要对症下药。重要的是对自己劣势的把握、弥

补，做到心中有数。

二、大学生要有择业意识，学校要帮助学生进行自我择业

在大学校园里我们随处可见莘莘学子忙碌的身影，可是被问及"你打算将来做什么"时，不少学生一脸茫然。大学生们成天忙于专业课的学习，疲于应付各类过级考试。遗憾的是，这些学生在自己学习和前途关系上缺少应有的"功利"目的，就是说，他们未曾将现在的学习和自己以后的职业有机地联系起来择业。

当今大学生求职难是一个不争的事实。帮助学生提升自己在求职场上的竞争力是学校不可推卸的责任。然而，提升就业竞争力绝非一蹴而就的事情。大学生应该未雨绸缪，早做择业准备。

调查结果表明，择业在大学生中的知名度不高。大部分学生尚且不知道择业为何物，不明白择业的重要性，更不要说学生主动积极地进行自我择业了。

为了有效地指导学生进行自我择业，一般需要具备完善健全的择业机构。一所大学首先应该成立健全的学生择业机构，进而开展一定的指导和推荐工作。这些工作包括：制定科学的评价指标和学生择业监督机制；择业知识讲座；就业形势与政策、面试技巧及就业心理调适等系列讲座；成功人士的现身说法等。

三、加强学生专业意识教育，充分发挥择业中的比较优势

笔者认为，如果强迫或变相地强迫学生做自己不喜欢做的事情，这是对人性的一种摧残，同时又是对教育资源的一种无形浪费。

调查结果表明，学生的专业意识亟待加强。部分学生忙于学自己的专业课，却不喜欢自己的专业，这是一个匪夷所思的现象。同时，不了解自己所学专业的培养目标、课程设置情况的学生也不在少数，学生对自己的专业是懵懵懂懂的。因此，加强专业知识的教育势在必行，刻不容缓。

首先，在对大一新生的入学教育中，专业知识教育（主要包括专业课程设置和专业培养目标）应该成为必不可少的内容。通过专业知识教育，使学生在了解自己专业的基础上，进而喜爱自己的专业，并从中获取学习的原动力。其次，针对学生择业问题上的"用非所学"现象，我们应该引导学生尽量选择与自己所学专业相关的工作，毕竟这样才有比较优势，才更容易在自己的

岗位上作出成绩。

四、转变观念，增强就业的主动性

每年大学生毕业后都有不少就业的困难户。究其根源，大学生毕业生的主动就业意识不强。一部分学生抱着"等、靠、要"的极端错误思想，不是主动出击而是"守株待兔"。另外，有些毕业生在求职场上遭受挫折就一蹶不振，觉得自己一无是处，进而自暴自弃，对就业完全丧失信心。因此，学校应该有针对性地做一些就业知识讲座，帮助学生转变观念，变被动为主动，鼓励学生自我推销；同时，帮助学生进行就业心理调试，要树立在求职场上"愈挫愈勇"的精神。

此外，在工作地点的选择上，部分学生也表现得不明智。近年来，大学生的就业难是不争的事实，而竞争最为激烈的当数沿海地区、长江三角洲、珠江三角洲、京津沪地区以及其他大城市。不少毕业生全然不顾自己的"家底"一窝蜂地往这些"热点"地区拥挤。这种做法实在不足取。相反，学生应该审时度势、慎重选择自己的最佳去处。另外，这涉及学生人生观价值观沦丧的问题。象牙塔里的大学生难免会受到社会上拜金主义、享乐主义等消极思想的影响，这种影响在学生择业时有某种程度的体现：他们对沿海经济发达地区和大城市趋之若鹜，而对欠发达地区"敬而远之"。鉴于此，我们有必要对毕业生进行人生观和价值观的教育，引导他们在择业时注意把个人价值和社会价值有机地结合起来。

五、拓展培训项目，整合资源，最大限度地满足大学生自我发展需求

前文已提及，大学毕业生提升自己在求职场上的竞争力绝非一蹴而就的事情，这需要学生们在平常的学习中日积月累。也就是说，学生应该根据自己的择业，"对症下药"地培养自己的能力。

数据显示，学生对书法、人际关系学、写作以及多媒体的制作等支持率很高。书法和多媒体制作是求职者必备技能和素质；较强的写作能力则是文科生的基本功；良好的人际关系又是所有学生（特别是新闻专业学生）毕业后能否尽快融入社会的决定因素之一。根据调查结果，我们应该加强书法小组、写作小组以及多媒体制作小组的管理。

马克思认为："人最本质的属性是其社会属性。"个人处于社会的庞杂环境中，不可避免地要与各种人打交道。融洽的同事关系、宽松的工作环境，定会使工作效率倍增，因而人际关系的处理和协调能力在某种程度上可以影响一个人的

事业成败。为此，为了满足学生对于人际关系学知识的需求，建议组建"人际关系学"兴趣小组，聘请在此领域既有一定理论素养又有丰富实践经验的教师为学生开设讲座，以达到提高学生处理人际关系的能力之目的。

讨论

在班内分成几个小组，每组 5~7 人，以小组为单位讨论分析几种择业理论的异同点，每个成员在小组内谈谈自己更倾向于支持哪种理论观点，并说出理由。最后进行小组总结，并选出一名成员，代表小组在小组间进行交流。

视点

城市职场压力

北京、上海、广州、深圳，中国发展水平最高的四个城市职场压力如何？近日一项调查显示，北京的交通令职场人感到压力，上海的房价令职场人望而却步。多数职场人认为薪水在 5000~8000 元可以在北京生活，而在上海和深圳则需要 10000 元。

北上广深四地的职场压力之大是职场人士有目共睹的。在中华英才网的"职场主要感受"这一选项上，四地都有接近或超过半数的受访者选择了"压力太大"，上海的比率最高，高达 62%。此外，对于"收入多少，可令人满意"的选项中，凸显了城市之间的差异。广州和北京方面，分别有 43% 和 45% 的受访者选择 5000~8000 元，而深圳和上海方面则分别有 57% 和 62% 的受访者选择了 10000 元以上。薪酬的期望往往和当地的生活条件相对应，为什么上海深圳对薪水期望高于北京和广州？"当前的主要生活压力来源"调查显示，80% 的深圳受访者和 85% 的上海受访者表示"房价太贵，工作一年买不了一个卫生间"，而北京和广州方面，虽然房价也是一个关注的热点，但并不集中，分别有 49% 和 61% 的受访者头痛于交通拥堵，"上下班浪费很多时间"。（调查：北京月薪 5000 元生活相当于沪深月薪上万元，2008 年 11 月 06 日北京晚报）

阅读

我国的就业制度

一、社会就业制度

1. 先培训后就业制度

先培训后就业制度建立的初衷是希望从业者先学会一技之长再就业。它要求

所有具有劳动能力的人们，在他们就业之前，应根据国民经济发展的需要，以及他们本人的志愿，按照不同行业、不同工种，采用不同形式，分别进行必要的基础知识、基本理论和基本技能的培训，使之获得从事某种工作的职业能力，并成为具有一定政治和业务素质的劳动者。《中华人民共和国宪法》第42条规定："国家对就业前的公民进行必要的劳动就业训练"，《劳动法》规定："从事技术工种的劳动者，上岗前必须经过培训"，表明这项制度的执行也有法律的保障和依托。

事实上，世界各国的就业法规一般也有规定，新雇员应参加学徒培训或经过某种形式的培训后才能上岗。这说明我国目前的就业制度正在逐渐与世界接轨。

2. 求职登记与职业介绍制度

求职登记制度是指准备就业人员必须掌握一定的文化知识和就业技能，凭劳动、教育部门颁发的职业培训毕业证书，到当地的职业介绍机构办理求职登记，取得就业准入资格后，方能就业。它是就业准入制度的一种形式。

职业介绍制度是指职业中介机构为求职者介绍职业，给用人单位提供劳动力的服务制度。

目前，我国存在的职业介绍机构有以下三种形式。

（1）劳动部门开办的职业介绍机构（含乡、镇街道劳动服务站），是公益性的事业单位。

（2）非劳动部门开办的职业介绍机构，是指除劳动部门以外的其他政府部门、企事业单位、社会团体开办的职业介绍机构，可以是公益性单位，也可以是营利性单位。

（3）公民个人开办的职业介绍机构。由于我国管理体制上的原因，就业市场由劳动、人事两家分头管理，人才中介和职业介绍机构"双轨"运行。人才服务中心是人事部门设立的人才服务机构，其职能是为专业技术人才和管理人才流动，大中专学校毕业生就业服务。

3. 应聘、自荐、劳动力市场等

应聘即为参加各种招聘会，参加笔试、面试。

自荐即自我推荐。它有直接自荐和间接自荐两种。直接自荐是指由本人向用人单位做自我介绍、自我评价与自我推销。间接自荐是指借助中介人或物推荐自己，即不亲自出马，只需要将自己的想法和条件告诉第三者，或形成材料就能达到推荐自己的目的。

自荐的方式主要包括：参加人才招聘会自荐；上门自荐；电话自荐；他人推荐；广告自荐；学校推荐；实习自荐；网络自荐。

劳动力市场即为劳动力交流洽谈活动。劳动力市场实行劳动者自主择业、市场调节就业和政府促进就业方针。遵循公开、公正、平等、有序竞争和诚实守信的原则。

调查表明，毕业生最愿意选择的三项就业途径是：参加学校组织的毕业生与用人单位供需见面会占90%；自己去应聘（到人才市场、劳动力市场、参加大型交流会等）占82%；由学校推荐占77%。

二、其他有关制度

1. 工资福利制度

工资福利制度包括工资制度和福利制度。

（1）工资制度。包括工资形式和工资保障制度。工资形式有：计时工资、计件工资、津贴、奖金、年薪等。工资保障制度是指保障劳动者依法得到工资并自由支配工资的制度和措施。

（2）福利制度。是指用人单位和有关社会服务机构保证劳动者一定的生活水平、提高生活质量而向劳动者提供的一种社会保障制度。

2. 社会保险制度

社会保险制度是劳动者因年老、患病、伤残、生育等原因而丧失劳动能力或失去劳动机会时，由国家和社会给予物质帮助和补偿的一种社会保障制度。社会保险种类主要有养老保险、疾病保险、失业保险、生育保险和遗嘱补贴等。

3. 职业安全卫生制度

职业安全卫生制度包括安全生产责任制度、安全生产检查制度、劳动安全监察制度、伤亡事故报告和处理制度等。

4. 劳动争议仲裁制度

劳动争议仲裁是指劳动争议仲裁机关，根据劳动争议当事人的申请，依照法定的程序，按照劳动法律、法规，对劳动争议做出裁决，从而使争议得到处理的一种方式。我国《劳动法》第77条规定："用人单位与劳动者发生劳动争议，当事人可以依法申请调整、仲裁、提起诉讼，也可以协商解决。"我国处理劳动争议的专门机构是劳动争议调解委员会、仲裁委员会和人民法院。处理劳动争议的程序包括协商、调解、仲裁和诉讼。

我国《劳动争议仲裁委员会办案规则》第3条规定："劳动争议仲裁委员会处理劳动争议案件，必须遵守国家法律、法规、规章和政策，查明事实，先行调

解，调解不成时，及时裁决，对当事人适用法律一律平等。"

第二节
走向社会　求职面试

一、就业信息的收集与应用

21世纪被称作"信息时代"，信息成为这个时代最具价值的财富和资源。大学毕业生只有具备"信息就是机遇，信息就是成功"的择业理念，积极主动、迅速及时地收集大量可靠的市场供求信息，才能做到目光远大、思维敏锐、行动果断、把握机遇，才能在择业中获得成功。

（一）收集就业信息的渠道

收集就业信息的渠道有很多，可以自己打听、搜索，也可以通过学校、老师和亲友间接获得。当然也可以双管齐下，多方打探。总之，信息收集越多，考虑的空间就越大，选择也越多。

1.学校毕业生就业指导机构

根据教育部门有关文件规定，各高校都成立了毕业生就业指导中心。它不仅是高校学生毕业分配工作的行政部门，也是对学生就业进行指导和服务的部门。因此，学校的毕业生就业指导机构是毕业生获取求职信息的主要渠道。学校的毕业生就业办公室、毕业生就业指导中心，同上级主管部门和有关用人单位保持着广泛而密切的联系。在每年毕业生就业阶段，学校毕业生就业指导机构会有针对性地向各用人单位发布毕业生资源信息，或通过电话联系及参加各种信息交流活动等方式征集大量的需求信息，然后将收集的需求信息加以整理、公布。这些信息数量大，针对性强，准确性高，是毕业生求职最主要的信息资源。同时，这些机构一般在每年11月份至次年3月份专门组织各种形式的毕业生就业洽谈会，在毕业生和用人单位之间架起一座桥梁。

2.社会各级人才市场

随着社会主义市场经济的发展，我国人才市场中介也应运而生。各类人才市场不仅信息量大，而且还提供一个毕业生和用人单位直接面对面的机会，通过彼此的交流，毕业生可以获得远比报刊等渠道更为丰富和全面的信息。同时，也获得了面试锻炼的机会。因此，毕业生应该充分重视这一信息渠道。

3. 社会传媒

信息时代，传媒业高速发展，广播、电视、报纸、杂志等新闻媒体受到了用人单位和求职者的共同青睐。社会很多单位和组织都通过这些媒介来介绍本企业现状、发展前景及人才需求。例如，《前程招聘报》《人才市场周刊》等，每周都刊载数量不等的招聘信息。此外，主管毕业生就业部门创办的《毕业生就业指导报》《中国大学生就业》杂志以及各高校的校报等，也都在大学毕业生求职择业的关键时期发布用人单位需求信息和招聘信息。

4. 社会关系

在收集择业信息时，社会关系是一个不容忽视的途径。一般来说，社会关系主要包括：家庭和亲戚；父辈的同学、同事和朋友，包括邻居和熟人；以前或现在的老师；校友等。他们分布在社会各个领域，通过他们了解社会需求信息针对性会更强，而且比较准确、直接。一般来讲，大多数用人单位更愿意录用经人介绍和推荐进来的求职者，认为这样录用进来的人比较可靠，所以如果有这种机会最好不要放过。从另一个方面来讲，招聘单位每天收到数百封求职信函，而且这些求职信函在内容上并无太大的差别，所述的求职资格和工作能力也都相差无几，谁也不比谁更为突出。所以，如果这时能够找个关系帮忙推荐一下，也许是最为有效的。当然，关系要靠自己去发掘，途径也应正当，切不可不择手段。

5. 互联网

随着信息时代的到来，计算机互联网的应用已经越来越普遍。目前，从国家到地方，都有独立运行的毕业生就业网站，向毕业生介绍就业政策，发布最新消息，提供信息服务，进行就业指导，推荐访问网址等。网上求职的特点是信息量大，更新快，用人单位和求职者交流更为便捷迅速。下面列出一些常用的就业求职网站。

无忧工作网 http://www.51job.com

中国人力资源网 http://www.hr.com.cn

中国人才网 http://www.chinatalent.com.cn

智联招聘网 http://www.zhaopin.com

中国高校毕业生就业网 http://www.myjob.edu.cn

北方人才网 http://bfrc.online.tj.cn

南方人才网 http://www.job168.com

中国人才热线 http://www.cjol.com

中国人才盟网 http://www.jobs.com.cn

中国招聘求职网 http://www.528.com.cn

人事部人才市场公共信息网 http://www.chrm.gov.cn

中国职业英才网 http://www.jobhr.com

北京人才网 http://www.bjrc.com

上海人才市场 http://www.shjobs.net

（二）就业信息的处理

由于就业信息的来源和获取的方式不同，内容必然真假混杂，缺乏条理。因此，需要对收集到的信息进行去粗取精、去伪存真的整理、筛选。

1. 信息处理的步骤

首先，要鉴别信息。这包括两个方面：一是鉴别信息的真伪，确定信息的可靠程度，对于不可靠和心里感觉不踏实的信息要通过各种信息渠道和知情人士去打听；二是要鉴别信息的内容是否齐全。特别是发现自己所想知道的细节没有或者不清楚时，要抓紧时间进行一番实际考察，旁敲侧击地询问一些情况，或通过其他渠道了解，还可以在应聘时向招聘人员提出。总之，要等信息基本确定后再作决定。

其次，要对信息进行排序。信息收集的过程可能是忙乱、无目的的，因此造成所获信息杂乱。所以在信息加工之前，先给自己拟一份职业选择提纲，确定择业标准；再按照标准进行初选；然后进行细选，把较符合自己的信息选出来；最后进行精选，决定两个以上的信息作为应用信息。

最后，反馈信息。收集、处理信息的最终目的是进行反馈，即向用人单位发简历，推销自己。所以，应及时将已排序的信息，按重要程度，从高到低向用人单位去信或去电，表示自己愿意去该单位的诚意。而且需要注意的是：信息一旦加工处理后，应尽快与用人单位联系，因为求职信息的有效期限往往比较短，最长不过几个月，而且所有的信息对全国各高校的毕业生都是公开的，一旦动作慢了，别的毕业生就会捷足先登。所以毕业生应主动与用人单位联系，方式有写求职信、电话咨询、发邮件、上门拜访等。在当前招聘市场供大于求的情况下，越主动，获得进一步接触的可能性就越大。

2. 加强对虚假信息的防范意识

由于我国的市场经济尚处于建设之中，就业市场的建立不够完善，还存在一些不法行为，有的用人单位甚至借招聘之名，行欺诈之实。因此，大学毕业生在择业期间，对就业信息一定要认真核实、慎重考虑，以免上当受骗。

建议毕业生注意以下几个方面。

第一，注意收集公司的注册资金、公司人数和信誉等信息，如果其资金少，人数少，则要加以注意，慎重选择。

第二，可以在"GOOGLE"和"百度"中输入公司的名称，查找公司的相关信息。如果找不到这个公司的相关信息或者信息很少并且很模糊，则应尽量小心。也可以拨打当地的114查号台，查询公司电话，然后再请人事部门确认招聘信息中提供的联系电话和联系人，以确认是否是该公司招聘。

第三，对于广东等地的一些合资企业、港台企业等单位的需求信息，尤其是不熟悉的用人单位或在网上相关信息少的单位及待遇非常高的用人单位，要三思而后行。如果在当地有亲戚、朋友，可以托他们先收集一下该公司的信息，然后再做打算。

第四，如果要去外地找工作，一定要结伴出去，不要单独外出，注意保护自己。

3.认识就业陷阱及危害

所谓就业陷阱，是指所从事的工作内容，并不是雇主与求职者双方在书面上的或原先口头承诺的内容，或者是借着工作机会的诱因，违背你个人的意愿，用骗术使你付出不在原订劳动契约内容范围内的额外劳动，或是打着招聘的幌子，诱骗就业者从事违背道德的行为或诈骗钱财等。在我国，常见的就业陷阱有以下几类。

（1）传销陷阱。依据我国1997年10月1日起实施的《传销管理办法》，"传销"是指生产企业不通过店铺销售，而由传销员将本企业产品直接销售给消费者的经营方式。传销不仅通过精神和思想控制人，还通过控制经济环境来控制人的行为。为保护消费者合法权益，促进公平竞争，维护市场经济秩序和社会稳定，国务院于1998年发出关于禁止传销经营活动的通知，通知指出：传销经营活动不符合现阶段国情，已造成严重危害；自本通知发布之日起，禁止任何形式的传销活动；加大执法力度，严厉查禁各种传销和变相传销行为。

（2）试用期中的陷阱。一般来说，试用期间的"陷阱"包括试用期过长或与签订的劳动合同期限不符。一些用人单位为节省成本，经常规定过长的试用期，有的甚至达到1年。也有一些单位规定的试用期虽然不超过6个月，但是与签订的劳动合同期限不相适应，如两年的合同规定了5个月的试用期，这些都是侵犯毕业生合法权益的。值得注意的一点是，劳动合同超过6个月的，并不是一定要约定试用期，也可以不约定。毕业生在就业过程中应对此有所提防。

（3）"虚拟公司"的陷阱。正规的企业招聘，一般都是在平面媒体、人才市场等权威机构发布信息，如人才市场，按照程序，它会对招聘企业的资质进行审查，确定企业状况以及招聘的真实性；同时，企业会给人才机构派发委托单，正式确定招聘合作关系。

现在，还有一些不法分子利用网络等媒体发布不真实的甚至是非法的用人信息，在获取毕业生的个人信息和信任后，采取种种手段对毕业生实施诈骗。简要列举如下。

①"非法押金"取利。一些不法分子开设"虚拟公司"，开出了一些诱人的条件，如高薪金、高福利等，还大肆渲染招聘氛围，一旦时机成熟，公司又表示：为了增加双方的信任，学生在工作之前必须交押金。等学生交完押金，"虚拟公司"随之消失，学生交的押金自然收不回来。

②"窃取个人信息"非法牟利。不法分子利用"虚拟公司"窃取学生个人信息，骗得学生亲属朋友的信任与同情，进而进行非法活动。仅2004年就有多起利用学生个人信息，自称医院工作人员或者学校工作人员，以学生严重受伤、急需大量资金救治等为借口进行诈骗的行为（诈骗期间，采取极端方式切断学生与亲属朋友的联系）。

③"非法职介"。不少非法职介声称自己是用人单位，等求职者来了才表示自己是中介，而且介绍的公司也只是"伴游公司"等。这时，毕业生也要小心，防止遭受人身伤害，最好的办法是选择立即离开。

4. 就业陷阱的规避

（1）提高风险防范意识。面临就业的大学生应该提高防风险的意识，遇事多打听，多听取老师和家长以及一些有经验人的意见。

（2）就业目标要脚踏实地，切忌好高骛远。学生就业的期望值应该切合自身实际条件，适时慎重作好决策。有些毕业生常会乐观地估计自己在市场上的"吃香度"，而把自己的就业目标定得太高。到了市场上，发现过高的理想与现实发生冲突，又往往会产生较大的心理落差。而这时，一旦出现了一个与理想的工资标准相符合的工作，便会很兴奋，往往不假思索地就接受那个工作岗位，这是最容易受骗的。

（3）努力做到"四不"。

①不大意。不管什么理由，你都不需要留下重要的证件，如身份证、驾照、户口簿等，以免你成为违法行为的替罪羊；更不要随便签名盖章；不要交保证金、意外保险等。同时，毕业生在发布个人信息时要选择信誉好的网站，因为有些不负责的网站随意将求职者的信息公开，这会给不法分子以可乘之机。另外，如果毕业生没有通过网络发送过求职信息，那么，对任何企业打来的电话都要高度警惕。

②不粗心。在落实工作以后要逐一签订书面的协议，注意记录相关口头承诺等。口头契约也是具有法律效力的合约。

③不轻信。利用电话征才或信箱号码招聘，不敢公开公司名称和地址的，要

特别小心。对于个体的职业介绍所，最好查证它是否有登记、合法立案。

④不违法。遇到对于工作性质交代得很模糊的单位，毕业生也要当心。月收入数十万、高薪——这类广告有可能是一些不良的传销组织。

二、求职材料的准备

对于用人单位来说，毕业生的求职材料是用人单位了解毕业生的窗口；对毕业生来说，求职材料是他们向用人单位展示自我的平台。因此，个人求职材料在大学生择业过程中，充当了联系劳资双方的纽带和桥梁，同时它也是毕业生叩开用人单位大门的"敲门砖"。所以，撰写一份有说服力、能吸引人的求职材料是毕业生赢得主动、迈向成功的第一步。

一般来说，求职材料由求职信、个人简历、学校推荐表、附件（各种证书及作品复印件）等几部分组成。好的求职材料不是几部分内容的简单叠加，而是一份吸引用人单位、展示自己才能的精美手册。

（一）求职信的写作内容

求职信也称自荐信，它是求职者以书面形式进行自我推荐、表达求职愿望、陈述求职理由、提出求职要求的一种信函文本。一般来说，打开个人求职材料，首先看到的是求职信。通过它，求职者向用人单位展示自我的素养与个性，不应有特别的限制和规定。但凡事都有个规律，把规律掌握了，事情自然就好办了。

一般来说，求职信要求由三部分组成：开头、主体、结尾。

（1）开头部分包括称呼和引言。称呼要求严肃谨慎，要有礼貌，既不能随随便便，又不能过分亲昵，以免给人唐突之感。一般不直呼"某某同志"，而是称呼其职务、职称或官衔。如果对方身份不清，则可用"尊敬的领导"一语代替。称呼后的问候语一般应为"您好"而非"你好"，更不能用"您们好"。引言的作用有两点：一是吸引用人单位看完材料；二是引导对方进入你所设计的主题而不感到突然。一般情况，引言表达应力求简洁，开宗明义，自报家门，直截了当地说明求职意图，使求职信的主旨明确、醒目，切忌客套问候，离题万里，让对方产生厌恶情绪。

（2）主体部分是推荐信的重点，构成了信的核心内容。推荐信形式多样，但均应简洁而有针对性地概括简历的内容，突出自己的特点，使对方感觉求职者各方面的情况与他们的招聘条件符合。一般来说，这部分先简述个人基本情况，写明求职的理由及目标，要合乎情理、合乎实际，做到充足、可信。接着要重点突出自己适合应聘岗位的学科成绩、特长、优势等，可以多提一些有代表性的工作经历，使之具有吸引力和新鲜感；要表明自己诚恳的求职态度和敬业精神，并附带说明对未来的设想。

（3）结尾是求职信的最后一个部分，主要是进一步强调求职愿望。可以恰当地表达求职的迫切心情，恳请用人单位考虑你的求职请求，期望得到用人单位的认可及接纳。最后要写上礼节性的致敬语，落款要写清姓名和日期。

（二）写求职信的四误

一是不够自信，过于谦虚。求职者应当在信中强调自己强项，即使不可避免地要说明自己的弱项，也没有必要那么坦率。

二是主观意愿，推理不当。许多求职者为了取悦招聘单位，再三强调自己的成绩，而不知有关经验与能力对职位的重要性。

三是语气过于主观。对于招聘单位来讲，他们大都喜欢待人处事比较客观和实际的人，因而求职者在信中要尽量避免用"我认为""我觉得""我看"等字眼。

四是措辞不当，造成反感。写求职信最忌用词不当。例如："有我这样的人才前来应聘，你们定会大喜过望。"对方看到这样的语言，怎么会不反感？

（三）求职信写作的注意事项

（1）实事求是，恰如其分地介绍自己的能力和特长，既不吹嘘自己，也不贬低自己。

（2）重点突出，有条理，有针对性。篇幅以2~3页，1500字以内为宜。如果过长，使人厌烦；过短，显得不严肃、不认真，给人留下的印象不深。

（3）文笔要流畅，表达要准确，字迹要工整、漂亮。这实际上是场考试，如果你写得一手好字，就要认真地写，并在署名后注明"亲笔敬上"等字样；如果你的字写得不好，你最好打印或请人代写，尽管这样做效果不好，但总比歪歪曲曲、难以辨认的"天书"要好。

（4）精心选择照片，以便吸引招聘单位注意。无论是免冠半身照，还是全身照，都要近期的。图像要清晰、柔美、不失真，可事先请亲朋好友参谋一下，选最好的照片寄去。

（5）学会用多种文字书写求职信。例如，中、英文对照或中、日文对照，这既表现出你的外语水平，又表示你对招聘单位的尊重。

（6）书写时最好使用钢笔、毛笔，圆珠笔也可以，但不能使用红笔和铅笔。因为，在国外红笔书写表示绝交，铅笔书写表示对人的不尊重。书写完后，最好仔细检查几遍，确认没有错别字和重字、漏字。

（7）信纸和信封一定要选择质量较好的，不要用太薄、太黄、太粗糙的信纸和信封。在信封正面，最好贴上一张精美的邮票，以引起对方注意。

（四）个人简历的写作技巧

个人简历是求职的重要材料之一。其内容主要是介绍个人基本情况，包括学习、工作经历、成就和特长等。简历的信息量全面而且集中，是用人单位分析、比较、筛选和录用应聘者的主要依据。一般附在求职信后面，目的是让对方更加具体了解自己，从而为自己创造面试的机会，最终达到就业的目的。

个人简历的基本构架如下。

（1）基本数据栏。把个人基本材料放在最前头，这样有利于引起人事主管的注意。一般个人基本资料包括：姓名、性别、出生年月、籍贯、毕业学校、专业、身体状况及联系方式等。

（2）教育水平栏。在介绍个人基本资料之后，一般都要接着写教育背景和教育程度。教育背景的写法通常是由后向前推进，即先写大学，再写高中，一般写到高中阶段即可。可以列出大学期间所修的主要课程，尤其是要体现与所谋求的职位有关的课程科目，不必面面俱到，要突出重点，有针对性，让用人单位感到自己的学历、知识结构与其招聘条件吻合。此外，还应介绍自己外语、计算机的掌握程度。

（3）工作经验栏。这部分是简历中最重要的部分，也是人事主管审核时最注重的一栏，因此要多花一点时间和心血。大学毕业生一般没有什么工作经验，可以写上在校期间参加过的各种班级或社团活动，最好是自己主持举办的活动，这样可以凸显管理才能。另外，大学毕业生的实习经历、兼职情况及在学校、班级所担任的职务也可以介绍出来。如果在校期间未曾担任过什么职务，可以着重突出自己参加过的各项课外活动，或者校外兼职。

（五）照片准备

一般多以黑白学生照为简历上的照片，如果拍彩色照片就必须注意穿着，如：男士要穿西装打领带，头发梳理整洁；女生最好化淡妆，穿正式一点的服装，不要搞得太艺术化。

[附] 应届毕业生个人简历模板

1. 个人基本情况

姓名：

性别：

出生年月：

健康状况：

政治面貌：

毕业院校：

专业：

电子邮件：

联系电话：

通信地址：

邮编：

教育背景：

××年至××年××大学××专业（依个人情况酌情增减）

主修课程：（如需要成绩单请附上）

论文情况：（注明是否发表）

英文水平：（基本技能：听、说、读、写的能力及等级）

计算机水平：（编程、操作应用系统、网络、数据库，依个人情况酌情增减）

社会实践：

××年××月至××年××月××公司××工作（依个人情况酌情增减）

工作经历：

××年××月至××年××月××公司担任××职务（依个人情况酌情增减）

个性特点：（描述出自己的个性、工作态度、自我评价等）

2. 个人简历撰写的注意事项

（1）简历应展示真实的自我，简历中的各项文字信息都必须真实，要经受得住检验，不能弄虚作假。因为用人单位很容易通过其他渠道了解到关于应聘者有关方面的信息，如果发现有虚假信息，肯定不会录用。即使蒙混过关，被用人单位录取后发现简历中有不真实内容，对今后的工作也会大大不利。

（2）简历的内容应强调能力与应聘职位相称，而不是漫天说好。应该抓住重点，所涉及的各方面内容的繁简程度要依用人单位所看重的能力而进行调整，巧妙突出自己的优势，给人留下鲜明深刻的印象。最聪明的做法是告诉别人：我能做好这份工作，而不是能做好所有的工作。单位选择人才不是要最好的，而是要最合适的。

（3）简历不能太夸张，也不能太平淡。要写得简洁精练，切忌拖泥带水。简历的格式要便于阅读，有吸引力，从而使用人单位对自己产生良好的印象。

（4）简历要有个性，参照优秀简历要借鉴有度，绝不可盲目抄袭。因为一个有工作经验的招聘人员，见过许多类似的简历。有些简历既没有实质性内容，也没有突出个性。诸如：敬业精神、团队精神等。每天看着同样的简历，任何人都会产生"审美疲劳"，与其把很多抽象的概念化的素质写出来，还不如用具体数据和事实等来说明自己的工作能力。假若有工作经历，那么写清楚这段经历远比自称有"团队精神""协调能力"等更具有说服力。

3. 成功的个人简历招数

（1）使用"从事事件＝结果"这种格式。内容就是一切，所以一定要突出你的能力、成就及过去经验，使你的简历更出众。仅有漂亮的外表而无内容的简历是不会吸引人的。仔细分析你的能力并阐明你能够胜任这份工作的原因；强调以前做过的事，一定要写上结果。

（2）让简历醒目。简历的外表不一定要华丽，但它应该醒目。审视一下简历的空白处，用这些空白处和边框来强调简历的正文，或使用各种字体格式，如斜体、大写、下划线、首字突出、首行缩进或尖头等。

（3）尽量使简历简短。雇主可能会用几秒钟的时间扫视你的简历。然后再决定是否面试你，所以一张纸的效果最好。如果你有很长的职业经历，一张纸写不下，试着写出最近5~7年的经历或组织出一张最有说服力的简历，删除那些无用的东西。

（4）为简历定位。雇主们都想知道你可以为他们做什么，因此，含糊的、笼统的、毫无针对性的简历会使你失去很多机会。你需要为你的简历定位。如果你有多个目标，最好写上多份不同的简历，在每一份上突出重点，这将使你的简历有机会脱颖而出。

（5）写上简短小结。这其实是最重要的一个部分，"小结"可以写上你最突出的几个优点。很少有应聘者写这几句话，但雇主们却认为这是引起注意的好办法。

（6）强调成功经验。雇主们想要你证明你自己的实力，所以简历中要证明你以前的成就，你的前雇主得到了什么益处，包括你为其节约了多少钱，多少时间，有什么创新等。

（7）力求精确。阐述你的技巧、能力、经验要尽可能的准确，不夸大也不误导。确保你所写的与你的实际能力及工作水平相同。

（8）使用有影响力的词汇。使用诸如证明、分析、有创造力和有组织性等词汇，可以提高简历的说服力。

（9）用词要注意。许多雇主都表示他们最讨厌错别字。许多人说："当我发现错别字时我就会停止阅读。"所以，请认真填写个人简历。因为雇主们总认为错别字说明人的素质不够高。

（10）谨慎填写个人爱好。除非你的兴趣爱好能够凸显你与应聘岗位之间的密切关系，否则，诸如"唱歌""旅游""跳舞"之类的爱好就不要写上去。

总之，如果你的简历能够回答以下几个问题，就说明它是比较成功的：它是否清晰并能够让雇主尽快知道你的能力？是否写清了你的能力？是否写清了你应聘这份工作所具备的基础？有可删除的东西吗？

借鉴

我的应聘败在简历上

毕业招聘会前夕，同学们都在制作简历，好朋友再三叮嘱我一定要把简历做得华丽漂亮些，哪怕数量少点也没关系，见到合适的公司一定要递上去，绝对不能错过任何机会。

招聘会热火朝天，要人的单位很多，等着人要的学生更多。我把简历一份份递上去，可得到的回答不是专业不对口，就是需要两年的工作经历。我终于将简历投到一家大集团，负责招聘的人员快速翻阅着我的简历说"你什么专业的，到底要应聘什么部门，写这么多干吗！等电话吧！"说完把简历扔进一大摞简历堆里。

我走了一圈，工作上的事仍没着落，可简历却一份也不剩。正当我准备离开时，却意外看到一个旅行公司，公司的招聘栏上清楚地写着：英语。我兴奋地走过去，负责招聘的中年男子笑着问我："你的简历呢？"我才意识到我手里一份简历都没了。

匆忙把姓名、学校、专业、特长填在一张空白纸上递给负责人，他皱着眉头收下，挤出笑容说："好的，你等通知吧。"

一个礼拜过去了，我没接到任何面试的电话。打电话到旅行公司，可电话那头却说"我们从来没收到过你的简历！"

而此时和我同专业的某男生却成功应聘到我心仪的那家大集团公司。他告诉我，他的简历只做了两页，一页介绍自己的基本情况，一页是在校期间的社会活动简介。他一说完我顿时傻了眼。

三、面试及应对技巧

面试是一门学问，是应聘者取得成功的关键之一。大学生求职面试时不仅要询问各种问题，招聘者还会从各方面观察应聘者的举止、态度、能力和潜质。因此，应聘者在面试时掌握一定的应聘技巧，对择业的成功有着重要作用。

（一）面试的礼仪技巧

礼仪在人际交往中是必不可少的，尤其是在正式场合，在交往双方不是非常熟悉的情况下，就更显得重要。面试是比较正式的场合，求职者更应懂得讲究礼仪的重要性，它直接影响主考官对求职者印象的好坏，进而决定是否录用。因此，大学毕业生在面试礼仪上应注意以下几个问题。

1. 注意仪表

科学研究表明，人们对别人的评价大部分依赖于视觉，在最初见面的 30 秒，往往就会形成一个基本的判断。如果应聘者能在最初就给面试人员留下一个积极的印象，无疑对求职会非常有利。大学毕业生在面试时应给人整洁、大方、朝气蓬勃的感觉，在面试服装的选择上，应把握几个原则：一是着装应与当时的环境协调；二是服装与服饰色调的整体要协调；三是服装的款式要大方得体，不要穿过于暴露或超短、紧身的服装，衣着要整洁、干净；四是色彩不要太鲜艳，以冷色调和中间色调为宜。

2. 遵守时间

参加面试应按约定的时间前往，最好提前 10 分钟到达，以显示求职的诚意，并可以表示自己是一个守时的人。另外，面试时提前 10 分钟到达也可以调整自己的心态，做一些简单的仪表准备，避免仓促上阵，手忙脚乱。如果迫不得已迟到，则一定要向对方如实说明原因，以求得谅解，给对方以信任感。

3. 注意礼节

在被通知进入面试办公室时，敲两下门是标准的礼节，但要注意敲门时不可太用劲。进门后不要随手将门关上，应转过身正对着门，用手轻轻将门合上。见到面试人员应主动致意，称呼应当得体。在面试人员没有请你坐下时，切勿急于落座；对方请你坐下时，应道声"谢谢"。切忌大大咧咧，左顾右盼，满不在乎，以免引起反感。离去时应询问："还有什么要问的吗？"得到允许后应微笑起立，感谢用人单位给你面试的机会，并说"再见"。握手时应面带微笑，目光正视对方，显得热情大方。握手力度要适当，坚定自信的握手能给对方带来好感。但如果招聘人员没有主动伸手与你握手，千万不要自作多情主动去和面试人员握手。

4. 面试姿势

正确坐姿是：身体的重心放在椅子的 2/3 处，双腿自然并拢，手叠放在膝上，挺直腰板，身体微向前倾。坐时既不可坐得太浅，也不能坐得太深。坐得太浅显

得不自信,容易使自己紧张,导致注意力不集中;坐得太深,则容易显得傲慢无理。正确的坐姿,让人见后觉得此人精神振奋,朝气蓬勃。

在面试时还应该注意一些下意识的小动作,如坐着时双腿叉开,摇晃不停;或跷着个二郎腿,不住地抖动;或讲话时摇头晃脑,用手掩口;或用手不住地抓后脑勺;或不停地玩弄随身携带的小物件等。这些小动作会使面试人员分心,并很有可能引起他们的反感,认为你太紧张,或是缺乏教养,或是坏习惯太多,从而对面试不利。

5. 眼神交流

和招聘人员交谈时目光要显得自然,不要一直紧盯着对方,当然更不应该漫不经心地四处张望,避免目光游离。游离的、善变的目光,会让主考官认为你这个人不老实。可以和面试人员保持一定程度的目光交流,但是不要死盯着对方的眼睛,可以将目光放在对方的鼻梁部位,既显示出自己对对方的话题感兴趣,又可以避免双方对视的尴尬。如果有多个面试人员在场,你说话的时候一定要经常用目光扫视一下其他人,以示尊重和平等。

(二) 面试的谈话技巧

面试顾名思义是一种面对面的交流,因此,语言的运用必不可少。面试场上应试者的语言表达艺术,往往反映其成熟程度和综合素质,因此,对大学生求职者而言,掌握必要的谈话技巧是很重要的。

1. 自我介绍的方式

自我介绍是每个应聘者都应精心准备的内容,最好事先以文字的形式写好、背熟。开场白说得好不好,对后面顺利地回答问题和考场气氛非常关键。自我介绍要简洁,时间通常在 1 分钟左右,最长也不要超过 3 分钟。要像商品广告一样,在短时间内针对客户的需要,将自己最美好的一面展示出来,既要给对方留下深刻的印象,又要使对方认为你是最合适的人选。因此除了简单介绍自己的基本情况,如姓名、专业名称、毕业学校等,你还必须有的放矢,争取将自己的优势和特长与对方需求有机结合起来。当然,在介绍自己的成功经历和成绩时,要注意口气,既巧妙地表露出来,又不显示出自我吹嘘的痕迹,给人以自信、谦逊、不卑不亢的印象。

2. 回答问题的技巧

第一,把紧自己的嘴巴,三思而后答。回答每一个问题都得谨慎,要经过认真思考后再回答。在面试中,有的应聘者为了显示自己思维反应比较快,面试人员刚结束提问便开始回答问题。其实,这种做法很不好,因为面试人员是根据应试者的回答来判断其各方面素质的,而不是根据回答问题的速度。通常面试人员在问完一个问题后，会停顿几秒钟甚至几十秒钟，在这段时间里你可以考虑一下怎么回答问题，怎么有条理地表达出自己的意思。如果认为已经回答完了，就不要再多讲，"言多必失"；如果所说的话与问题答案无关，那么结果也会不理想，而且话多了还会给人以啰唆之感。

第二，留足进退的余地，随机应变。面试当中，对于那些需要从几个方面来加以阐述，或者"圈套"式的问题，应聘者要注意运用灵活的语言表达技巧，不要一开始就把话说死，否则，很容易将自己置于尴尬境地或陷入"圈套"之中。比方说"我认为这个问题应该抓住以下几个要点"，而不是用具体的数字"三个""四个"或"五个"，这样可以给自己预留灵活发挥的空间，可以边回答边思考。

第三，稳定自己的情绪，沉着理智。有时面试时，面试人员往往喜欢从应聘者最薄弱的地方入手提问，目的是考察应聘者的应变能力和处事能力。这时，你需要的是稳定情绪，千万不可乱了方阵。最好的回答方式应该是，既不掩饰回避，也不要太直截了当，用明谈缺点实论优点的方式巧妙地绕过去。

第四，不置可否的应答，模棱两可。面试时，招聘人员时常会设置一些无论你做肯定回答还是否定回答都不讨好的问题。遇到这种任何一个回答都不能让对方满意的问题时，要善于用模糊语言来应答，可以先用"不可一概而论"作为开头，接着从正反两个方面来解释你的观点。

第五，圆好自己的说辞，滴水不漏。在面试中，有时面试人员提出的问题不一定要求有什么标准答案，只是要应试者能自圆其说而已。这就要求应试者在答题之前尽可能考虑周全一些，以免使自己陷于被动局面。你可以根据提问的内容适当地进行发挥，让招聘者更充分地了解你某个方面的特长。

第六，摆平自己的心态，委婉机敏。面试者在面试时有时会故意刁难应聘者，这并不奇怪。特别是对于应聘管理或销售等职位的求职者来说，这种刁难可能更经常发生。刁难应聘者主要是为了考察应聘者的反应能力。如果你遇到了面试者的刁难，应该沉着应对，心平气和，较为委婉地加以反驳和申诉。对于实在难以回答的问题，可以直截了当地讲明原因，或者以一些幽默的方式应付过去。如果你面对刁难的问题而不知所措，这恰恰说明了你的应急能力和反应能力较差。

第七，放飞想象的翅膀，言之有物。面试中，偶尔会出现一些近乎怪异的假想题。这类题目一般都有不确定性和随意性，这也使应聘者在回答时有了发挥想象的空间和进行创造性思维的领域。你只要充分利用自己积累的知识，大胆地以"假设"对"假设"，就能够争取主动，获得成功。

第八，跳出常规思维的束缚，机敏灵活。面试中，如果面试人员提出近乎游

戏或笑话式的问题，你就应该多动一动脑子，想一想他是否另有所指，是否在考你的智商。如果是，那就得跳出常规思维的束缚，采用一种非常规思维或发散思维的方式去应答题目，切不可机械地就事论事地回答。

3. 面试发问的技巧

面试是一种"双向互动"，招聘者要通过提问来确定你是否有资格从事该工作，而你必须通过提问来确定公司是否给你机会，以实现你所需求的发展目标。面试时若招聘者让你发问，你可以适当问一些问题，并且把提问的重点放在招聘单位的需求以及你如何能满足这些需求上。通过提问的方式进行自我推销是十分有效的，所提问题必须是紧扣工作、紧扣职责的，当然也要注意不要问一些通过事先了解就能够获得的有关公司的信息，这会让人对你的面试目的是否明确表示怀疑。以下是一些可供提问的探索性问题。

（1）该工作的详细情况。

（2）该工作尚有空缺的理由。

（3）公司的文化背景。

（4）将来的就职与培训计划。

（5）何种人在公司干得好。

（6）对表现忠诚和能力强的雇员提供的高级培训计划。

（7）公司的发展择业。

（三）面试交谈中的"四要四不"原则

1. 四要原则

第一，要诚实自然。实事求是是用人单位对应聘者的基本要求，应聘者在面试中态度要坦诚，要说实话不撒谎，展示真实的自己。说话要自然，该是怎么样就是怎么样。偶尔不明白的，要在适当的时候发问。

第二，要简单而精确。针对面试人员的提问，以简洁明了的语言，抓住问题的要害，清晰明确地表达出问题的关键点。叙述事情一定要具体，讲清原委，避免抽象。一般情况下回答问题要结论在先，议论在后。先将思想表达清楚，然后再做叙述。涉及一些具体情况，要解释原因或说明程度。

第三，要有重点。说话要有点有面地说，而且通篇一定要有一个重量级的卖点，也就是要突出展示能符合应聘职位需要的个人优势和特长，从而达到适度宣传自己的目的。

第四，要随时注意听者的反应。交谈中很重要的一点是把握谈话的气氛和时机，如果听者心不在焉，可能说明讲话的内容已经不能够引起听者的兴趣，就要赶紧转换话题内容；听者皱眉、摇头可能表示应聘者言语有不当之处。根据对方的这些反应，及时地调整自己的语言、语调、语气、音量及陈述的内容，才能取得良好的面试效果。

2. 四不原则

第一，不谈薪水。那种一开口就问"工资报酬多少，福利待遇如何"的求职者最令面试人员反感。求职者关心收入和待遇的心情可以理解，但八字未见一撇，一开口就讨价还价，是不成熟的表现，求职毕竟不是谈生意做买卖。

第二，不要冷场。面试中的交流应该是互动的，有时面试人员突然"沉默"，应聘者一定不要慌乱，这可能是在考你的应变能力，你应该想方设法寻找合适的话题打破沉默，化解相对无言的尴尬，这也是一种自信的表现。

第三，不要支配招聘人员及话题。有时招聘人员显得比较年轻，或显得比较谦逊，你就有可能在潜意识里想支配他。但一旦真的支配了他，那他就会不舒服了。你自然也没什么好结果。

第四，不要随意插话。交谈中打断别人的话，会给人急躁、鲁莽、不礼貌的坏印象。如确需插话，应先征得对方同意。用商量的语气问一下"我提一个问题可以吗"。

（四）面试后的工作

面试结束后，应试者不能认为万事大吉，而要积极采取善后行动，设法让用人单位记住自己，抓住时机，趁热打铁，真正把握成功的机会。另外，还应及时总结面试表现，向有经验的同学和师长请教，找出其中的失误，拿出对策及时补救，或争取在下次面试时吸取教训。

1. 撰写感谢信

面试之后，可以给用人单位写封感谢信，因为用人单位能给你这个面试机会就是对你的尊重，那你同样要尊重对方的工作，对其表示感谢。另外，可能参加面试的人比较多，除非你表现特别出色，否则负责面试的人很难记住每一个人，你给负责面试的人发个电子邮件，也能起个提醒的作用，让他们再次想起你来。如果觉得有什么地方面试时没有想到，或者做得不好，也可以在信件中设法弥补。记住，信一定要写得简短热情。

2. 马上总结

面试后应立即分析自己，总结面试的得失，反思要快，因为记忆会随时间的延长而减弱。分析的目的是要评估当时的表现是否和自己的实际能力一致。如果你的表现有部分不太好，一定要自问"为什么"，怎样才能够表现得更好，那么下一次面试就要注意类似的问题。最好准备一份面试笔记，记录面试的日程、面试时的询问事项，以及对问题的回答等，要详细地记下来，为今后提供参考。

第三节
就业权益与维护

一、就业的基本权利

所谓权利，是指国家法律、法规和政策对某种行为的许可和保障。为了维护大学毕业生的合法权益，我国在《宪法》《劳动法》《高等教育法》《普通高等学校毕业就业工作暂行规定》中，都有明确规定。这些权利主要包括以下几个方面。

1. 平等就业的权利

毕业生不分民族、性别、宗教信仰等的不同，享有平等的就业权利。

2. 自主择业的权利

自主择业的权利即自主选择用人单位的权利。任何单位和个人都不得横加干涉或强迫。必须指出，在现阶段，由于我国各地区经济发展很不平衡，高等学校的分布也很不均匀，毕业生的数量和质量在近期内还不能满足社会各方面的需要，为了保证国家重点工程或行业的特殊需要，毕业生就业还不具备完全自主择业的条件，只能在国家方针、政策的引导下，在一定范围内自主择业。

3. 公平竞争的权利

公平竞争对大学生来说，既是权利也是机遇，同时还要承受竞争所带来的压力和挑战。

4. 获得信息的权利

就业信息是大学生择业成功的基础，获取信息权的内涵包括信息公开、信息及时、信息全面等要素。

5. 全面了解用人单位的权利

大学毕业生在与用人单位签约前，有权对用人单位的情况进行全面细致的了解。

6. 要求用人单位履行协议的权利

就业协议书是国家专用于毕业生就业的正式文本，具有法律效力。双方一旦签约，就有义务严格履行协议。

7. 要求用人单位按照《劳动法》的规定提供各种劳动保障的权利

《劳动法》规定：劳动者"享有取得劳动报酬的权利、休息休假的权利、获得劳动安全卫生保护的权利、接受职业技能培训的权利、享受社会保障和福利的权利、提请劳动争议处理的权利以及法律规定的其他劳动权利"。

8. 追究用人单位违约的权利

毕业生与用人单位签订就业协议，是双方遵循平等自愿、协商一致原则而达成的协议，双方均有遵守的义务。如果用人单位一方不能按照协议的内容履行，或者打折扣，毕业生有追究用人单位违约责任的权利。

9. 接受就业指导的权利

学生有权从学校接受就业指导，学校应成立专门机构，安排专门人员对毕业生进行就业指导，包括向毕业生宣传国家关于毕业生就业的有关方针、政策；对毕业生进行择业技巧的指导；引导毕业生根据国家、社会需要，结合个人实际情况进行择业，使毕业生通过接受就业指导，准确定位，合理择业。当然，随着毕业生就业完全市场化，毕业生也将由从学校接受就业指导而转为主动到市场寻求和接受一些有益的社会上合法机构的就业指导。

二、就业的基本义务

权利和义务是统一的，大学毕业生在享有法律、法规和有关政策规定的同时，也应当履行自己的义务。

1. 回报国家和社会、服从社会需要的义务

大学生应该积极主动响应国家的号召，服从社会需要，到边远地区、艰苦行业、到祖国最需要的地方，把自己所学的知识回报给国家和社会，为国家建设和社会发展贡献力量。

2. 如实向用人单位介绍自己情况的义务

如实向用人单位介绍自己情况的义务就是要实事求是，不要弄虚作假。只有如实介绍自己的真实情况，才能让人觉得可信、可取，获得用人单位的信任。

3. 履行就业协议的义务

大学生毕业生就业必须在规定的时间内，前往签约单位报到，不得擅自变更或无故自行解除协议。

4. 依照职责完成工作任务的义务

大学生应该模范地遵守用人单位的工作纪律，切实履行工作职责，圆满完成工作任务。

5. 不断提高职业技能的义务

大学生在校期间所掌握的技能不一定完全适应工作实践的需要，同时，工作后日益更新的知识和技术又需要在实践中继续学习，因此，大学生要谦虚地、认

真地参加用人单位安排的技术培训，努力掌握更多的、更新的技能。

大学生择业中，对党和政府的方针政策应有必要的了解，下面提供一些政策、法规供同学们学习。

1. 我国现阶段普通高等学校毕业生就业有哪些方针、政策？

毕业生就业工作的方针、政策始终是：贯彻统筹安排、合理使用、加强重点、兼顾一般和面向基层，充实生产、科研、教学第一线的方针，在保证国家需要的前提下，贯彻学以致用、人尽其才的原则。国家采取措施，鼓励和引导毕业生到边远地区、艰苦行业和国家急需人才的地方去工作。毕业生就业坚持公开、公正、择优、自愿的原则，实行国家宏观调控，学校和各级政府推荐，学生和用人单位双向选择的就业模式。

2. 何为"供需见面""双向选择""自主择业"？

"供需见面"是指在国家方针政策指导下，在主管毕业生就业部门组织或协助下，学校与用人单位直接联系所进行的供需信息交流活动。学校向用人单位介绍学校的专业、培养目标、使用方向等情况，用人单位则向学校和毕业生介绍本单位的概况、对毕业生需求情况及具体使用要求。

"双向选择"是指毕业生和用人单位相互间的选择。毕业生选择单位，用人单位也可选择毕业生，学校起中介作用。

"自主择业"是学生毕业后可以不受限制地选择单位。但现阶段我国劳动人事制度改革正处在过渡阶段，户口制度仍制约人们的就业去向，地区间发展很不平衡，人才劳务市场还不成熟。供需信息渠道很不畅通，因此，"自主择业"是在一段时间内实行的"一定范围内的自主择业"。自主择业不是自由择业，因为你选择用人单位，用人单位还要选择你。

3. 大学毕业生就业主要采取哪些办法？

属于国家任务招收的学生，要服从国家需要，通过学校与用人单位"供需见面"或毕业生与用人单位"双向选择"的办法落实毕业生就业方案。在国家就业政策指导下，政府除对急需专业的毕业生进行少量调剂外，大部分毕业生通过供需见面会"双向选择"，在一定范围内自主择业；委托培养和定向培养的学生按合同就业。

4. 高校毕业生到西部、到基层和艰苦地区工作将享受哪些优惠政策？

为了吸引应届大学毕业生到西部地区、到基层和艰苦地区建功立业，国家出台了以下几个方面的优惠政策。

（1）对原籍在中、东部地区而去西部工作的高校毕业生，实行来去自由的政策。根据本人意愿，户口可迁到工作地区，也可迁回原籍，由政府主管部门所属的人才交流机构提供免费人事代理服务；到西部贫困边远地区工作的高校毕业生，可以提前定级，并根据实际情况适当提高工资标准。人事部还要求各地积极引导高校毕业生进入国有大中型骨干企业及承担国家重点工程、项目的单位。

（2）各级政府要为高校毕业生创造工作条件，主要充实城市社区和农村乡镇基层单位，从事教育、卫生、公安、农技、扶贫和其他社会公益事业。在艰苦地区工作两年或两年以上者，报考研究生的，应优先予以推荐、录取；报考党政机关和应聘国有企事业单位的，在同等条件下，应优先录用。

（3）实施"大学生志愿服务西部计划"。从高校毕业生中招募志愿者，到西部贫困县的乡镇一级教育、卫生、农技、扶贫等单位服务 1~2 年，服务期间计算工龄。志愿者服务期满后，鼓励其扎根基层或自主择业；服务期满一年考核合格，报考研究生的，总分加 10 分。各高校出台的政策如优惠于此政策，则参照高校政策，同等条件下，优先录取；服务期满一年考核合格，可以应届毕业生身份报考国家机关公务员，报考中央国家机关和东、中部地区公务员的，同等条件下优先录取，报考西部地区公务员的，笔试总分加 5 分；在录用党政机关公务员和新增国有企事业单位专业技术人员、管理人员时优先录用、招聘志愿者。

5. 应届高校毕业生自主择业、灵活就业，将享受哪些鼓励政策？

凡应届高校毕业生从事个体经营的，除国家限制的行业（包拱建筑业、娱乐业以及广告业、桑拿、按摩、网吧、氧吧等）外，自工商部门批准其经营之日起，1 年内免交登记类和管理类的各项行政事业性收费。有条件的地区由地方政府确定，在现有渠道中为高校毕业生提供择业小额贷款和担保。

从事个体经营的高校毕业生免交的具体收费项目主要包括以下两个方面。

（1）法律、行政法规规定的收费项目，国务院以及财政部、国家发展改革委（含原国家计委、原国家物价局，下同）批准的收费项目。

①工商部门收取的个体工商户注册登记费（包括开业登记、变更登记、补换营业执照及营业执照副本）、个体工商户管理费、集贸市场管理费、经济合同鉴证费、经济合同示范文本工本费。

②税务部门收取的税务登记证工本费。

③卫生部门收取的民办医疗机构管理费、卫生监测费、卫生质量检验费、预防性体检费、预防接种劳务费、卫生许可证工本费。

④民政部门收取的民办非企业单位登记费（含证书费）。

⑤劳动保障部门收取的劳动合同鉴证费、职业资格证书费。

⑥公安部门收取的特种行业许可证工本费。

⑦烟草部门收取的烟草专卖零售许可证费（含临时的零售许可证费）。

⑧国务院以及财政部、国家发展改革委批准的涉及个体经营的其他登记类和管理类收费项目。

（2）各省、自治区、直辖市人民政府及其财政、价格主管部门批准的涉及个体经营的登记类和管理类收费项目。

从事个体经营的高校毕业生，应当向工商、税务、卫生、民政、劳动保障、公安、烟草等部门的相关收费单位出具本人身份证、高校毕业证以及工商部门批准从事个体经营的有效证件，经收费单位核实无误后按规定免交有关收费。

同时，自谋职业、自主择业的高校毕业生可将人事关系存放在政府人事部门所属人才服务机构、劳动或人事部门人才服务机构，这些服务机构将为其办理人事关系接转、人事档案管理、转正定级、党团关系、专业技术职务任职资格申报评审、社会保险金缴纳等服务，实行全方位的人事代理服务，以解除自主择业、灵活就业的高校毕业生的后顾之忧。

6. 就业协议书签订要履行哪些程序？

（1）毕业生到所在院（系）领取空白协议书（一式三份）。

（2）学生如实填写"个人情况"栏，所在院（系）审核后，在相关栏目填写"同意推荐"意见并盖公章。

（3）学生和用人单位洽谈达成协议后，用人单位填写接收意见。学生与用人单位如有其他约定，必须在协议书备注栏注明。考研的毕业生签约前，一定要和用人单位说明，否则因考取研究生而造成违约的一切责任由学生个人完全承担。

（4）学校就业指导中心盖章，纳入就业计划。

（5）学校、学生本人、用人单位三方签字或盖章后的协议书具有法律效力，任何一方不得随意违约，否则将承担全部违约责任。

7. 签约时应注意哪些问题？

目前，高校使用的就业协议书是由学校、毕业生、用人单位三方共同签署后生效，是学校制订就业方案、用人单位申请用人指标的主要依据，对签约的三方都有约束力。

首先，签约是非常严肃的事情，同时也是法律行为，因此签约前的了解与洽谈十分重要。毕业生应详细了解用人单位的情况，一般包括单位的规模、效益、管理制度等。单位的隶属也很重要，国家机关、事业单位、国有企业一般都有人事接收权。毕业生还应对不同地方人事主管部门的特殊规定有所了解，除协议书外，如北京市非本地生源进北京市属单位还应经过北京市人事局的审批，天津、上海、广州、深圳等省市也有类似规定。

签约的一般程序为：毕业生持用人单位的接收函到学校领取就业协议书，先由毕业生在协议书上签署意见后交用人单位，由用人单位签署意见后再交给学校，学校签字后协议书生效。

一般到用人单位报到后毕业生和用人单位要签订劳动合同书，因此在签约前了解合同书的内容是十分必要的，尤其重要的是合同书的工作年限和待遇。毕业生应向招聘人员索要合同样本或复印件，以免日后发生纠纷。

为了有效地维护毕业生的合法利益，防止出现意外情况，在签约前最好向单位了解工资待遇、福利、保险、服务期等情况。如果报考了研究生或准备出国，应事先向用人单位讲明，并写在协议书中。有些毕业生向用人单位隐瞒这些情况，这是不可取的，也会带来许多麻烦。

8. 怎样正确对待签约时用人单位的补充条款或协议？

有些用人单位在招聘毕业生时，除了与毕业生签订就业协议书外，还常常会附加补充协议或增加某些条款，个别用人单位可能还会要求毕业生另外签订单位自己或者单位所在地的毕业生就业工作主管部门印制的协议书。一般来讲，这些补充条款或协议主要是用来进一步明确用人单位与毕业生之间的有关权利和义务等具体问题的。

对于毕业生来说，较为常见的问题主要有以下两个。

（1）毕业生进入单位前的有关问题，如毕业生离校前不得有违纪违法行为，毕业生必须获得毕业文凭或学位证书，毕业生自荐材料中所反映的学习成绩和其他情况必须与档案中的记载相符，等等。

（2）毕业生进入单位后的有关问题，如到单位报到的时间以及所需材料，毕业生必须通过单位统一组织的体检，单位提供给毕业生的工作条件及生活待遇，等等。

事实上，补充条款或协议中的有些内容，具有毕业生进入单位后需要签订的劳动用工合同的性质，因而毕业生原则上应该接受并按单位的要求予以办理。需要提醒的是，毕业生在签署这些补充条款或协议时，一定要对其进行仔细研究。必要时可以向有关部门或老师咨询，以免因某些条款的不合理而损害自身利益。

9. 签订就业录用协议书后要承担什么责任？

毕业生就业协议书明确规定了学校、用人单位及毕业生本人三方面的责任、权利与义务，协议书一经签订便被认为生效合同，不能随意更改。有的毕业生在与用人单位签订协议后又去联系其他单位，"脚踏两只船"，这是一种不负责任的态度，这种不讲信誉的人在社会上是不受欢迎的。所以，毕业生应该信守协议。如果万不得已要单方面毁约，必须在规定的时间内征得原签约单位的同意，经学校毕业生就业主管部门批准，交纳一定的违约金，方可作出其他选择。

如果毕业生签约后放松学习，纪律松散，思想道德品质恶劣，学校可视情况如实向用人单位反映，听取所签订协议单位意见，或取消其派遣资格，责任由学生本人承担。

10. 定向学生毕业不到定向单位怎么办？

根据教育部的有关文件规定，定向培养的毕业生必须按合同到定向单位就业。

如果学生本人不到定向单位就业属违约行为，必须办理好以下手续方可到其他单位就业或考研。

（1）学生本人向定向单位和学校提出违约申请。

（2）单位出据同意学生定向单位就业的函件。

（3）学生本人向学校缴纳培养费，返还定向奖学金和专业奖学金。

（4）学校将学生本人列入统招生就业计划，同其他学生一道推荐就业或参加研究生考试。

以上手续一般在毕业年度5月份以前办理完毕。

11. 毕业生就业后档案如何转移？

毕业生的人事档案应由学校统一寄发到毕业生工作单位所归属的人事档案管理部门。毕业生无权携带个人档案。

12. 正常就业的毕业生的档案何时寄发？

正常就业的毕业生，其档案一般在毕业生离校后的两周内由学校通过机要形式统一寄发。

13. 何谓"未就业毕业生"？

根据劳动与社会保障部有关文件精神，未就业毕业生是指应届毕业生在有能力工作并确实在寻找工作的情况下，不能得到适宜职业而没有收入的状态。有就业单位需求，而以就业单位不理想拒绝就业和自己不想就业而要继续考研、申请出国的毕业生不在未就业毕业生之列。

14. 未就业毕业生的档案如何处理？

对毕业离校时尚未落实单位的毕业生，档案管理机构对保管其档案免收服务费用。学校可根据本人意愿，将其户口转至入学前户籍所在地或两年内继续保留在原就读学校，待落实工作单位后，将户口迁至工作单位所在地。超过两年仍未落实工作单位的高校毕业生，学校和档案管理机构将其在校户口及档案迁回其入学前户籍所在地。

15. 毕业生户口如何迁移？

毕业生户口的迁移，由学校户口管理部门到辖区公安机关按规定办理，公安机关按就业报到证上标明的毕业生就业单位地迁移户口。毕业生不得自行指定迁移地址。领到户口迁移证后毕业生应仔细校对并妥善保管，不要折皱污损，更不能丢失，错漏不能自行涂改，否则作废。到工作单位报到后，持户口迁移证、报到证及工作单位证明到辖区公安部门办理户籍迁移手续。

16. 毕业生报到时用人单位拒绝接收怎么办？

国家规定："经过协商落实和国家毕业生就业主管部门审批的毕业生就业方案必须认真执行，未经高校和用人单位双方同意并经地方主管部门批准，学校不得随意改派毕业生，用人单位不得拒收和退回毕业生。"当遇到用人单位拒收时，毕业生应主动向用人单位问明情况，不要与对方争吵，更不要贸然逗留，应及时与学校取得联系，由学校分清责任，按有关规定妥善处理。

若属于学校工作失误造成就业方案不能落实而误派毕业生的，应由学校负责提出调整意见，由于用人单位发生重大变化（如撤并、破产、倒闭等），无接收能力的，应及时与学校协商，合理调整。若是用人单位对毕业生提出难以达到的又不符合政策规定的过高要求，则不能作为退人理由；毕业生报到后，因病不能坚持正常工作的，应按在职人员的有关规定处理；如果毕业生离校后因违法或严重违纪，被用人单位拒绝接收的，应将其档案、户口转回家庭所在地，自谋职业。

17. 毕业生个人要求用人单位退回学校，学校还受理吗？

按照有关就业政策，用人单位未经学校同意，不得随意退回按就业方案派遣的毕业生。但有的毕业生却提出种种理由，要求用人单位退回。对这类毕业生，学校不再受理其就业事宜，更不予调整改派。如毕业生经教育批评后仍坚持自行其事的，学校将其档案、户口转回家庭所在地，自谋职业。

18. 毕业生因表现不好而在报到后被用人单位退回怎么办？

按国家有关政策规定，对学习成绩、思想品德表现一贯不好，在校期间受过较重处分的毕业生，经学校推荐仍没有用人单位接收或因表现恶劣而被用人单位退回的毕业生，由学校将其档案、户口转回家庭所在地，自谋职业。

19. 毕业生在什么情况下可申请改派？

毕业生就业是一项严肃的工作。就业方案是由毕业生和用人单位通过"供需见面""双向选择"签订之后，由学校报经主管部门审核形成的。就业方案一经确定，就不得随意变动。但遇下列情况时可以申请改派。

（1）错派。没有这个用人单位，用人单位已经撤销或用人单位隶属关系发生了变化。

（2）毕业生本人遭受不可抗拒的因素或其他特殊原因。

20. 毕业生就业单位变更改派的程序是怎样的？

（1）毕业生向原就业单位提出改派申请，讲明改派原因。

（2）原单位同意改派后，出具将毕业生退回学校或同意将毕业生改派到其他单位工作的公函。

（3）由学校上报省级以上毕业生就业主管部门审核批准并办理有关手续。

21. 高校特殊毕业生就业有哪些规定？

（1）肄业生的就业：大学生肄业的学生由学校发放肄业证书，国家不负责其就业派遣，并将档案和户口转向其生源所在地自谋职业。

（2）残疾毕业生的就业：国家政策规定对残疾毕业生学校应帮助其就业，确有困难的，按有关规定由生源所在地民政部门安置。必要时，学校可与民政部门联系安排残疾毕业生的工作单位。

（3）患病毕业生的就业：学校应在派遣前认真负责地对毕业生进行健康检查，不能坚持正常工作的，让其回家休养。一年内治愈的（须经学校指定县级以上医院证明能坚持正常工作的），可以随下一届毕业生就业，一年后仍未治愈或无用人单位接收的，户粮关系和档案材料转至家庭所在地，按社会待业人员办理。

22. 什么是人事代理？

所谓人事代理，是指各级政府人事行政部门所属的人才流动服务机构根据国家有关人事政策法规，接受用人单位或个人委托，对其人事业务实行集中、规范、统一的社会化管理和系列服务的一种人事管理方式。

23. 什么是劳动合同？

劳动合同是劳动者与用人单位确立劳动关系、明确双方权利和义务的协议。建立劳动关系应当订立劳动合同。

24. 毕业生与用人单位订立劳动合同应遵循什么原则？

订立和变更劳动合同，应当遵循平等自愿、协商一致的原则。不得违反法律、行政法规的规定，劳动合同依法订立即具有法律约束力，当事人必须履行劳动合同规定的义务。

25. 劳动合同应包括哪些基本内容？

劳动合同应当以书面形式订立，并必须具备以下条款。

（1）劳动合同期限。即劳动合同从哪一天开始到哪一天结束。目前，就期限来说，我国的劳动合同可以分为固定期限和无固定期限以及以完成一定的工作为期限。

（2）工作内容。即所从事的工作和工作岗位，做到定岗定位。

（3）劳动保护和劳动条件。工作时间、休息休假、安全卫生、女职工和未成年工特殊保护、职业培训、社会保险和福利等规定，在《劳动法》有关章节都有具体反映。

（4）劳动报酬。应明确劳动报酬的具体数额或计算方法及支付日期，并写明该劳动报酬是税前还是税后。

（5）劳动纪律。主要反映在企业内部规章制度中，劳动者要详细了解，因为这涉及解除劳动合同的理由是否成立。

（6）劳动合同终止的条件。应严格依照法律法规订立，对不合劳动法律法规的规定，不发生终止劳动合同的效力。

（7）违反劳动合同的责任。劳动合同中对劳动者违约金的设定只能包含违反服务期约定的和违反保守商业秘密约定的两类。

26. 劳动合同是否可以规定试用期？

劳动合同可以约定试用期，试用期最长不得超过 6 个月。

27. 签劳动合同应注意哪些事项？

（1）劳动合同的内容要全。劳动合同有必备内容，包括劳动合同期限、工作内容、劳动保护和劳动条件；劳动报酬，社会保险和福利，劳动纪律、劳动合同终止的条件；违反劳动合同的责任。

（2）要签书面合同，并且要求保留一份合同。现在有些单位用人很不规范，不愿意与职工签订书面劳动合同，想以此逃避责任，也有的单位领导图省事，这是对劳动者极不负责的行为。劳动者有权要求用人单位订立书面合同。这样，如果发生劳动纠纷、争议，就有法律依据。

（3）试用期内也要签合同。这一点往往被劳动者所忽略。有的单位为了逃避责任，在试用期内，往往不与职工签订劳动合同。一旦试用期满，就找种种借口辞退员工。这种方法对用人单位来说，省事儿又省钱，可以不对劳动者负任何责任。

（4）在签订劳动合同时，要多听、多想、多看（参看别人的合同），避免签"口头合同""不签合同""模糊合同""单方合同"以及一些危险性行业用人单位与员工签订的"工伤概不负责"生死合同。

（5）一边倒合同不能签。由于劳动者与用人单位相比处于相对弱势地位，所以，相当一部分劳动者为了得到一份工作，在求职时面对用人单位单方制定出的劳动合同文本，心里可能有很大的意见，但因怕得不到工作，不敢提出自己的意见；有的人委婉地提出意见，往往被用人单位拒绝后，也不敢再坚持己见，只好委曲求全地在合同上签了字，先得到这份工作再说。但是从法律角度上看，劳动者在劳动合同上签字，是表示自己对这份合同认可并愿意遵守和履行这份合同的行为。如果拿不出用人单位在签合同时采用了胁迫或欺诈的证据，就只能被认定为这是自己的真实意思所为，就不能说这是一份无效的劳动合同。

28. 哪些劳动合同无效？

违反法律、行政法规的劳动合同；采用欺诈、威胁等手段订立的劳动合同都为无效合同。

29. 国家的工作时间制度如何规定？

国家实行劳动者每日工作时间不超过 8 小时、平均每周工作时间不超过 44 小时的工时制度。

30.《劳动法》对劳动者在福利保险方面有哪些规定？

根据《劳动法》的规定，用人单位与劳动者建立劳动关系后，应当依法参加养老、失业、大病统筹、工伤、生育等社会保险（实践中，由于各地社会保险改革的进程不同，实行的保险险种会有所不同），此外还应当为劳动者交纳住房公

积金。无论是社会保险还是住房公积金都是法律明确规定的，劳动者和用人单位必须依法缴纳，并且标准是固定的（各地区会有所不同），不能由双方当事人自行约定。

31. 什么是养老保险？

国家和社会根据一定的法律和法规，为解决劳动者在达到国家规定的解除劳动义务的劳动年龄界限，或因年老丧失劳动能力退出劳动岗位后的基本生活而建立的一种社会保险制度。征缴范围包括国有企业、城镇集体企业、外商投资企业、城镇私营企业和其他城镇企业及职工，实行企业化管理的事业单位及职工。养老保险的缴纳具有国家强制性。

32. 什么是医疗保险？

医疗保险是指当人们生病或受到伤害后，由国家或社会给予的一种物资帮助，即提供医疗服务或经济补偿的一种社会保障制度。征缴范围包括所有用人单位及其职工。

33. 什么是失业保险？

失业保险是国家通过立法强制实行的，由社会集中建立基金，对因实业而暂时中断生活来源的劳动者提供物质帮助的制度。征缴范围包括所有用人单位即符合条件的职工。

34. 什么是工伤保险？

工伤保险是指劳动者因在生产经营中所发生的，或在规定的某些特殊情况下，遭受意外伤害、职业病以及由此而造成伤亡，暂时或永久丧失劳动能力时，劳动者或其遗属从国家或社会获得物质帮助的一种法律制度。但属犯罪或违法、自杀或自残、斗殴、酗酒、蓄意违章以及法律法规规定的其他情形而发生的伤亡事故不认定为工伤。

35. 什么是生育保险？

国家通过立法，对怀孕分娩的女职工给予生活保障和物质帮助的一项社会政策。其宗旨在于通过向职业妇女提供生育津贴、医疗服务和产假，帮助她们恢复劳动能力，重返工作岗位。

36. 什么是毕业生见习制度？

见习制度即用人单位对刚刚接收来的毕业生有计划、有组织、有目的地进行考察和了解，进而在思想、业务等方面给予指导和帮助，使毕业生尽快适应工作需要的制度。

见习期一般为一年。对入学前已从事一年以上有关专业实际工作的，经所在单位批准，可免去见习期。某些特殊专业的毕业生，需要更长时间的锻炼，可在见习期满后由单位自行安排，毕业生在见习期间，发生疾病或因事不能坚持工作的，如病（事）假超过一个月者，见习期应顺延相应的时间。见习期满后，所在单位应及时为毕业生办理转正手续，按期为其评定专业职称，聘任相应职务，确定工作岗位。

37. 见习期考核不合格怎么办？

对有见习要求的，经所在单位讨论，报主管部门批准延长见习期半年到一年，并将延长期限和理由通知本人，延长期限结束时仍达不到要求的，不再延长见习期，另行安排工作。工资待遇按毕业生转正工资标准低一级来定。对表现特别不好的，经批准后，予以辞退。

38. 国家对用人单位在招用人员时有哪些禁止性规定？

根据 2000 年 12 月 14 日劳动和社会保障部发布的《劳动力市场管理规定》禁止用人单位招用人员时有下列行为：提供虚假招聘信息；招用无合格证件的人员；向求职者收取招聘费用；向被录用人员收取保证金或抵押金；扣押被录用人员的身份证等证件：以招用人员为名谋取不正当利益或进行其他违法行为。否则，求职者可向劳动保障行政机关举报，可对用人单位处以 1000 元以下罚款．对求职者造成损害的，招用单位应承担赔偿责任。

39. 如何处理就业与考研的关系？

许多学生到了毕业年度，面临着就业和考研取孰合谁的问题。有不少毕业生因没有处理好两个问题间的关系，最后造成两相耽误的结果。近两年来，用人单位到学校挑选毕业生的时间已提前到学生毕业前一个年度的 11~12 月，在毕业年度的 3 月份之前，大部分毕业生都已经签约。这个时间与国家研究生考试时日不同，如果毕业生等有了考试结果（没有考取研究生）再去联系工作单位，为时已晚。有的学生虽然自身条件不错，却联系不到满意的单位甚至当年不能正常就业，这对参加考研的学生来说无疑是一种损失。为此，我们建议，毕业生在忙于备考时，要关心用人单位的需求信息，有自己满意的单位或岗位不妨去试一试。若能把就业问题解决了，则少了后顾之忧。但毕业生在与用人单位签订协议书前，必须声明自己要参加研究生考试，不少单位对参加考研的学生有好感。如不把情况说清而签了协议，万一自己考中，则引发一个违约的问题。这样对双方都要造成损失。

40. 全国硕士研究生统考的报名时间和方式？

从 2005 年起，硕士研究生招生在全国范围全面实行网上报名。考生在规定的时间（10 月 8 日至 31 日，每天 8：00~23：00）通过登录中国研究生招生信息网，按报名网站的提示和要求填写本人报名信息，然后于 11 月 10 日至 14 日到省级招办指定的报考点确认报名信息，并进行缴费、照相。进行网上报名将极大地方便考生和考试管理部门，有利于提高研究生的招生管理水平和工作效率，使报名数据的采集更加全面、准确、高效，为充分实现信息共享提供保障。

41. 如何了解招生单位招生计划的有关情况？

考生有两种办法了解招生单位的招生计划：一是向招生单位索取招生专业目录。各招生单位的年度招生计划和招生专业目录一般在上一年度的上半年拟定，招生专业目录在 9 月份前后公布。届时，考生可根据招生单位的规定，索取或邮购招生专业目录，招生单位一般第四季度在《光明日报》上刊登招生广告，考生也应注意这方面的消息。二是考生可于报名期间内在报名点查阅，报名点都设有专业目录阅览室，并于报名期间开放，接待考生查阅，从中可以了解全国各招生单位某个或某些学科专业的招生专业目录及入学考试科目。

42. 硕士研究生招生专业目录的内容？

招生专业目录是国家向社会和考生发布招生信息的主要形式。其内容和格式均由教育部统一规定，招生单位的招生专业目录由所在省（自治区、直辖市）高等学校招生办公室统一编制印发。

招生专业目录一般包括招生单位名称、代码、通信地址、邮政编码、联系电话、招生单位的系院所）、专业、研究方向、招生人数（有的按系、所公布，有的按专业公布）、学习年限、外国语的语种、业务课备考科目的名称及其覆盖的课程等内容。

43. 高考录取时为定向或委托培养的应届本科毕业生如何报考研究生？

在高考录取工作中以合同或协议形式确定为定向或委托培养的应届本科毕业生报考研究生时，应在报考前征得原定向或委托单位的同意，由原定向或委托单位的人事部门开出同意报考的证明信，然后再由学校有关部门开出推荐报考的介绍信，方可报考。

44. 硕士研究生的报名能否请人代为报考？

不能。从 2001 年开始，现场数码摄像代替以前的相片，因此只能由考生本人去报考。

45. 考生在报考期间因工、因事外出时应如何报名？

考生在报考期间（指从报名到考试日期）因事外出，可持有效身份证件及相关证件就地报名并在指定地点参加考试。

46. 何时收到准考证？

招生单位收到考生材料后，经过审查，对符合报考条件的经过编号、盖章后，将附有考试日程表的《准考证》按考生提供的接受准考证的地址、邮政编码用挂号信直接寄发考生本人。寄发准考证的日期统一由教育部规定，一般是在报名后一个月内完成。如果到时没收到，请打电话到报考学校去查询。

47. 报考硕士研究生是否在报名点报了名的学生都允许参加初试？

不一定。报考硕士研究生与报考普通高校有所不同。报考普通高校的考生考试前只接受所在省（自治区、直辖市）所设报名点的资格审查，而报考硕士研究生的考生，还要接受填报第一志愿招生单位的资格审查。招生单位在收到考生报考材料后，经过审查，对符合报考条件的，将对其《准考证》编号、盖章并注明考试日程安排，然后及时将《准考证》寄给考生本人；对于不符合报考条件的，招生单位不再给考生寄发《准考证》，一般情况下也通知考生。如考生在寄出报名表一个月内未收到招生单位寄发的《准考证》，可直接向招生单位查询。寄发准考证的日期统一由国家教育部规定，根据近几年的做法，报名日期为当年 11 月 10 日至 14 日，12 月初签发准考证。

48. 报考硕士研究生的人员资格审查如何进行？

硕士研究生招生在全国范围全面试行网上报名，现场确认信息，报考人只需持有效身份证件及相关证件，其他资格审查在复试中进行。

49. 报考硕士研究生的复试要求？

硕士研究生入学考试分初试和复试两个阶段，复试是在考生通过初试的基础上，对考生业务水平和实际能力的进一步考查。有关复试资格确定的具体规定如下。

（1）招生单位对考生初试成绩进行登记、统计和测算分析后，根据国家教育部制定的复试基本要求和录取原则结合本校（院、所）情况拟定复试标准。

招生单位根据确定的复试标准，将符合复试资格考生的有关情况，以及接受推荐优秀应届本科毕业免初试考生的情况，提供给系（研究室），由系（研究室）在征求有关指导教师意见的基础上，经过认真研究后，提出复试名单。最后由校（院、所）长召开有关会议审批确定复试名单。

对于初试成绩符合国家教育部复试基本要求，招生单位拟不复试录取的考生，将其转至第二志愿单位；对于不符合国家教育部复试要求的考生的材料，不得转寄其他招生单位。

对于个别初试成绩未达到国家教育部规定的复试基本要求的考生，招生单位拟对其进行复试的，需报所在省（自治区、直辖市）高校招生办审批。少数招生单位经国家教育部批准，可自行审批。个别考生（不含同等学历考生），初试成绩突出，同时招生单位对其课程学习、实验技能和科研能力等情况等比较了解，认为确有培养前途的，经指导教师提出，系、校（院、所）批准，可以不复试。

对于同等学力考生须全面、严格复试，应加强对本科主干课程和实验技能的考查，其中笔试科目不少于两门。

（2）复试名单确定后，招生单位应向考生所在单位函调人事档案和本人现实表现等材料，全面审查其政治情况。

（3）根据复试名单通知考生进行复试。复试前由招生单位组织由指导教师参加的复试小组，根据专业要求和考生具体情况，确定复试内容、复试试题和复试形式（主要是口试、笔试或实践环节的考核）。

（4）英语听力在复试中进行。另外，对于跨学科报考的考生有些招生单位在复试时还要加试业务课综合考试。

50. 国家教育部确定的硕士研究生的复试要求？

国家教育部近几年确定的考生参加复试的要求基本稳定。硕士生参加复试一般要求应达到当年国家的最低控制线，但具有自主招生资格的高校以学校发布分数为准。另外，对报考特殊学科以及报考内蒙古、新疆、甘肃、宁夏、青海、贵州、云南、广西八省区所属地方院校的考生，还有定向、委托回原单位的考生，在参加复试基本要求方面适当放宽一些。

51. 已达到国家教育部录取分数线，但未被第一志愿单位录取的考生如何进行调剂？

招生单位对于符合国家教育部复试基本要求但由于培养能力和招生计划人数的限制而不能录取的考生，应将其全部材料（包括所有报考表格、各科目试题和试卷）及时转到第二志愿单位。无第二志愿单位或第二志愿单位也不能录取的考生，招生单位应将其考试成绩，报本省（自治区、直辖市）所属的调剂中心进行调剂，或在征得考生同意的前提下，负责向其他相关单位进行推荐。

招生单位未收到调剂考生的材料前，不得组织复试。

52. 何时发放硕士研究生复试通知书和录取通知书？

通知书的寄发时间由招生单位根据单位情况确定。这几年的做法一般是在当年的4月中旬发出复试通知书；4月底前后进行复试；6月下旬发出录取通知书。

53. 应届大学本科毕业生被录取为硕士研究生后，对保留入学资格、先到合适的岗位工作一段时间再回来学习有何规定？

考取硕士研究生的应届大学本科毕业生，保留入学资格，一般可以到需要毕业研究生的单位去工作一段时间后，按照有关规定分别作为定向生或委托生回校学习，毕业后回原单位工作。

自愿保留入学资格的学生，也可在自愿的原则下分配到那些不需要毕业研究生，但愿接受保留入学资格学生的单位工作一段时间再回校学习，毕业后另行择业。

保留入学资格的学生，硕士生入学前工作期间的身份和待遇与同届毕业的本科应届毕业生相同。

54. 推荐应届本科毕业生免试录取为硕士研究生有哪些规定？

推荐免试是经国家教育部批准的部分高等学校按一定比例（或指标）推荐本校少数优秀应届本科毕业生，经招生单位同意确认免其初试直接参加复试，合格者录取为硕士生的选拔办法。设立推荐免试是为了正确引导广大本科生认真全面地学好本科课程，同时避免优秀考生（特别是具有一定特长的考生）由于一次考试失误而失去攻读研究生的机会。

有关高校的推荐比例或指标由国家教育部直接下达。数额为：设立研究生院的高等学校中推荐生一般为当年应届本科毕业生的5%，其他学校一般为2%。推荐标准和办法由各有关高等学校根据国家教育部和当地教育主管部门的有关要求确定。推荐名单必须在校内张榜公布。推荐工作一般由学校主管本科教学或学生工作管理部门（如教务处、学生工作处等）负责，主管研究生工作和其他工作部门配合进行。各校由研究生处负责推荐免试工作。

所有研究生招生单位均可接收推荐免试生，但必须留有一定的名额供公开报考。推荐免试生需在国家规定的统考报名时间内到省（自治区、直辖市）高校招生办公室指定的报名点办理报名手续。

55. 什么叫定向培养研究生？

研究生招生计划分为国家招生计划和用人单位委托培养招生计划两类。国家计划内定向生，在录取时必须签订合同，毕业后按合同规定到定向地区或单位工作。用人单位推荐为本单位定向培养的本单位在职人员考生，被录取为研究生后，其学习期间不转工资关系，享受原工资、福利待遇，其他被录取为定向培养研究生考生在学习期间，享受国家规定的生活补助费。

56. 考生报考定向培养研究生时要注意哪些问题？

考生所在单位已向有关高等学校提出了预定定向培养研究生计划，同时又推荐其报考，凡合乎录取条件的，一般来说，可作为定向培养研究生；而用人单位预定从在职考生（或应届考生）中选拔的，凡考生愿意接受此种形式的，报名时应向所在单位说明情况，并能在报名登记表中说明本志愿，同时考生也可以给招生单位提供本人志愿预定的省、市、地区和部门，便于招生单位录取时参考。录取为定向生后，本人根据用人单位要求可以签订服务年限合同。

57. 什么叫委托生（全称委托培养研究生）？

高等学校招收委托培养研究生是我国研究生招生计划的一项重要改革。它对鼓励高等学校挖掘潜力，培养更多的研究生，更好地满足社会对高级专门人才的需要，起了积极作用。高等学校招收委托培养研究生一律实行合同制，委托单位与培养单位之间、委托单位与委托生之间应分别签订委托培养合同。委托生的培养费用由委托单位提供，毕业后到委托单位工作。委托生在学校期间和毕业后享受与国家计划内硕士生相同的待遇。

58. 定向生和委托生在正式录取前履行哪些手续？

定向生和委托生一律采取合同制办法。招生的高等学校与用人单位之间、用人单位与研究生之间必须在录取前，分别签订定向、委托培养合同（一般应办理

公证）。未签订合同前，培养单位（或称招生单位）不得向定向生、委托生发出录取通知书。

59. 委托培养研究生与国家计划招收的研究生有哪些区别？

委托培养研究生和国家计划招收的研究生之间的主要区别在于培养费用的来源和毕业分配的办法不同。委托培养研究生的培养经费由委托单位提供，毕业之后回委托单位工作；而国家计划招收的研究生，其培养经费由国家提供，其中非定向毕业生实行在国家计划指导下，由本人选报志愿，招生单位推荐，用人单位择优录用的就业制度；定向生按合同规定毕业后到定向地区或单位工作。

60. 地方考生报考军队系统研究生的基本条件是什么？

军事学科专业不面向地方考生招生，理工类、医学类以及哲学、经济学和文学等学科专业将招收地方考生，数量在 1000 人左右。学生毕业时在全军范围内分配工作，硕士研究生任职起点为正连级，博士研究生任职起点为正营级。

从 2005 年起，军队研究生的招生工作，将一并纳入地方招生考试网上报名系统，与全国硕士研究生招生考试网上报名工作同步进行。

地方考生如何报考军队院校研究生？

政治条件：热爱中国共产党，热爱社会主义祖国，热爱人民，热爱人民军队，拥护党的路线、方针、政策，遵守宪法和法律，历史清白，政治可靠，作风正派，思想进步，品德优良，全心全意为人民服务，志愿从事国防事业，符合公民入伍的政治条件。

年龄条件：计划内录取拟参军入伍的，硕士研究生一般不超过 28 岁，博士研究生一般不超过 30 岁；特别优秀的可放宽 1 至 2 岁（截至录取为硕士研究生的当年 9 月 1 日和当年博士研究生录取时间）。

学历条件：除具备国家关于报考研究生规定的条件外，报考军队硕士研究生一般应具有大学本科学历、学士学位；报考军队博士研究生，一般应具有硕士研究生学历、硕士学位。

61. 地方考生报考军队系统研究生的报名、考试及录取

军队系统招收全日制硕士研究生，报名、考试及录取，按照教育部和总政治部的有关规定，与当年全国全日制硕士研究生招生时间同步进行，考生参加全国统一考试。全日制博士研究生招生录取工作，按照国家和军队的有关规定，由各博士研究生招生单位根据总政治部干部部当年下达的招生计划具体组织实施。

军队系统招收研究生，坚持全面衡量、择优录取、保证质量，宁缺毋滥，坚持公开、公正、公平，增强透明度。地方考生报考时应接受政治审查。凡在政治、思想、品德等方面符合要求，初试成绩达到国家教育部当年划定的录取分数线的考生，由考生单位根据总政当年下达的招生计划，按照一定的比例确定参加复试人员，复试合格后予以录取。

个别军队院校、科研单位的一些军地通用的学科专业，经总政治部干部部批准，还可以招收少量地方高等院校在国家教育部下达计划内的按照规定条件和程序推荐的免试硕士研究生。

地方考生报考军队系统研究生，应根据本人实际，早做准备，通过互联网或信函等形式，及时向拟报考单位索要招生简章，了解考生条件、招生专业、招生数量和有关要求，以加强报考的针对性。

62. 地方考生报考军队系统研究生的招生专业

经过多年的建设发展，目前，军队系统基本形成了学科门类齐全、专业覆盖面广的研究生学位授权体系，全军共有数十家单位分别具有博士、硕士研究生招生权。军队系统招收研究生，主要分为四大类：一是军事战略、军兵种战役、作战指挥、军队政治工作、后勤指挥、装备指挥等军事学学科专业；二是通信、导弹、雷达、电子、航天、航海、计算机等理工类学科专业；三是医学类学科专业；四是哲学、政治学、经济学、法学、文学等学科专业。

军事学科专业面向部队在职干部和军校应届本科毕业生招生，不面向地方考生招生；理工类、医学类以及哲学、经济学和文学等军地通用的学科专业招收地方考生。从这几年招生情况看，全军每年录取地方考生研究生为 1000 名左右。国防科技大学等军队综合大学招生数量较多，其他院校和科研单位较少；理工类、医学招生量较多，哲学、经济学等较少。

63. 地方考生报考军队系统研究生的有关待遇及毕业分配

据了解，地方考生被录取为军队系统研究生，取得学籍后本人即享受军队干部待遇，毕业后在全军范围内分配工作。

地方考生考取军队系统研究生取得学籍后，即可办理入伍手续，其家庭享受军属待遇，本人享受军队干部待遇，职级工资比照同期军队院校毕业学员确定。在校期间发放被装，按照军队干部供给标准供应伙食，享受公费医疗。按照学校规定休假，每学年可报销一次探家路费。根据《中国人民解放军院校学员学籍管理条例》规定，学员在校期间实行全程淘汰制度，接受培养单位管理，除完成规定的课程外，还要进行相应的政治教育。

学生毕业后，按照专业对口、学用一致的原则，统一在全军范围内分配工作，从事教学、科研、技术保障等工作，或担负指挥、管理等工作。硕士研究生任职起点为正连级，博士研究生任职起点为正营级。

军队十分重视高层次专门人才的教育培养，具有硕士以上学位的干部在军队现代化建设的各个岗位努力工作，积极进取，发挥了重要作用，显示出很大潜力，受到部队好评。许多同志走上中高级领导岗位，有的被评为中国科学院和中国工

程院院士，享受国务院特殊津贴，有的获得军队重大贡献奖，被确定为部队各类技术骨干，一大批同志立功受奖，成为部队建设的骨干力量。

64. 大学毕业生参军的具体条件有哪些？

（1）政治思想合格。拥护党的路线、方针、政策，忠于祖国，热爱军队，志愿献身国防事业，符合应征公民服现役的政治条件，现实表现好，组织能力较强。接收担任基层指挥军官的毕业生必须是党、团员或学生干部。受过处分的毕业生一律不予接收。

（2）学习成绩优秀。学习成绩总评在良好以上。本科以上学历的毕业生必须取得相应学位。获得硕士以上学位的毕业研究生优先接收。

（3）身体健康。符合中国人民解放军三总部规定的《中国人民解放军院校招收学员体格检查标准》。其中视力标准可适当放宽：接收补充到指挥岗位的本科毕业生，每眼裸视力 4.7 以上；或一眼裸视远视力在 4.6 以上，另一眼裸视远视力在 4.5 以上，矫正视力每一眼 4.8 以上；接收补充到技术岗位的本科毕业生，每一眼裸视力在 4.5 以上，或矫正视力每眼在 4.7 以上。接收培养指挥干部的毕业生，男生身高应在 1.68 米以上，女生身高在 1.58 米以上，气质形象好。获得硕士以上学位的毕业研究生，在不影响工作的前提下，其视力、身高标准还可适当放宽。

（4）年龄要求。接收地方大学毕业生的年龄，本科生不超过 25 周岁（截至毕业当年 8 月 31 日，下同），硕士研究生一般不超过 30 周岁；博士研究生一般不超过 35 周岁，特别优秀的年龄可适当放宽，但最大不超过 40 岁。

（5）生源种类。应当是参加全国普通高等学校（含研究生培养单位）统一考试录取的应届本科毕业生和毕业研究生（以本科毕业生为主）。结业生、肄业生不得接收。电视大学、函授大学、职工大学、业余大学、自修大学等毕业生，以及实行"招生并轨"改革前入学的委培生、定向生、自费生和实行"招生并轨"以后入学的委培、定向毕业生，也不予接收。

65. 如何选择留学咨询和代理机构？

正规的留学咨询机构大都能遵守一条基本原则：靠周详的服务赚取一定的服务费，但也有一些并不具备从事留学咨询服务的中间商在其间浑水摸鱼，利用人们迫切渴望出国求学的心理，中饱私囊。因此，有关行内人士给出四点提示。

（1）正式的留学咨询服务机构须有工商行政管理部门核发的营业执照及国家教育管理机构的授权。

（2）最好选择专门办理留学并且拥有丰富经验和专业知识人员的中介机构，因为这些机构更能专注地办理申请人的申请，为申请人节省时间、精力。

（3）选择服务全面的机构，它能照顾到留学前后所要面对的一系列问题，给予帮助。

（4）选择服务态度诚挚的机构，能够为申请者提供全心全意的服务，包括信息咨询、资料收集、语言辅导、面试辅导等。

66. 如何鉴别留学中介机构是否合法？

合法的中介服务机构应具备两份重要证件：一是注有"留学中介服务"字样的工商部门颁发的有效的营业执照；二是由教育部核发的《自费出国留学中介服务机构资格认定书》，二者缺一不可。

合法的中介机构及其外方合作伙伴均经过了严格的审查与认证，办事程序是公开的，因而其中介活动是可靠的；即使消费者的权益受到损害还可索赔。各家中介机构均在银行存有备用金，作为赔偿之用，备用金由市教委、市公安局共同监管。因此，消费者的利益是有保障的。

消费者在选择中介机构时应注意该机构营业执照和《自费出国留学中介服务机构资格认定》是否是原件，是否是有效证件，中介机构的地址是否与证件上登记的一致，以防盗用他人名义的情况发生。

67. 如何办理出国留学中介服务手续？

消费者在办理出国留学手续时，务必要与留学中介机构签署有顺序编号的出国留学中介服务协议书，并注意协议书中双方的权利、义务是否合理，有无关于退费的规定等。在选择留学国家和学校时，应了解中介机构是否与该学校签署了有效的合作协议，该校的资质是否得到我国驻外领事馆的认证，并可要求中介机构出示我驻外领事馆的认证文件。消费者在递交各项申请材料时，要务必保证各项材料的真实性，否则，其合法权益将得不到保护。

68. 申请自费留学出国的毕业生如何处理？

符合国家规定申请自费留学的毕业生，要在学校规定的期限内提出申请并办理有关手续，经批准后，学校不再负责其就业。同届毕业生离校报到时仍未获准出境的，学校将其档案、户口转至家庭所在地自谋职业。

69. 报考国家公务员应具备哪些条件？

（1）具有中华人民共和国国籍，享有公民的政治权利。

（2）拥护中国共产党的领导，热爱社会主义。

（3）遵纪守法，品行端正，具有为人民服务的精神。

（4）报考省级以上政府工作部门的应具有大专以上文化程度。报考市（地）级以下政府工作部门的文化程度由省级录用主管机关规定。

（5）报考省级以上政府工作部门的须具有两年以上基层工作经历。国家有特殊规定的除外。

（6）身体健康，年龄在 35 岁以下。

（7）具有录用主管机关批准的其他条件。

《国家公务员录用暂行规定》规定了报考公务员的基本条件。在具体工作中，还有一些否定性条件。凡具有这些否定性条件的人不能报考公务员，它们主要包括：

第一，曾受过刑事处罚、劳动教养或行政开除处分的；

第二，曾因贪污盗窃、行贿受贿、泄露国家机密等原因受到党纪、政纪处分的；

第三，正在接受审查或受过处分未解除的；

第四，参加与"四项基本原则"相违的组织或活动，存在严重问题的。

70.公务员的报考程序

（一）申请报名

具体程序如下：

正式报名前，参加公务员考试的人员应在规定的时间和地点领取报名所需的各种表格和报考须知资料，认真填写好报名表并了解报考须知。

报名表的内容一般包括：

（1）个人基本情况：姓名、性别、年龄、籍贯、住址、通信地址、照片；

（2）考试法规定的要求事项，如：有无不良的嗜好，是否受过奖或刑事处分等；

（3）资历、资格事项：文化程序、工作经历、品德习惯、专长爱好、体格与健康状况等；

（4）其他事项：婚姻状况、家庭状况、社会关系、个人负担等；

（5）报考须知，是指导考生如何报名的告示，也是对招考公告的详细说明。

（二）资格审查

资格审查是以审查报名登记表和有关证件是否符合规定的报考条件的一种方法。其程序如下。

（1）对报考职位的审查。审查报名者报考的职位的类别，本人所具备的资格条件是否符合其拟报职位的要求。

（2）对证件的审查，对报名者所持证件的审查，着重审查户口簿（查居住地、年龄）、工作证。对于报考人员的不同学历要求，相应地审查其学历证明及有关证件。

（3）报考者的体格外貌。一般来讲，对报考国家公务员考生的体格外貌并无特殊要求。但到政府机关工作的人起码应无明显生理缺陷，身高不能过矮。考试组织者除身体检查要有明确标准外，资格审查也应有一定的标准。

（4）审查报考者的照片。主要是防止替考等违反考试纪律的行为。

（5）招考公告规定的其他内容。

（三）领取准考证

（四）公务员考试主考机关根据报名和资格审查认定的报考情况发放的《准考证》。

准考证由主考机关统一印制，贴上报考者交的近期免冠1寸照片，经主考机关盖章塑封后生效。填写准考证明，必须认真仔细，考生姓名项目必须与报名表完全一致。

《准考证》存根应按考场装订成册，供监考人员在核对考试人员时使用。若报考人员遗失准考证，须由其所在单位出具证明并携带有关证件，经报名点审核后由原发证单位补发。补发的准考证用原准考证，但注明"补发"字样。

主考机关在编排准考证号时，应尽量将同一单位的报考人员安排在不同的考场并且考号不相邻。准考证号一般采用8位数字。

71. 录用国家公务员履行哪些程序？

《国家公务员暂行条例》对公务员的录用程序有严格规定，主要包括：

（1）发布招考公告；

（2）报考者资格审查；

（3）公开考试；

（4）考核；

（5）录用；

（6）试用。

72. 国家公务员录用考试的内容是什么？

国家公务员录用考试的目的是全面测试报考者是否具备公务员职位所要求的基础知识和专业水平，以及运用所学知识和技能进行研究和处理问题的能力。它的内容主要体现在以下几个方面。

（一）知识测试

知识分为基础知识和专业知识，基础知识是对公务员任职的基本要求，主要是指国家行政机关工作人员所必须具备的基本知识。其考试科目包括政治、行政学、法律、公文写作与处理。其中，政治又由辩证唯物主义、历史唯物主义、政治经济学、科学社会主义和时事政治这五个部分组成。专业知识则主要是指从事具体的某一专业或职业所必须具备的业务知识，它因专业不同而有差别。目前在我国还没有对此作出统一规定，由各省、自治区、直辖市以及专业部门根据本地区、本单位的实际状况和具体特点进行灵活设置。只有1992年中央国家机关补员联合招考，才设置了财务、文秘、人事、法律及档案管理五个专业的通用专业考试科目。

（二）能力测试

通过口试、笔试等方式来测试报考者的知觉速度与准确性，判断推理、言语

理解、资料分析和数量关系等方面的能力。它实质上是对人的潜能的一种考查，因而具有相当的难度。在公务员考试中占有十分重要的地位。

（三）技能测试

技能测试主要是考查公务员报考者处理实际问题的能力，对所学知识或智力的运用能力、处理和协调人际关系的能力以及群体适应等能力。

（四）心理测试

这项内容虽然还没有在所有的录用考试中得到普遍的应用，但随着时代的发展，这方面的要求必然会日益强烈。心理测试的目的是考查报考者的性情、意志、品质以及反应等心理素质是否符合一个合格的国家公务员所必须达到的各项要求。

73. 录用公务员考试的方式有哪些？

国家公务员录用考试的方法多种多样，但经常采用的是笔试法、口试法、模拟操作法以及心理测试法这四种形式。

（一）笔试法

笔试法是让考生在规定的时间内运用文字解答试卷。笔试法一般分为两类，一类是论文式笔试法，也叫主观性笔试法。这种测试法采用应试者依据题目写论文的形式进行答题，阐述自己对于某一问题的主张和见解。其优点在于能够较真实地反映出应试者的文字水平和综合运用知识的能力、逻辑思维能力以及材料整理分析能力等，但是，这种测试方法的命题内容分布面较窄、选择程度较低，而且评分标准也不易统一，主动性较大，容易受各种外界因素的干扰和影响。

另一类是短答式笔试法，也叫客观性笔试法，其做法是让考生在规定的时间内通过填空、选择和判断等方式，用简明的文字或符号来回答很多问题。它具有试题量大、测试范围较宽、评分标准明确以及选择性强等特点，可以比较全面地检验考生对于基础知识和专业知识的掌握程度，而且能够确保试卷评分客观、公允。不足之处在于过分强调机械记忆，不适用于深层次运用知识能力的考查。

（二）口试法

口试法是指考生以口述方式当面回答主考人所提出的问题，主考人通过对考生的观察以及考生回答问题的准确程度来考查应试者的语言表达能力、应变能力、逻辑思维能力以及思维的敏捷度等多方面的情况。其优点是测试范围较广、内容丰富而灵活、形式也较直观、能够准确地了解考生掌握和运用知识的能力与程度以及应变、语言表达等方面的能力。此外，它还可以对考生的性格、工作态度等作出评价。可是，它的缺陷也非常明显，主要是规模有限，不能大规模地进行考试，而且耗费时间较长，效率低下。主考人员在评分过程中的主观随意较大，从而导致考试的可信度不高。此外，考生在考试过程中往往会产生较大的心理压力，从而使自己正常水平的发挥受到影响。

口试法可以依据不同的标准进行分类，如依据参试者的人数，可分为个别口试和集体口试两种。

（三）模拟操作法

模拟操作法是指根据职位的具体要求，主考人为考生设计一种模拟真实工作环境的情景，如起草公文、主持会议、发表演讲，或进行实际调查等，让考生进行实际处理的演示，主考人通过对考生行为的观察来评查考生的口头表达能力、领导组织能力、解决问题的能力等有关职位所必须具备的素质。模拟操作法将考试与实际应用有机地结合起来，能够较为客观、科学地考查出应试者是否具备拟任职位工作所需要的知识和技能。它特别适应于高级管理人员以及特殊职位任职人员的选拔。只是其组织和设计工作较为复杂，费时费力，因而难以大规模推行。

（四）心理测试法

心理测试法是指通过科学的心理测试手段，对考生的智能、气质、性格、情感等个性特征进行测量。运用心理测试法，可以考查考生是否具备拟任工作所需具备的智力水平和人格素质，主要包括记忆力、反应速度、注意力以及逻辑推理能力等内容。个性倾向测试与能力倾向测试是常采用的两种方法。近年来，我国一些地区和部门尝试着将心理测试法运用到干部录用考试的面试中来，并且取得了很好的效果。

第四节

本 讲 小 结

（1）大学生做好择业，必须了解择业的环境，特别是要加强对国家的政策法规的学习。

（2）大学生求职要做好就业信息的收集，求职材料的准备等工作。收集信息要掌握信息的渠道，对信息要进行过滤整理，使之为我所用。求职材料包括求职信、个人简历、学校推荐表以及附件（证书复印件）等。

（3）面试是众多用人单位考核大学生综合素质的重要手段。通过面对面的沟通、交流，用人单位可以了解你的表达能力、思维能力、处事能力、仪表仪容，以及对某些问题的看法和其他一些不能通过笔试反映出来的综合素质。

面试的技巧不可忽略，它直接影响面试结果。

（4）大学生就业享有法律、法规和有关政策规定的权利，同时也应当履行自

已的义务。你应该把自己所学的知识回报给社会，为国家建设和社会发展贡献力量。

第五节
思考与阅读

一、对有发展前景的公司，对诱人的工作待遇，对惬意的工作环境产生仰慕的心理，这值得否定吗？你怎么看？

二、你知道的国家政策与法规有多少？是不是要抓紧时间多掌握一些？

三、阅读

（一）杭州电子科技大学：守正

择业的环境与法律对择业有巨大作用，纷繁社会中，又如何守正？杭州电子科技大学校长薛安克是位极富激情的校长，他曾在 2012 年的毕业生典礼上这样告诫毕业生们：

人的激情需要坚守，人生有太多的东西需要坚守。路迷失了，我们可以从头再来，如果将自己迷失了，却很难重来。肺腑之言，留待别时，今天我特别想跟你们谈谈弥足珍贵的两个字——"守正"！

守正，出自《史记》，意思就是恪守正道，内涵很丰富。但我认为，最核心的是六个字："良知、纯真、高尚。"今天，谈守正，就是希望你们走上社会，在适应外界的同时，内心有所坚守，能守住人类道德的最底线，守护灵魂深处最纯净的地方，守望人性最本质的辉煌，成为一个幸福快乐的人。

首先，希望你们守住良知。有人说良知就是良心，我以为这还远远不够，良知更深刻。简单地说，良知包含两个限度：道德底限和欲望上限，内涵就是道德对欲望要进行约束，欲望要符合道德标准。

道德不是天生具有的，它与社会文明、形态、价值、信仰等有关，更与个人教育、素质、修养等密不可分。道德是推动人类文明进步的永恒力量。但是，欲望却是与生俱来的，是文明社会的一把双刃剑。适度的欲望可能推动社会进步，而过度的欲望却有可能成为毁灭人类文明的终极力量。人一旦缺失了良知的坐标，欲望无度，索取无限，就会一步步滑向罪恶的深渊。

原国家足协副主席谢亚龙、南勇及几名足球队员，是突破和逾越了良知两个限的典型。他们没有守住，昨天受到了应有的惩罚。

我知道，每天都有很多无良的事件在发生，就像网上说的，中国食品药品有四大武林高手，东鞋、西毒、南地、北奶，就是烂皮鞋、毒胶囊、地沟油、三鹿奶。让你们很受伤，有一种"人在江湖漂，无处不挨刀"的无力感，难免不自嘲："我们的肝脏，五毒俱全。"我也知道，社会无处不在的压力，高企的物价、房价，让你们深深感叹，"生，容易；活，容易；生活不容易"。我更知道，在中国经济总量跃居世界第二的背后，急功近利、诚信缺失、行为失范的事情时有发生，这些都让你们沮丧，但我们决不能进入"自欺、欺人、被人欺"的怪圈！

人可以不富有，可以无官位，但不可无良知。衷心希望你们虔诚地守住这份良知，无论将来从事什么样的工作，都不要对社会造成危害、对他人带来伤害、对自然产生破坏，要对那些"欲望无上限，道德无底限"的现象坚定地说 No！

守住良知首先要有定力，有方寸，有原则，走正道，讲正气，做真人。德高则望重，无欲则刚正！守住了良知，就是守住了人的根本和底限，守住了灵魂深处的隐形天平！

其次，希望你们守护纯真。人始于纯真，终于纯真。纯真，就是你初来人间的第一声清亮啼哭，第一次睁眼看世界的清澈眼神。纯真，就是你鹤发苍苍时依然童心未泯，用欣赏的眼光看待世界，用平和的心态享受事物，用真诚的心善待他人，返璞归真、活回真我的那种宁静致远。

纯真是人生的一种境界。守护纯真，就是守住内心最真实的渴望！拥有一颗纯真之心，会让我们简单、洒脱。就像你们当中流行的那句话："我傻，我快乐；我二，我健康"，如此卖萌虽有些偏颇，但不无纯真。最近，我常在校园里看到你们拍毕业照，月雅湖边、南门广场、图书馆前，你们穿民国装、套海魂衫，戴军帽，系红领巾，你们是在回忆纯真，体会纯真，展示纯真。希望你们永远留住此刻的纯真！

我特别推崇乔布斯的纯真！不管是被自己创办的公司炒鱿鱼，还是被癌症病痛折磨，无论是顺境还是逆境，乔布斯从来就是在很纯粹地做人做事。一如他在很多场合反复讲的那句话："听从自己内心的声音，去做自己想做的事情！"因为这种纯真，他造就了苹果神话。纯真是创新的动力！

纯真也是幸福的源泉！有一首歌就叫《越单纯越幸福》。

同学们，千万不要让自己心灵深处的纯真因世故而沉睡，不要因为走得太远而忘记了当初为什么要出发，也不要抱怨自己的人生为什么总是在徘徊。纯真地去奋斗几年，你们一定会在牛 A 和牛 C 之间找到自己的位置！

让我们守护纯真，常回忆儿时的两小无猜，回味豆蔻年华的天真烂漫，始终保持美好追求，不断接近灵魂深处的那个你！我相信，纯真，会让你这边春光明媚，风景独好！

最后，希望你们守望高尚。高尚关乎人的精神和品质。高尚是伟大的代名词，但也可以很普通，很简单。

这段时间，有两件事情从内心深处感动了你我：危急76秒，最美司机吴斌用生命履行职责，绘就一条笔直的刹车线，向我们展示了深入骨髓的品格力量；危难瞬间，"最美教师"张丽莉推开孩子，自己却被失控的客车碾过，让我们再一次见证了人性的光辉！这无疑是高尚，令人肃然起敬的高尚！

义乌"富二代"周晓丽10年来收治了900名智障儿童，这种善举和爱心，当然是高尚。还有刚才发言的孙小平老师，他在辅导员的岗位上默默坚守、默默付出，一干就是25年，送走了一届又一届的毕业生。这也是高尚，平凡的高尚！

高尚是一种过程的美丽动人，伟大的高尚从平凡起步。仰望高尚，使人更具良知，更显纯真。守望高尚，就是要在平凡之中，保持对高尚的追求，从而在过程中拓展心灵的宽度和灵魂的深度！无论你是普通青年、文艺青年，还是什么青年，我都衷心希望你们追求高尚，记得感恩，具有仁爱，乐于奉献。"做一个纯粹的人、一个有道德的人，一个脱离了低级趣味的人，一个有益于人民的人。"

同学们，今年是"泰坦尼克号"沉没100周年。巨轮沉没了，但没有沉没的是视死如归的乐队，坚守岗位的机械师，忠于职守的船长。"泰坦尼克号"见证了谦恭、优雅、体面、浪漫、勇敢、正派、尊严和荣誉，伟大的"泰坦尼克号"，承载了多少人性的良知，多少本能的纯真，多少朴实的高尚！同学们，这就是守正！

（本文节选自杭州电子科技大学校长薛安克于2012年毕业生典礼上的讲话《守正》）

（二）同济大学：追求卓越

始终秉持追求卓越的精神。"卓越"是一种状态，"追求卓越"是一种精神。同济精神是同舟共济、勇于担当、具有强烈社会责任感、追求卓越的精神。要想一直保持追求卓越的精神，就要树立远大的理想。苏格拉底说，世界上最快乐的事情，莫过于为理想而奋斗。同济人的理想是以天下为己任，成为引领经济社会可持续发展的专业精英和社会栋梁。同济人自强不息，不断奋斗，当上升到一定高度时，难免会顿足欣赏风景，但大家不能被短暂的安逸打磨掉追求卓越的意志，"欲穷千里目，更上一层楼"，无限风光在顶峰，希望大家将追求卓越内化为自身动力，永不止步！我们不仅要发扬追求卓越的精神，更要掌握追求卓越的方法。"夫唯大雅，卓尔不群"，追求卓越的方法就是永远和别人不一样。永不满足，永远带着批判的、辩证的、创新的目光看待问题，不断改进，开创新理论、新技术。尽管理想不一定能实现，但在追求理想的过程中你是满足的，是快乐的，是骄傲的，"回顾自己的一生，不因虚度年华而悔恨，也不因碌碌无为而羞愧"。

追求以可持续发展为导向的卓越。何谓卓越？腰缠万贯，官居一品？世俗纷纷扰扰，鱼龙混杂、泥沙俱下的社会现象已影响到学生的价值观。同济人所追求的卓越不能以世俗的成功来衡量，不能昧着良心赚黑心钱，贪污受贿。多行不义必自毙，价值观不正者必将银铛入狱，身陷囹圄。同济人追求的卓越，是以可持续发展为导向的卓越，是具有强烈社会责任感，以是否有利于人类社会可持续发展为衡量标准的卓越。在去年召开的第十次党代会上，学校确立了建设以可持续发展为导向的世界一流大学的奋斗目标，并写入了同济章程。同学们还有很长的一段人生路要走，就一个人的人生来说，要实现可持续发展，心灵"阳光"将是其根本动力所在。教育所发挥的功用，是为同学们的心灵注入正能量，从而去抵冲社会环境已经对他们造成的负能量，或是已经产生的潜在不良影响。同学们应该很好地把握个人的得与失，具有社会责任感和自觉的担当意识。它不是宏大的口号，而是表现在举手投足之间，把绿色的、可持续发展的理念贯穿于整个生活之中。比如你们即将离校，应该想方设法把教材、自行车及其他一些可回收利用的物品传递给学弟学妹，并爱护校园、宿舍环境。前几天，一位大一学生写信给我反映学校机房鞋套浪费问题，建议想法重复利用。鞋套虽小，所反映的问题却值得反思，极细微处蕴含大精神，从一点一滴做起才能不断改善我们赖以生存的环境。期待你们能够将可持续的种子播撒在大社会里，最终结成卓越的果实，回报自己、回报亲人和母校、更回报社会、造福全人类。

（本文节选自同济大学校长裴钢 2014 毕业典礼致辞）

（三）天津大学：坚守、坚持与坚韧

你们无数个秉烛苦读的夜晚、无数次实验成功和失败后的坚持才换来今日的"拨穗"一刻。此时此刻，你们的心中想必既有"春风得意马蹄疾"的快意，也有"西出阳关无故人"的不舍，还有面对新环境"长风破浪会有时"的壮志。作为你们在校期间的校长，我想借此机会，以三个词作为临别赠言送给大家。

第一个词是"坚守"。坚守爱国奉献的优良传统，这是我们天大人义不容辞的道德选择。在我们的身边，有这样两位天大人。一位是 93 岁高龄的沈家祥院士，因为他深知"我们的国家需要科技创新"，所以不久前，他将自己和老伴多年的积蓄一百万元捐赠给了学校并成立"沈家祥教育基金"，用于帮助药学院师生开展创新性研究。另一位是已经 94 岁高龄的杨恩泽先生，70 年风雨从教，至今仍坚持每天到实验室工作、指导学生。两位老先生都以身教代言传，为我们诠释了天大人的爱国与奉献。建校 119 年来，伴随国运从维艰走向昌隆，天大人须臾不曾忘记自己"兴学强国"的历史重任。一份家国情怀，成为了无数天大人将个人理想、个人事业发展与祖国兴旺发达相结合的精神源脉。希望你们将来无论是为学做研究、还是经商从政，都能心系国家所需、民众所愿，做到舍私守公、舍利守德；做到苟利天下万苦不辞的天大坚守、天大担当。

第二个词是"坚持"。坚持实事求是的校训，这是我们天大人永恒的行为准则。天津大学诞生于民族危亡之秋，屹立于祖国百废待兴之时，回望天津大学的发展历程，正是因为有了天大人务得事实、必求真是的严谨，有了天大人"咬定青山不放松"的坚持，才有历年的累累成果，才有我们不断为国家作出的新贡献。不可否认，浮夸的成绩、急功近利的做法，可能会带来短暂的荣耀，但只有那些脚踏实地、实事求是的实干家才有资格品尝成功之果的甘甜。浓厚的学习风气、朴实的生活作风和踏踏实实刻苦认真的工作态度，已经成为天大模式。我们的老校长茅以升曾讲过，"对搞科学的人来说，勤奋就是成功之母"，一个人一旦确立了正确的前进目标，不一定要有异禀的天赋，但一定要有长期的积累、坚持不懈的毅力、矢志不渝的决心、肯吃苦能吃苦的勤勉方能达成。希望你们保持"不唯上、不唯权、只唯实""不为则已，为则必要其成"的天大坚持、天大气魄。

第三个词是"坚韧"。坚韧不拔的品质，这是天大人源自心底的人格力量。达材成德的道路上注定不会一帆风顺，立大事者，必有坚韧不拔之志。每年，学校都会评选学生中的"自强之星"，就在你们之中也有这样的同学。他们的事迹让我欣喜地看到，在年轻的你们身上，已经烙刻下了虽百折而不挠、愈挫而愈勇的天大品格。未来的你们，既会经历"天降大任"的重要时刻，也会经受"苦其心志""动心忍性"的重重考验。面对压力、竞争，甚至失败，作为天大人，希望你们能摒弃脆弱、直面挫折、敢经风雨，在逆境中保持一份坚强、保持一股韧劲。

（本文节选自天津大学校长李家俊于 2014 年研究生毕业典礼致辞《坚守　坚持　坚韧》）

实现梦想需要坚持"实事求是"。实事求是不仅是我们的校训、我们的文化基因，更是我们思想和行动的准则。我们很庆幸，北洋大学的先贤们为我们确定了"实事求是"的校训，一代又一代北洋—天大人前仆后继地践行实事求是：无论是拒绝在巴黎和会上签字的王正廷、牺牲在广州起义前线的张太雷、荣获国家最高科学技术奖的师昌旭、北京奥运项目设计总指挥崔恺等，都以实际行动诠释着实事求是的真谛。"实事求是"要求我们实实在在、踏踏实实，更要求我们开拓创新、追求卓越。如果同学们能够真正地按照"实事求是"的精神做人做事，相信你们将无往不利、无坚不摧。

我们每个人梦想的实现有赖于国家的进步、社会的发展。天津大学以"爱国奉献"作为我们的光荣传统，新中国成立以来，许多天大人为两弹一星、长征火箭、神舟飞船、三峡大坝等国家的重点工程数十年如一日地奉献自己的智慧和力量；同时，承担国家重大任务的经历也成就了他们个人事业的辉煌。因此，希望同学们志存高远，立大志做大事。

实现梦想需要不怕艰难困苦。成功没有捷径，困难与挫折往往是获得成功的必修课。孟子说："天将降大任于斯人也，必先苦其心志，劳其筋骨，饿其体肤，空乏其身"，同学们都很年轻，年轻允许失败，这是你们最大的资本。希望同学们今后无论遇到什么困难与挫折都能够保持积极乐观的心态，冷静面对，不轻言放弃，俗话说"失败乃成功之母"，也许成功就在不远处等着你。就像志愿到艰苦边远地区工作的建工学院的毕业生郝广升同学所说："我知道那里很苦、很累，但从小生活在农村的我，也经历过经济困难的时候。那些冬天只能吃白菜和土豆的日子，却让我明白，人是没有吃不了的苦的。趁着我还年轻，揣着我一身本领，我要到祖国最需要我的地方去。"

实现梦想还需要健康的体魄。健康的身体是保证正常活动与工作的基本条件。希望同学们能够养成良好的生活习惯，不管多么忙碌，尽量挤出时间锻炼身体，为今后的工作生活打下扎实的基础。祝愿同学们为了祖国的繁荣发展、为了社会的进步，也为了家庭和你们自己，健康工作50年。

（本文节选自天津大学校长李家俊于2013年毕业典礼上的
致辞《坚持信念　放飞梦想》）

（四）深圳大学：相约未来

听见一首诗，"紫薇花，开又落；靠近你，温暖我"，是婉转而湿润的眷恋。听见一支歌，"天空是蔚蓝的自由，渴望着拥有"，是慷慨而深沉的告别。

告别以往，有一种感觉，岁月如金；迎面未来，也有一种感觉，岁月如刀。一位荔园诗人说，"时光雕刻我们，我们也雕刻时光"。

被时光雕刻，是自然规律，青春代谢，人生易老，所谓"高堂明镜悲白发，朝如青丝暮成雪"。

雕刻时光，是人生奋斗，是把握时光，奋力作为，在时空刻下足迹，打上烙印。

雕刻时光是精彩的生活方式。世界只有一个，生命只有一次，"活就活他个云升霞，活就活他个地生辉"。有人以为人生苦短，神马浮云，大学毕业三部曲，找一个工作，建一个家庭，谋一个小康，尔后休闲时光，任其消磨。这当然也是一种生活方式，一种正常的生活方式，但不是最佳选择，也不是荔园倡导的选择。荔园倡导毕业五部曲，找一门工作，立足；建一个家庭，立身；谋一番发展，立业；作一份贡献，立功；守一种理想，立德。守理想，作贡献，是高境界。中国资深翻译家、外国语学院何道宽教授，志在传播中西学术，一生勤勉，一生追求，年过花甲，译著倍出，字量超过1200万。在他，任凭流年似水，自有学术青春，自有著作长存，自有声名永在。

雕刻时光是人的社会责任和人的社会义务。社会是休戚相关的群体，每一个人都应该发挥自己的力量，作出自己的贡献，增加社会的动力，丰富社会的积累。个人不能总是分享他人的作为，也应该让他人分享自己的作为；不能总是要求社会给予自己，也应该要求自己给予社会。我的看法，凡是在社会生活与社会活动中积极参与、认真负责、奋力作为的，无论力量强弱，作为大小，都是社会精英；凡是在社会生活与社会活动中无所用心、游手好闲、冷淡麻木的，无论学历多高，文凭多厚，都不是社会精英。锻造精英，是荔园之梦。不久前英国克隆羊之父威尔穆特教授来校访问，谈及他在中国本科直接录取的博士生，赞赏有加，这位青年才俊就是生命科学学院2005届的白羽，在爱丁堡大学一个全球最先进的医学研究基地，每分每秒，思考万物，克隆万物。

雕刻时光是人生的马拉松竞走。毕业伊始，从同一起点出发，向各自的目标远行，一路阴晴雨雪。估计头三年最困难，第一年特困难，找房子、凑租金，未免郁闷；合租、打临、裸婚，甚感纠结；依赖父母的经济援助，依赖亲友的人际关系，总归气短；碰上怀疑的眼光、轻视的口吻、傲慢的脸色、欺骗的陷阱，不禁气愤；痛感社会与学校相距遥远，现实与理想相距遥远。其实，这也非常正常，在保守封闭与改革开放的转型时期，在计划经济与市场经济的转化时期，尤其正常。当今社会，充满变数，充满生机，奋力作为，天地广阔。能否承受理想与现实的碰撞，能否探索理想与现实的磨合，是引人入胜的挑战，是富有刺激的考验。一定有人全程坚持，有人中途放弃。坚持则精彩，放弃则平庸。坚持与放弃，精彩与平庸，有必然因素，也有偶然因素。荔园作风是坚信事在人为，坚持事在人为，调动一切必然因素，自身修炼的记忆能力、理解能力、综合能力、表述能力、专业能力，利用一切偶然因素，可能参与或者设法参与的各种活动、各种事务、各种人缘、各种机会，显示自己的品质，施展自己的才华，竞走到底。请借鉴"荔园二柱"，史玉柱角斗商海，大起大落，不离不弃，困境图强；史光柱感动中国，在双目失明中满怀光明，在一片黑暗中昂首阔步。

（本文节选自深圳大学校长章必功于2011届优秀毕业生表彰大会暨研究生毕业典礼上的致辞《雕刻岁月　相约未来》）

第七章

择业的重点：背景与人脉

第一节
毕业致辞（七）——让自己"不可或缺"

深圳大学：与社会打交道

迈出校门，要面对一群又一群的陌生人。和形形色色的陌生人打交道，就是和社会打交道。社会关系也就是人的关系的总和。能否营造良好的社会人际关系，是各位终生要应对的课题。

我想，与人共事一定要热心。凡人皆富于感情，热心能融化隔膜，融化距离，融化冷漠。如何才能热心？神情须阳光，心地须坦诚，乐人所乐，忧人所忧。做到"象喜亦喜，象忧亦忧"，做到"凡民有丧，匍匐救之"。

做事一定要勤奋。工作上要舍得花时间，花精力。遇到困难不灰心，不抱怨。琐碎小事要积极，有难度的事情要主动。接受任务不要扭扭捏捏，完成任务不要拖拖拉拉。勤动手，实干精干。勤动笔，建言建策。牢记：天道酬勤。

对人一定要尊重。尊重是锐利的武器，人"怕"尊重。不尊重他人者，休想他人尊重。有时，一个傲慢或冷酷的眼神就会断送一份前程。尊重不是拍马，尊重不是谄媚。大大方方，不卑不亢。礼貌，谦虚，是起码的尊重他人的原则。请教，请求，是常用的尊重他人的方法。

为人一定要高尚。名利可以输给别人，做人不能。财富可以输给别人，做人不能。做官可以输给别人，做人不能。"卑鄙是卑鄙者的通行证，高尚是高尚者的座右铭。"我们是受过高等教育的人，心境要光明，行事要磊落。今生今世要与高尚同行，今生今世要与真理同行。

（本文节选自深圳大学校长章必功于2008年毕业典礼上的致辞《天行健》）

明天，各位就要独自前行，融入茫茫人海。

人海是陌生的，载风载雨，载沉载浮，新手如何适应？你是胸有舟楫，还是心有阴霾？我的建议，尽快打造与人为邻、与人共舞的人际磁场。没有这个磁场，要想生活顺利、事业精彩，恐怕办不到。

人，最难相处，也最易相处。

人有一定的排他性和占有欲，有一定的自以为是的价值判断，以及由此产生的固执的傲慢与偏见、机械的等级观与门第观、不公平的制度设计和不择手段的利益竞争，所以萨特说"他人是地狱"（独幕剧《禁闭》台词），鲁迅说"我向来不惮以最坏的恶意推测别人"（杂文《记念刘和珍君》）。

人更有相互依存性，有强大的"我们"意识，有牢不可破的谋求人类自身发展的人本观念，总要同舟共济，总要相互帮助。高中毕业时，一位女生对我说，你一辈子要人帮你。回想一生，的确如此。相互依存、相互帮助，是人的社会属性，也是人的智慧理性。人的排他性，不能阻止人的博爱、人的合作、人的互助，不能阻止"我们"的日益升华。唯其如此，才能有"泰坦尼克号"沉没时该船乐队的忘我演奏，才能有川北大震时无数志愿者的云来雨集；人，这个原本称作"裸猿"（the naked ape）的族类，才能丢下石头操纵光电，才能高声呐喊"生而平等"。所以，我宁肯说"他人是天堂"，宁肯说"我向来不惮以最好的善意推测别人"。

你我都应当保持"我们"理念，实践"我们"理念。不要害怕与人交往，一接触，就紧张，像个刺猬。不要漠视与人交流，一出门，就沉默，像根木头。也不要拒绝与人交际，离群索居，扮宅男，做宅女。这样子，按"人学"实现自我、发展族类的尺度衡量，实际上是对个体生命的压抑，对自我活力的冷冻，对人际生态的禁锢。

你要坚信，人海陌生，质地温暖。只要你能够与人为邻、与人共舞，社会上就有许许多多的热心人，等你结识，等你合作。在我们教工餐厅，一位五岁的女孩主动坐到一位她从未见过的五十岁的教授面前，教授问："你不怕陌生人？"女孩说："这个世界没有陌生人。"假如你还没有恋爱没有结婚，极有可能，正有一位素不相识的青年，等你约会、等你相爱，直至成为你的妻子或丈夫。难怪有人说，流行歌曲最富美感的歌名是《只爱陌生人》。

为邻共舞，并非艰难，它只需要一本最朴实的护照，上面写的不是才情，不是个性，不是地位，也不是财富，而是诚信。

诚者，心意真实；信者，言行真实。诚信，"人有言，言必成"，真心待人，言行必果；是人际磁场的磁铁、是为邻共舞的基石。交友有时，诚信缺则反目；共事有时，诚信缺则交恶；相恋有时，诚信缺则分手；结婚有时，诚信缺则分家。诚信待人，虽蚁族蜗居，客来客往；虚假待人，虽宝马香车，门庭冷落。人无诚信，茕茕孑立,谁敢信任?谁肯帮助?

诚信第一戒是不打诳语,诳语是欺骗,骗人一次,绝交一世。诚信戒食言,"一诺许他人,千金双错刀"(李白《叙旧赠江阳宰陆调》)。不可出尔反尔,食言而肥。诚信戒浮夸,据实而言,量力而言,切忌开空头支票吊人胃口,吹泡沫牛皮伤人期待。诚信戒敷衍,行就行,不行就不行,不可拖泥带水,虚与委蛇。诚信戒毁约,与人立约,须守约履约,不可无事生非,坏其约定。诚信守公义,利他利人的事,尽力承诺;利他不损人的事,可以承诺;利他损人的事,不可承诺;违法乱纪的事,绝不承诺。前些年,一位银行校友,哥们义气,帮助一位企业校友,骗取贷款,制造了深圳的第一桩金融大案,教训非常沉痛。诚信重磊落,胸襟光明,言行坦荡,不可口是心非,不可暗箭伤人,口是心非者,人必轻蔑;暗箭伤人者,人必唾弃。诚信主真相,黑是黑,白是白,鹿是鹿,马是马,忠于真实,揭露造假。前几天的世界杯,德国队扮傻,抱出英格兰的进球,虽然取胜,而诚信扫地,所谓"日耳曼战车"已是一部不干净的泥头车。

我们自知,诚信荔园也不完美。很抱歉,我们未能消除强制诚信的尴尬,今年仍然沿用规定,使用了一些证书复印件,客观上捆绑了困难同学的诚信。我们也未能杜绝虚报贫困、考试作弊、内部偷窃的劣迹,影响了荔园的诚信高度。自应礼失求诸己,亡羊而补牢。

但我们仍然确信,诚信是荔园本色。在校四年,你们尊师重教、博览群书、攻克课程、顺利毕业,就是信守了求学成才的诺言;你们支援南国雪灾、支援川北地震、支教山区、服务社区,就是信守了热爱人民的诺言;你们批评校政校务、呼吁教育改革、针砭社会弊端、指点时政时局,就是信守了关心学校、关心天下的诺言;你们或努力就业、或积极创业、或潜心深造,就是信守了脚踏实地、自强不息的诺言;你们之间相期相许的情义、相扶相将的友爱,就是荔园盛开的诚信之花。

诚信通灵,诚信无敌。我们期待,荔园校友,怀抱诚信,冲浪人海,一帆风顺。

(本文节选自深圳大学校长章必功于 2010 年毕业典礼上的
致辞《怀抱诚信,冲浪人海》)

武汉大学:和合、通变

"和合""通变"所蕴含的哲理和价值,不仅对于学校十年来和今后的改革和发展极有意义,而且对于我们每一个人修身、齐家乃至治国平天下都大有裨益。

和者，和谐、和睦、和平、谦和之义也；合者，联合、合作、融通、协作之义也，"和合"联用，旨在阐发万事万物和谐默契、相异相成的本质关系。诸子百家，众说纷纭，但在"和合"诠释上却有少见的契合，无论是孔子的"君子和而不同，礼之用、和为贵"，庄子的"两者交通成和，而物生焉"，还是墨子的"兼相爱，交相利"，荀子的"天地合而万物生"，都强调"和合"乃世间万物平衡协调发展之源，是事物发展、产生新质之本，是大道运行之规律，也是人道政教的目标。"通变"的意蕴在于"通则不乏""变则可久"，重在通晓变化之理，讲求应时而动、顺势而为、适时而变，追求与时俱进、锐意改革、着力创新，基本精神就是强调"会通"与"运变"的统一。

"和合"和"通变"，与武大百余年历史所凝结的"自强、弘毅、求是、拓新"校训精神，有着精神上的赓续和理念上的相通。由此阐发开来，它们折射出一种和谐融通、顺时而变，志存高远、求真求新，刚健有为、自强不息的精神。

"和合"和"通变"，应是我们今后为人、为事、为学所应秉持和弘扬的精神，也应成为各位毕业生走向社会、体验生活、追求事业所应秉持和弘扬的精神。

（本文节选自武汉大学校长顾海良于 2010 年毕业生典礼上的讲话）

大学生朋友，你有"不可或缺"的感觉吗？

著名职业顾问 Robert E. Kelley 和他的同事，通过在贝尔实验室和 3M 等公司近 10 年的研究，得出工作中做事的 9 条策略：

（1）要有主动性，能使你所在的企业乃至整个行业获利；

（2）建立一个好的关系网络，帮助你把工作做好；

（3）在工作中做好自我管理，不要过分强调自己的能力；

（4）以更宽阔的视野面对机遇和挑战，不要计较眼前的利益；

（5）培养下属关系技巧，与你的领导一起实现目标；

（6）运用领导关系，说服同事完成紧要任务；

（7）把优秀的工作态度带到团队中；

（8）通过了解你的组织，懂得你将与谁共同工作以及如何争取他们站在你这一边；

（9）通过有效的表述技巧向你的听众表达你的意思。

怎么样，说的还算实在吧？

其实在我们的工作中有些常见的现象。比如已布置的工作，如果没有督促就不会有积极的反馈；许多人在年初开列出一系列计划和目标，并且细分到每一个阶段，所要做的事情也 1、2、3、4、5……排序了。但到了年底，这些目标、计划、任务完成得如何？哪些已经完成了？哪些还没有完成？无法完成的原因何在？要么统统没有下文，要么只有包含着"大约""可能"等词汇的含混不清的总结。

这些人之所以没有做好事情，不是因为他们能力不够，也不是因为计划不周全，而是没有专注于自己的行动。他们做事时往往是一会儿干这个，一会儿干那个。他们对自己的目标容易产生怀疑，行动也始终处于犹豫不决之中。这种人也许能在短时间内取得一些成绩，但是从长远的择业来看，最终一定还是失败者。你说是不是呢？

谈到"背景"，很多人会想到自己的父母、老师、朋友、同学，好像他们中的成功人士，就是自己的背景。其实这是极大的误区。对于择业而言，所谓"明天的背景"，就是今天的行为。今天做了什么，明天就有了什么样的背景。那么，昨天的背景什么？就是我们之前做了什么。从确定目标的那一刻起，我们已经用自己的每一个细小的行为在积累我们择业的背景了。

第二节
择业的原则与程序

择业的原则：智慧决定命运，实力决定层次，人脉决定起跑。为什么这样讲呢？我们看看曾经为年轻人成功模范、后老身陷牢狱的芮成钢的故事。

在家里听到这样一个段子：市政协会议散会，几个身价十亿的煤老板去打牌，某超市连锁企业的老板也是身家过亿的政协委员，和他们一起开过几次会，也提出去一起玩。煤老板们面面相觑，最后还是首富张嘴说话了："我们哥几个一起玩，是因为我们都有产业，你一个开小卖店的跟着我们凑什么热闹？"然后在凛冽的秋风中，超市老板悻悻地回家了……

某哥们经常炫耀他跟某女神关系多熟悉多熟悉，讲述他们一起社会实践的点点滴滴，还把对方设置为特别好友，描述很是亲密。我们都觉得"哇塞，好牛的感觉"。只是我们从来没有见过此女神和他网络上有过互动。我们平时出来吃饭，K歌都希望此哥能够安排这位女神出席一下，让我们一起认识认识。但是也从来没有邀请过。后来我终于在网上见到了女神给这哥们的一次回复：请你以后不要再骚扰我……

还有一次某哥，平时如花蝴蝶一样，翩跹于各大饭局，号称学校朋友无数。浙江爱情连连看剧组求助他帮忙组织户外活动，需要一批外场观众。这哥心想平时朋友那么多，找几十个朋友做观众算什么，一口应承下来。然后当天上午群发飞信给很多人，大意是"是我的朋友你就来之类的"。结果到了录播时间，摄像机等全上，结果来的人，寥寥无几。至于他包票会来参加节目而且"跟他很铁"的校园牛人，则一个都没有来……

西方国家把一些习惯把名人放在嘴边，以提高身价的人称为"name-dropper"。刚刚入狱的芮成钢算是典型，他当年习惯自称与美国前总统克林顿、前国务卿基辛格，日本前首相菅直人，澳大利亚前总理陆克文等世界名流一杆都是"老朋友"，以至于每年的达沃斯经济论坛，会被一些称为屌丝酸称为"芮成钢和他的朋友们的聚会"。

然而当芮成钢锒铛入狱之时，他遍布全世界的"老朋友们"却都不见了踪影，昔日的小伙伴们也是树倒猢狲散，落井下石者倒是纷涌而至，世态炎凉啊。

人脉虚无缥缈

"人脉"云云，不外如是。真正跟你铁的就那么几个老兄弟。而让很多人引以为荣的在课堂，开会，饭局，酒桌，夜宵，散伙饭，KTV，桑拿房等社交场所开拓的各种"人脉"，一般都是不靠谱的。在没有感情基础的前提下，人脉不人脉，全拼综合实力。对于弱逼来说，一些所谓人脉，看似全线飘红，实则虚假繁荣。

社会是一个圆锥，每个人都在圆锥的高上面爬。你和同等水平，不同领域的人的距离就是你所处平面圆的半径。只要你的水平更高，你接触别的领域的人的距离就会更短。三流的投行员工认识三流的演员不太容易，但是投行老总和大明星就可以出双入对。博士刚毕业的学术菜鸟认识一个基层政府科员的难度微大，但是院士可以很方便跟省长交流交流，喝一杯茶。

所以，决定你有效人脉的不是你接触范围的广袤否，而是你自身的实力水平。你认识多少人没有意义，能号召多少人才有意义。不是说我每天又认识了谁，跟某某名人一起吃了一顿饭，哪个女神把微信号给我了我就和他们建立了友谊关系或者形成了新的人脉资源。问题的关键是我自己是否有足够的能力和水平与他们站在同一个高度，即便是不同的领域，也可以肩膀对着肩膀来对话——他是投行MD，我是政府副市长，他是大学副院长，我是电影大导演，等等。

圈子内外不重要，实力高低才重要。即便我们和大神处于同一个具备某种特质的圈子——IT圈，娱乐圈，投资圈，学术圈等等——经常一起开会，出席活动，我们还是没有机会跟他们形成真正的友谊，建立稳定的联系，遑论"人脉资源"。

原因就是大神只看得到同一高度的大神，我们还处于大神的俯瞰视线之外。

如果你是一个普通学生，上午围观了成龙新片发布会现场，下午旁听了马斯金的制度经济学，晚上买票参加了李泽楷的慈善晚宴，又能怎么样呢？即便是你四处发朋友圈、微博向着世界描述你和成龙，马斯金，李泽楷等多么多么熟悉，但又有什么意义呢？你向成龙要签名成龙保安依旧会拦住你，马斯金也不会给你写推荐信，李泽楷也不会跟你合伙做生意。

绝大多数时候，我们太弱，以致都没有资格用共同特质向牛人抛出友谊的橄榄枝。就算是我们在腾讯工作天天见到马化腾，马化腾跟我们见面聊的都不如八竿子打不着的大卫·贝克汉姆多；哪怕韩寒的每个微博我都留言点赞，韩寒想找人吐槽一下媒体二缺也不会想到我的。即便你是陕西富平人（习总书记家乡），而且清华化工系毕业，在中共中央办公厅工作，习总书记出去喝杯酒也不会找你……

所以，对于我们广大弱逼来说，盲目的"拓展人脉"，游走在各种"社交场合"，加入各种"微信群聊"的意义真心不大，其效果远远没有集中精力让自己成长起来更有效。比起四处给牛人跪舔，处心积虑经营一些吹弹可破甚至虚无缥缈的"人脉"，倒不如自己成为牛人中的一分子或者起码与牛人所处的水平更接近来得更实惠。

前几天看到一个节目，是马云对话周星驰。一个是喜剧之王，一个是电商大鳄，照样谈笑风生。两个如此看似无关的人聚到一起聊得来不是因为他们交情多少年或者共同语言有多少，而是因为他们都是站在各自领域顶峰的男人。天下高手想聚在华山之巅一起指点江山，吃吃喝喝，打打闹闹的前提是你能够在兵器谱上有一号。想参加武林大会，你想喝侠客岛的那碗"腊八粥"，你就得先混个掌门当当。

记得一位朋友狂粉黄晓明，某次机会见到本尊连签名都没有要。我好奇问"哥你咋回事？"此哥说："就是电话都要了，有意义吗？现在的我没事骚扰教主，以后教主到哪儿拍戏也不会告诉我，只会把我拉黑。倒是不如以后去了投行，发达了跟他合作投资。"然后他补刀："每当看到四处坐着火车追着黄晓明跑的粉丝们，我就想劝一句：孩子，回去努力当上青岛市公安局局长什么的，保护好教主老爸老妈，你还愁教主跟你不熟？"

那么友谊是不是一定要以实力为基础？不一定，毕竟友谊是由不同的原因成就的。各方面差距大的友谊在时间上和空间上密集地存在着。但是，以"经营人脉资源"为目标的功利性社交，一定是以实力为基础的。你想跟大家称为相互照应的"一家人"，那得先走进"一个门"，前提是咱得有能力跨过"门槛"。

那么是不是只有通过"走向更强"才能赢得友谊和维系友谊？也不一定。毕竟友谊这种美好情感的产生和维系方法多多。但是很确定的是，没有比"走向更

强"能够更有效地维系功利性的"人脉"了。想跟百万富翁维系"人脉"的最好办法就是和他们一起成为亿万富翁。

人脉的杠杆能力

那么是不是所有有目的性的"人脉"都不能成为真正的友谊的关系呢？额，跑题了。插一嘴，也不一定。在没有感情基础的情况下，以利益为基础的社交必然是以利益持有者之间的议价能力为基础的。你什么价位，你就找什么价位。至于是否有人具备"杠杆能力"，凤毛麟角。如果日后随着接触增多，共鸣增加，升华为无关功利的生死之交也说不准。

由此来看，做一个招蜂引蝶的交际花多么的无意义，他们苦心孤诣的"人脉泡沫"多么一文不名。每天痴迷于穿梭地铁来听各种讲座，推杯换盏结交各种"名人"，熬夜通宵参与各种微信群聊等用青春在刷存在感的交际花们，实际上是在浪费自己的生命。与其汲汲于那些伤身体又没效率的应酬，还不如看两本书，锻炼身体，陪陪父母老婆孩子。

"交际花"们错把"认识"等同于"认可"，错将手机通信录等同于"及时雨"。喝出胰腺炎换下来的"朋友"，未必比得上几篇 SCI 的效力；有微信群里生龙活虎的精神头，不如用来琢磨琢磨让自己资产升值。殊不知，草率的结交唯有脆弱的关系，所谓的"人脉"不过是呵呵一声。今天还一起喝的五迷三道一起称兄道弟，第二天公交上打个照面心里在想："这孙子谁啊？哪见过。"当某交际花为多参加一次舞会又扫了几个牛人的二维码而沾沾自喜的时候，牛人正走在"更牛的路上"即"甩开交际花的路上"。

岭深常得蛟龙在，梧高自有凤凰栖。只要不断进步，每个人自然就会有一批志同道合的真朋友结识和也会拓展和聚集一些可以发挥实际作用的"人脉"。大家现在充实自我都还来不及，何必急于拓展所谓"人脉"。毕竟，50 元的人民币设计得再好看，也不如 100 元的更招人喜欢。

（来源：http://blog.sina.com.cn/s/blog_60bba51a0102v584.html）

我们先来了解一些企业招聘都采取哪些方法。

微软公司招聘时，往往以谈话为主要内容，把谈话当作是招聘程序中最重要的一环。当应聘者面对微软公司的招聘者时，可能首先会被问起："你对什么感兴趣？"然后招聘主管会根据应聘者感兴趣的东西，很自然地插入一些问题，面试也就变成了一种双向交流。在这个过程中，他们就可以看出应聘者是否精于此道，他的相关知识是如何积累起来的，他对该业务的前景有何见解等。同时还会提出一些很不可思议的问题，这并不是要让应聘者确切地回答，而是看看应聘者是否具有创造性思维。

有时招聘主管会很幽默地问一些很古怪的问题，比如会问"下水道井盖为什么是圆的"或者"给你一架飞机，如果没有秤，你会怎么得到它的重量"等。这些问题，微软都并不认为应聘者的回答是错误的，当然应聘者必须说明他这样回答的理由，如果解释得当，甚至还可以在应聘中得到意想不到的重视。而对于这些问题，最糟糕的回答莫过于"我不知道，我说不好"等。比尔·盖茨在选择一个好的员工时提出了这样的十条要求：

一个好的员工应该对公司的产品有好奇心；

一个好的员工对于引导顾客讨论公司的产品要有执着的兴趣；

一个好的员工应该想方设法满足顾客的各种要求；

一个好的员工，应该有一个着眼于一生的详细择业；

一个好的员工要具备不断学习的意愿；

一个好的员工应能够接受新的挑战；

一个好的员工应有经常发问的冲动；

一个好的员工能够很好地关注公司当前所面临的竞争对手，并从竞争者那里获取知识；

一个好的员工应多用自己的头脑分析，不可让冗长的分析使自己的行动瘫痪；

一个好的员工要诚实、本分和勤劳地工作。

这就是微软为什么喜欢雇佣年轻、有才华的人，尤其是刚走出学校的新鲜人。在整个微软公司每年录用的新员工当中，应届毕业生占到了 38% 以上。

IBM 公司很不喜欢录用恭顺的人，IBM 第二代管理者沃森说："最容易使你上当受骗的是言听计从、唯唯诺诺的人；我宁愿要那种虽然脾气不好，但敢于讲真话的人。作为管理者，身边这样的人越多，成功的概率就越大。"

当时戴夫·穆尔是国际计时器部的经理，穆尔一家与沃森一家是世交，而穆尔本人也是同汤姆·沃森一起长大的伙伴。就在第二次世界大战以后，计时器市场开始出现萎缩，国际计时器部经营发生了亏损。面对这种情况，汤姆·沃森果断地对国际计时器部进行了调整，并决定调动穆尔的工作。但穆尔认为这是出他的洋相，就凭借着自己在公司的老资格和与沃森家的关系，而不服从调动。汤姆·沃森很快就知道了穆尔的这件事情，随后严厉地批评了他的错误行为。穆尔实在没有想到他平时对沃森那么的友好，自己一向都很配合他，却在这时没给他一点余地，因此，一气之下卖掉了 IBM 的股票，辞职另谋出路去了，与沃森的友谊也就此破裂。对此，汤姆·沃森感到很难过，但他明白，国际计时器部业绩不佳与穆尔没有主见有直接的关系，他应负直接责任，如今穆尔又不服从安排，那就

不能姑息迁就了。

相反，对能力超群，但个人气量狭小，喜欢与汤姆·沃森争高下的员工，汤姆反而不计个人之间的恩怨，不排斥，更不打击，而是委以重任。利亚森性格倔强，气量狭小，但精力充沛，才智过人，任 IBM 总裁之后，与任董事长的汤姆·沃森的关系有些紧张，但矛盾冲突又总是在一些枝节问题上。如两人在业余航海活动中竞争，一次误会闹得两人几天不说话。以汤姆·沃森当时的地位和权力，不要说给利亚森工作出难题，来降低其威信，阻碍其发展，就是直接将利亚森赶下总经理的座位也不是什么难事。可汤姆·沃森知道不能那么做，因为 IBM 需要像利亚森这样有主见有谋略的人才。也正是在利亚森的管理下，IBM 当时的拳头产品 350 型电脑才得以顺利问市。利亚森担任总裁后，IBM 的销售收入每年以 30% 的速度增加，汤姆·沃森很有感触地说，那种讨人喜欢的助手，经常陪你一道外出钓鱼娱乐的好人，其实是管理中的陷阱。相反，那些精明能干、爱挑毛病、语言尖刻、经常指出自己工作中存在问题的年轻人，恰恰能使自己少犯错误。

丰田汽车是世界一流公司。其先进技术和优良品质备受世界各地人士推崇。

不管在世界上哪个地方制造的丰田车，都会尽力做到全球统一的丰田高质量品质。丰田能在全球获得成功的一个重要原因，是丰田公司注重有远见和思考灵活的人，在选用人才这个环节上，丰田采用全面式招聘体系。全面招聘体系的目的就是招聘最优秀的有责任感的员工。全面招聘体系大体上可以分成 6 个阶段，前 5 个阶段招聘要持续 5~6 天。

第一阶段，丰田公司通常会委托专业的职业招聘机构，进行初步的筛选。应聘人员一般会通过录像资料观看丰田公司的工作环境和工作内容，同时了解丰田公司的全面招聘体系，随后填写工作申请表。1 个小时的录像可以使应聘人员对丰田公司的岗位工作情况有大概了解，初步感受工作岗位的要求；同时这也是应聘人员自我评价和选择的过程。许多应聘人员因此知难而退。专业招聘机构也会根据应聘人员的工作申请表和具体的能力及经验做初步筛选。

第二阶段，评估员工的技术知识和工作潜能。通常，招聘机构会要求员工进行基本能力和职业态度心理测试，评估员工解决问题的能力、学习能力和潜能以及职业兴趣爱好。如果是技术岗位工作的应聘人员，还需要进行 6 个小时的现场实际机器和工具操作测试。

通过前两个阶段，应聘者的有关资料转入丰田公司。

第三阶段，丰田公司接手有关的招聘工作。本阶段主要是评价员工的人际关系能力和决策能力。应聘人员在丰田公司的评估中心参加一个 4 小时的小组讨论，讨论的过程由丰田公司的招聘专家即时观察评估。比较典型的小组讨论可能是应聘人员组成一个小组，讨论未来几年汽车的主要特征是什么。实地问题的解决可以考查应聘者的洞察力、灵活性和创造力。在第三阶段，应聘者需要参加5个小时的实际汽车生产线的模拟操作。

第四阶段，应聘人员需要参加一个1小时的集体面试，使丰田的招聘专家更加全面地了解应聘人员的兴趣和爱好，他们以什么为荣，什么样的事业才能使应聘员工兴奋，更好地做出工作岗位安排和择业等。

第五阶段——一个25小时的全面身体检查。了解员工身体的一般状况和特殊情况，如酗酒、药物滥用等问题。

第六阶段，新员工需要接受6个月的工作表现和发展潜能评估，新员工会接受监控、观察、督导等方面严密的关注和培训。

联合利华在选拔人才时就坚持三条标准：一是德；二是量；三是才。什么是德？德是刚直无私，忠诚廉洁。什么是量？量是能接受正确意见，容纳贤才，能和同事和睦相处，团结合作。什么是才？才是能随机应变，能出色地完成本职工作，能奋发有为。符合这三条标准才能担当重任。

进入联合利华有两个考评渠道，一个专为应届毕业生设计，一个面向有经验的工作人员。这两个渠道都要经历极为严格的面试。

联合利华为应届毕业生设计的是管理培训生计划。如何进入这个计划呢？联合利华有重重关卡：首先人事部会考察通过网上提交来的申请表，给每一项指标打分，包括学习成绩、奖学金情况、社会实践等，根据总分进行筛选；其次，对通过初步筛选的申请者进行书面测试，主要测试逻辑能力，包括考查语言、数理逻辑等。测试内容一般委托专业顾问公司设计；然后是举行首轮面试，主要采用行为面试的方式。公司资深的高级经理人会担当主考官，他们将根据联合利华出众才能模型的每个层次的要求，评估面试者。最后还有第二轮面试，这次采用"评估中心"的方式，考官则是公司董事会成员，整个过程一般由案例分析、小组讨论和一次一对一面试组成。

三星集团。随着时代的进步和三星集团的日趋庞大，三星的人才观和用人制度、方法也在原来的基础上有了一些变革与发展。新的人才观更多地强调开拓精神，具体反映为：积极培养富于创造精神的人才，重视技术人才，培养国际性人才这三个方面。

首先，积极寻找富于创新精神的人才。因此，人才录用方式率先发生了变化：从面试到录用都实行分权化，除了少数人才由三星集团人才委员会统一招聘以外，其余的都由各子公司自己决定，这在过去是没有先例的。面试内容和形式，过去一般由教官提出问题，应聘者回答。但现在则采取由教官提出一个主题，7~8个应聘者互相讨论，在讨论过程中，观察每一位应聘者的表达能力、说服能力及随

机应变能力。

为培养创新型人才，三星集团还鼓励成立各种兴趣小组和研究会，题目和主题由个人决定，研究时间和人数不限，几个人组成一人小组，经费全部由公司负担，每6个月举办一次奖励会，对优秀研究成果进行奖赏。

其次，重视技术人才。随着三星向技术密集型产业发展，对技术人才的重用已是大势所趋，使得过去最高经营决策部门由以管理人才为主向现在以技术人才为主的趋势转变。

最后，甄选、培养国际型人才。随着产业的全球化和国内市场的开放，加上发达国家的贸易保护主义和韩国国内生产条件的恶化，三星集团各系列企业纷纷走向国际市场。为了尽可能培养国际型经营人才，三星集团采取了大量录用当地人才，实行地区专家制度和培养21世纪高级管理人才三项制度措施。

我们再来简单谈谈择业的思想出发点。

完成一些准备工作之后，大学生就要踏上征程了，首先面对的是一大难题：择业。择业的思想出发点应该是：我能做出什么样的贡献？我能维系哪些人际关系？在职业生涯中，大学生要从自己的优势出发，以正确的价值观和良好的心态来选择一样工作。选得好，选准了，打算长期干下去，这份工作就是你的职业。不要老是问："我现在想做什么"，应该老是问"我应该做什么样的贡献"，这样，你才能经常自审：我需要做什么，我应该怎样去做，我将取得哪些成绩。

在人才竞争日益激烈的时代，大学生开始选工作千万不要最先考虑每个月能挣多少钱，应该考虑你到底有多大本事，考虑这份工作是否有利于自己将来的发展，确确实实能在这里长期发展。你要以自己的态度和工作实绩来证明你在某个领域的发展前途。不要老是站在这山望着那山，长叹那山更比这山高。如果你觉得这山的条件太差，工作太累，环境复杂，那好，这山是你选的，你就应该把苦、累、难当作磨砺你的机会。我们常说成功与付出是对应的，那首先就得付出。当然，找一个有利于自己进步的企业，了解企业的薪资制度、福利制度、人事制度、企业文化，选一个你认为值得追随的老板，那是应该的。

一、大学生择业应遵循的基本原则

大学生在择业时，要紧跟时代脚步，认真分析社会的发展脉搏，由于受到外界因素（国家就业政策、就业环境）和自身素质条件的制约，因而不能随心所欲，必须遵循一定的原则。

1. 服从社会需要

服从社会需要的原则，是指一个人在选择职业岗位时，应把社会需要作为出发点和归宿，以社会对个人的要求为准绳，去认识和解决择业问题，进而决定自己的职业岗位。大学生择业考虑个人因素很正常，但这种选择必须以有社会需要为前提，否则这种选择就是盲目的，不现实的，选择者为此而树立的职业理想也就变成了空想。因此，大学生在择业时必须把个人的兴趣、爱好、专长与社会实际需要紧密结合起来，不断调整自己的就业期望，使个人职业理想的实现与社会建设的需要达到有机的统一。

2. 发挥素质专长

所谓发挥素质专长，是指大学生在选择职业时，要结合自己的素质状况，侧重某一特长或某一优势来选择职业岗位，以便于自己今后能出色地完成本职工作。这样，不仅体现了人尽其才、人尽其用，人力资源合理配置的原则，而且也体现了对职业负责、对社会负责、对自我负责的精神品质。

3. 利于发展成材

努力成材是大学生的渴望。但有些大学生择业时更多的是考虑收入待遇、住房条件，留恋大城市。经过几年的高等教育，大学生较为系统地掌握了一门专业知识，大部分具备了成材的主观的基础条件。但要成材除了主观条件外，客观外部条件也很重要，假如这些外部客观条件不具备，成材只能是一种梦想。因此，大学生择业时要特别注意客观条件的情况。我们认为，大学生就业选择单位时，首先要考虑国家的需要，到国家最需要的地方去，那里才是施展才华的所在；其次要了解单位的人文环境、继续教育的情况，求得成材的好土壤。但是，成材的主观条件还是最重要的，它是内因，没有主观的渴望与追求，客观条件再好，也不会很好利用。

4. 争取及时就业

大学生不能及时就业，既有社会的原因，也有毕业生自己的原因。大学生不能及时就业，不仅造成了人才的闲置与浪费，不利于社会人才资源的合理配置和社会的安定团结；同时也给学生及其家长造成沉重的心理负担和一定的经济压力，不利于毕业生的身心健康、事业发展和家庭幸福。所以，从主观上讲，毕业生要调整择业心态，就业期望值要合理，不盲目攀比，改变"一次就业定终身"的观念，采取顽强竞争、不怕挫折的态度，积极主动地寻找机会，及时就业。

也可以这样说，大学生择业，要择世所需（所选职业只有为社会所需要，才有自我发展的保障）、择己所爱（有爱才去实干）、择己所长（发挥自我优势）、择己所利（利己利他利社会）。

二、大学生择业应遵循的一般程序

（1）向学校就业指导服务中心了解有关的就业政策。

（2）收集并处理从各种渠道获得的就业信息。

（3）做好自荐材料和心理准备。

（4）到用人单位或学校、社会组织的"双向选择治谈会"、招聘会上面试应聘。

（5）通过双向选择，毕业生与用人单位签订就业协议。

（6）学校根据就业协议制订就业建议计划，报上级主管部门批准形成正式就业计划。

（7）毕业生完成学业，办理离校手续，持报到证在规定的期限内去单位报到上班。

三、大学生择业的应对策略

高校大学毕业生的就业制度逐步实现了与社会主义市场经济的接轨，"市场导向、政府调控、学校推荐、学生与用人单位双向选择"的就业机制基本形成。然而，大学生在以择业主体的姿态投身社会、选择理想职业的过程中，却承受着日益沉重的择业竞争的压力。

许多大学生在面对职业问题时，表现得不够自信，缺乏足够的心理准备和自信心，常常表现出求职的恐慌。他们担心自己的能力不能适应形势发展的需要，找不到合适的工作；缺乏自主择业的意识和勇气。

面对职业选择，大学生多有一种"书到用时方恨少"的感觉，担心自己学非所用，没有足够的能力应对激烈的竞争，同时，对社会能否提供一个公平公正的竞争环境表示怀疑，一味地抱怨选择的机会不均等。还有在激烈的择业竞争面前，一些大学生为了达到目的往往不择手段，如简历造假，以及"多头选择"等，诸如此类的行为，使大学生的诚信危机成为人们关注的话题。这些都是需要认真纠正的。

大学生求职择业的应对策略，一般有以下两个方面。

1. 树立风险观念和竞争意识

当前，用人单位最看重的是员工的能力和实干精神，在聘用初期可能还会注意员工的毕业院校或专业，但一段时间后，更注重的是员工的实际能力。因为社会发展与需求是在动态变化的。不论是选择职业还是职业实践，面对的都将是激烈竞争的环境。每个学生的职业选择必须有竞争意识。

2. 确立合理的职业期望

调查表明，大学生择业期望值普遍偏高，社会责任意识淡薄，择业意愿与社会对人才的需求存在着明显错位。期望值过高，既可能产生择业的挫折感，又可能导致机会的丧失。目前，我国西部大开发需要大批建设人才，个体民营企业、乡镇企业也求贤若渴，然而，愿意到西部地区、到民营、乡镇企业去建功立业的大学生却很少，表明了一些大学生非常缺乏回报社会的责任感。大学生选择经济发达地区和外资企业、合资企业的主要动机，更多的是追求经济效益和福利薪金，其功利性非常明显。因而，指导大学生确立合理的职业期望是非常重要的。合理的职业期望就是要从自身的综合素质出发，从社会对人才的实际需要出发，以发展的眼光来看待职业的选择。

四、大学生择业的误区

有些大学生择业常出现错误认识：以为找到工作就是找到事业，就业后不思进取；非得要到想象中的单位去工作；家人最可依赖，随便吧；我就是单枪匹马也能闯天下；就业形势这么不好，选什么选？

归纳起来有以下五大误区。

1.找企业而不是找职业

你在择业时应当选择一个较稳定、有发展前途的职业，而不是企业。

2.找工作而不是找职业

许多求职者在择业时属于盲目的服从。当问及他们对所申请的职位的看法时，往往一问三不知。试想想，如果连你申请的职位应当做些什么工作，该职位前景如何你都一无所知，企业又怎么会录用呢？许多求职者纯粹是为了找一份工作而四处奔波，往往徒劳无获。

3.求头衔而不是找职业

求职者在择业时应当非常清醒地分析那些需求人才的企业究竟招的是什么样的人才，千万不能为所谓的"主任"或"经理"的头衔所吸引而忘乎所以。

4.谋高薪而不是求发展

求职者往往因为暂时的薪资不尽如人意而放弃了一个自身成长和发展的机会。

5.顾眼前而不是求稳定

求职者往往不能平衡眼前利益和长远价值。

启示。

> **选择，需要进行心灵的磨砺和脱胎换骨的体验**

在重压和岗位间，还需要进行心灵的磨砺和脱胎换骨般的体验，这样的人才

能成长和成功。

有一则寓言故事：老鹰是世界上寿命最长的鸟类，可以活到 70 岁，但是要活那么长时间可不容易，它必须在 40 岁的时候作出一个关乎自己生死的决定。

当老鹰活到 40 岁时，它的爪子开始老化，无法有效地抓住猎物。它的喙变得又长又弯，几乎碰到胸膛。它的翅膀变得十分沉重，它的羽毛长得又浓又厚。它只有两种选择·等死，或进入一个十分痛苦的更新过程。

这个更新过程需要大约 150 天的时间。希望活下去的老鹰必须飞到山顶，在悬崖上筑巢，并停留在那里，不得飞翔。老鹰首先用它的喙击打岩石，直到完全脱落。然后静静地等候新的喙长出来。它会用新长出的喙把指甲一根一根地拔出来。当新的指甲长出来后，它们便把羽毛一根一根地拔掉。

5 个月以后，新的羽毛长出来了。老鹰获得了新生，又一次翱翔长空。

这是个相当痛苦的过程，但确实能得到新生。

[附] 应届毕业生择业月历

（1）8~9 月份，基础准备阶段。毕业生收集整理择业中需要的个人佐证材料，如获奖证书、发表论文和科技作品等。

（2）10~11 月份，就业信息收集阶段。毕业生通过各种渠道收集就业信息，了解就业政策，分析就业形势，确定自己的就业目标。

（3）11~12 月份，第一次择业高峰阶段。毕业生培训后提高自己的择业技巧，准备自荐材料、应聘就业信息，参加洽谈活动，应聘就业单位。

（4）次年 1~2 月份，个人调整阶段。总结在择业过程中的经验教训，调整择业心态和就业目标，准备参加下个阶段的应聘活动。

（5）3~5 月份，第二次择业高峰阶段。这是没有落实就业单位的黄金阶段，是"考研"失利同学择业的最佳时期。

（6）6~7 月份，就业上岗准备阶段。根据已确定的职业岗位要求，作好岗前准备；办理毕业离校手续。

第三节

人际关系的培养

美国著名职业生涯指导专家卡耐基说过："一个人事业上的成功，只有 15% 是由于他的专业技术，另外 85% 是人际关系。"刚刚参加工作或者新到一个单位，应该如何与周围的同事相处，这对新走上工作岗位的年轻人来说极为重要。学会与人相处，可以让自己少走弯路，尽早成功。其实，每一个人要取得成功，仅有很强的工作能力是不够的，必须两条腿走路，既要努力做好自己分内的工作，又要处理好人际关系。举个例来说吧。

小琳是个让父母骄傲的独生女，从外貌到学习都很不错，性格直爽，开朗活泼。可是，工作后，直爽成了缺点，在提了点意见后，明显感到得罪了公司的女主管。整天面对脸色乌云密布的主管，使她觉得在主管眼中，她都没有对的地方。心中虽然也知道大事不妙，在试用期出错，等于宣布了职位的"死刑"，可是不知道如何才能挽回；想想走掉算了，可又舍不得这个不错的企业。小琳首先与自己的师傅们沟通，虚心讨教妙招，在老人们的指点下，她主动找主管承认错误，希望她能原谅，给自己机会。通过与主管沟通。主管的脸色明显有所好转，小琳也从试用期改为延长试用期了。同时，小琳也明显感到，这个看起来很凶的女主管，心肠原来也是很热的，要是真的走掉了，双方将永远失去相互了解和理解的机会。

大学生们可要知道，你在任何地方工作，那里都不是孤岛。那里的每个人都是有个性的人。你和别人共事，你就要和别人交心，以一颗真诚的心换另一颗真诚的心，你就要和别人合作，这个合作不光只是指工作协调，还包括优势互补，长短互补，优劣互补。你要知道，一个人力量是有限的，一群人的力量是够大的，合作的力量无限的。你要尊重领导，不要认为领导居高临下你就抬不起头来，你在合适的时候可以当领导的参谋，但绝不可以指手画脚，虽说有时真理就在你手里，但你必须承认一个事实：领导他有独立的人格和个性，他有权发号施令，有权要求你按照他的方式工作。对上司先尊重后磨合，对同事多理解慎支持，与上司和同事多沟通、多相互了解，这样就配合默契，不容易产生误会。少看领导的缺点，不管他的缺点多少，毕竟他在决定你的命运。学会忍耐是上策，学会妥协、向职场妥协、向现实妥协，将会柳暗花明、峰回路转。委屈的泪水、难解的困惑，会凝结出辛酸的经验，使你成熟、理智，而由此获得的积累将是你职业生涯中一笔宝贵的财富，使你求得机遇，求得发展。

（一）职场人的个性分类

由于家庭背景、文化程度、兴趣爱好及观念的差异，我们所遇到的人也就形形色色、各种各样。倘若你明白对方属于哪种类型的人，对症下药，见机行事，相处起来就容易多了。哈佛大学公共关系学教授史密斯·泰格总结了职场人的种种类型，可供大学生们参考。

无私好人型：这种人因为他们的确是天底下最善良的人，所以也就往往容易

被人忽视。他们不会坏你的事儿，所以你可能也会忽视或者拿他们不当回事。如果那样的话你就错了，其实他们才是你可以真心相处的朋友。办公室里无友谊的论断，只有在这些人身上才会失去它的意义。

固执己见型：这类人一般观念陈腐，思想老化，但又坚决抵制外来建议和意见，刚愎自用，自以为是。对待这种人，仅靠你三寸不烂之舌是难以说服他的。你不妨单刀直入，把他工作和生活中某些错误的做法一一列举出来，再结合眼下需要解决的问题提醒他将会产生什么严重后果。这样一来，他即使当面抗拒你，内心也开始动摇，怀疑起自己决定的正确性。这时，你趁机摆出自己的观点，动之以情，晓之以理，那么他接受你的可能性就大多了。

傲慢无礼型：这种人一般以自我为中心，自高自大，常摆出一副盛气凌人、唯我独尊的架势，缺乏自知之明。和这种人打交道或共事，你千万不要低三下四，也不要以傲抗傲，你只需长话短说，把需要交代的事情简明交代完就行。如果求他办事，那就另当别论了。

毫无表情型：这种人，就算你很客气地和他打招呼，他也不会做出相应的反应。按心理学中所说叫无表情。无表情并不代表他没有喜怒哀乐，只是这种人压抑住了激情，不表露出来罢了。所以，对于这种人，你无须生气，只需把你想说的继续往下说，说到关键时刻，他自然会用言语代表表情。

沉默寡言型：这种人一般性格内向，不善交际与言辞，但并不代表他没话说。和他共处，你需要把谈话节奏放慢，多开掘话题。一旦谈到他擅长或感兴趣的事，他马上会"解冻"，滔滔不绝地向你倾诉起来。

自私自利型：这种人一般缺少关爱，心里比较孤独，他永远把自己和自己的利益放在第一位。你要他做些于己不利的事，那你便难于和他沟通了。和这种人相处，你必须从心灵上关注他，让他感受情感的温暖和可贵。

生活散漫型：这种人缺乏理想和积极上进的心，在生活中比较懒惰，工作上缺乏激情。和这种人相处，你只有用激将法把他的斗志给挖掘出来。

深藏不露型：这种人自我防卫心理特强，生怕你窥视出他内心的秘密，其实，这是一种非常自卑的表现。你想了解他的为人和心理，不妨和他坐在一起多喝几次酒，让他酒后吐真言。

行动迟缓型：这种人一般思维缓慢，反应迟钝。和他做朋友可以，和他共事，就不是理想的搭档了。

草率决断型：这种人乍看起来反应敏捷，常常在交涉进行到高潮时，忽然做出决断，缺乏深谋远虑，容易做出错误判断。和他相处最好的办法就是经常给他泼泼冷水，让他保持清醒的头脑，切莫感情用事，草率决定。

过分糊涂型：这种人有点精神分裂倾向，做事时注意力不集中，记忆力低下，理解能力不够。这种人和行动迟缓者一样，不是理想的共事伙伴。但交朋友，这种人很有人缘。看起来随和、大度。

家庭妇女型： 这类人不仅指女性，有一部分男性也很"妇女"。这种人上班，一进办公室就把家里昨天晚上直到今天早上发生的事一五一十地跟办公室里的人讲。如果实在没什么说的，就跟你重复昨晚的电视剧。单位的事情没有他不知道的。张家长李家短的，手里做着工作，嘴上也不闲着。遇见分个福利什么的，他们会尽挑好的往自己那里拢。这种人让你心烦，在你心情不好时，听见他们在耳边嘁嘁，可能会让你恨不能骂两句才解恨。不过你千万不要发火，这样的人，你少接他们的话就是了，他说什么你全当没有听见。这样的人，在关键时候不太会说你的坏话，还可能说你的好话，因为他们比较有同情心。

搬弄是非型： 这种人与前一种类型的人相比有质的不同，他们可能嘴也不愿闲着，但是到处打听周围人的隐私，并乐于制造，传播一些谣言，企图从中获得些什么。而且，在他们的心中，任何人都不在话下（上司除外），而他们自身却没有什么所长。这种人让你讨厌，但他们并不可怕。所以，你也不必如临大敌，与他们计较。只要他们说的构不成诽谤，也不能伤着你什么。

欺负新人型： 这种人的思想，其实在我们每个人的身上都多少有一些。他们对待新到的人，不管性别、年龄怎样，都要在相当长一段时间里拿你不当回事，支使你做这做那，尽是些"下活"。这种人并非真正的坏人，至多算个素质低下的"小市民"，只要他们做得不过分，劝你还是忍了。过了一段时间，他们自然会接受你的。不过你如果不愿忍，或者说没有那么长时间的耐性，你也不妨抓好时机，奋起反击他们一两次。而这种人一般都是欺软怕硬的主儿。只要你反击，十有八九他们会不敢再怎么样你了，他们的矛头很快会指向下一个新来的人。

性格古怪型： 这种人多半是天生的，有很大的遗传因素在里边，但他们不势利，也不愿与人同流合污。你可能会莫名其妙地与他们"遭遇"冲突，但不要记恨他们。他们一般是事情过去了也就算了，仍然会像从前一样对你。所以，你不要企图去改变人家什么。当然，人家也不想改变你什么。对这种人，注意不要做过深的交往，也不能对他们有过激的行为和语言。

轻狂高傲型： 这种人谁也看不起，包括自己的顶头上司；他们处处要显得与众不同，比别人优越；他们自认上知天文，下知地理，刚刚在报上读到的知识或者奇闻，就会当自己的知识当众卖弄。其实这种人的内心是有着深深自卑的，他们多半是目光短浅的人，没有见过什么大世面。对这种人，你根本用不着与之计较，他喜欢吹嘘自己，那就由他去吧。就是他贬低了你，你也不要去与他们较量，何必与不在一个层次上的人分个谁行谁不行呢。

阴毒恶人型： 这种人才是你最应该引起注意的人。这种人不多，但几乎每个集体里都会有。而且这种人，不与他一起工作过一定的时间，是不可能发现他们的阴毒的。他们绝大多数是以其反面出现的，在你刚与之接触时，他们非常热情主动，并会积极地为你解决些小困难，而且为你想得很周到，也表现出来真是为了帮助你的样子，客观上也能达到使你好的效果。但是，这里有个前提，你不能侵犯他们的利益。你侵犯了一点，他们可以忍让，甚至他们也会自己牺牲些小小的利益，比如一定量的金钱。但是关键时候，你是绝对不能占他们便宜的，也绝对不能走在他们的前边，比如晋级、加薪等。否则的话，他们会立即拉下脸来，与你拼个你死我活。这种人很难对付，因为他们一般早已以他们的假象取得了上司的信任，你如果没有强大的实力，是万万不能与之争斗的。如果你发现了这种人，最好是少招惹他们。但敬而远之也不行，因为他们才是真正的"小人"，"近之则不逊，远之则怨"。最好的办法是与他们办事时，多装糊涂，让他们看不起你，觉着你对他们没有什么威胁。如果你真想与他们争斗一番的话，你必须越级向更高层领导反映他们的恶行（因为直接领导已被他们抓在了手里，上司更相信他们而不相信你，欠水平的上司还可能把你的话传到他们的耳朵里），同时还要有一旦不成，立即离开他们的准备。不过这样你的损失可能就要大些了，但是这总比你与他们在一起耗着强。因为你是绝对耗不过他们的。

最后，告诫职场新人两句话：一句是"适者生存、能者成功"，另一句是"今天工作不努力，明天努力找工作"。这是早些年在广州"摸爬滚打"的人中流传的两句话，对今天初入职场的大学生来说同样适用。其实，年轻人有的是青春与激情，任何困难都无须惧怕。要学会在苦差事中潜水，要学会在生活中接受重创。适应，将使人生获得机遇；努力，将使职业生涯有所作为。

故事

你被录取了

一个大型企业在招聘员工中曾发生过这样一件事：当时经过笔试、面谈等层层筛选，几百名应聘者中只剩下不到十人闯过最后一道关，这时总经理出场。他并没有过多地考察这些人的专业知识，而是对每个单独会面的人都说了这么一句话："你还记得吗？半年前在一个研讨会上，我们已经见过面了，当时你还宣读了一篇文章，写得真不错……"

其实，这只是个幌子，总经理本人根本就没有参加过这个研讨会。但是，除了最后一位女孩外，前面所有的人都顺着总经理的竿子往上爬："您一提醒，我想起来了，咱们确实见过面。至于那篇稿子，写得还不够透彻，希望您能多多指教……"

只有这位女孩听了这句话不那么回答。她心里在犯嘀咕："总经理肯定认错了人，我从没参加过那个研讨会，他怎么能认识我呢？可是否认吧，当着几位考官，太不给总经理面子了；承认吧，也不合适……"最后，小女孩一咬牙，非常从容地回答道："总经理先生，我想您可能认错人了吧，我当时出差在外，不可能赶回来参加这个研讨会。非常抱歉，让您失望了。"说完话，女孩礼貌地站了起来朝门外走去，她已不抱任何希望了。但总经理却叫住了她："小姐，我们决定录用你了。"事实证明，总经理的决定是正确的。在后来的工作中，这个女孩的业绩确实非常突出。

（二）巧妙应对职场冲突

"王经理，我答应了客户下个月 10 号交货，你们部门能不能准时交货？"销售经理问生产经理。"不可能！"王经理干脆利落的回答让一团乌云笼罩在了两人的头上。"怎么不可能？况且我已经答应客户了！""就是不可能！你答应客户前怎么不跟我商量一下？"……两人头上顿时电闪雷鸣，一场冲突就这样发生了。

这种场景，就发生在职场身边，我们并不陌生。冲突，广义来讲就是意见不一致，这在工作中是司空见惯的，也是不可避免的。当无法协调人们的需要和利益时，冲突就会发生。如果处理不好或根本就不去处理冲突，原本犹如细雨般的意见分歧就有可能逐渐升级，演变成狂风暴雨。由此导致情绪激动、愤怒、沮丧，同时人际关系也会受到影响。而人际关系的恶化，又会带来更多的冲突。在这个恶性循环中，我们厌恶冲突，逃避冲突，却无处可逃。换个角度想想，冲突一定是坏事吗？为什么我们喜欢充满冲突的小说和电影？没有冲突情节的电影或小说，犹如淡茶一杯，没有吸引力，也没有人会喜欢。可是当我们的工作和生活中有了冲突，我们却如此厌恶并极力逃避？答案或许是，我们当中的一部分人不知道如何面对冲突，更不知道如何解决冲突。每次遇到冲突时，我们只是听天由命，交给我们的本能去决定了。这样，成功处理冲突的概率很小。而失败的经验又加强了我们逃避冲突的行为。那么，职场中我们如何才能解决好冲突？

1. 要正确看待冲突

现代行为学派认为，冲突是不可避免的，它是自然发生的；对待冲突的态度是，我们要勇于面对和接受它。冲突有负面作用，同时也有正面的影响，因此，我们应该尽可能有效地处理冲突，最大限度地发挥冲突的正面作用。如果一个组织冲突太少，则会使员工之间态度冷漠，互不关心，缺乏创意，从而使组织墨守成规，停滞不前。相反，如果一个组织冲突太多，则会人人自危，人际关系紧张，效率低下，从而使组织失去竞争力。如果组织存在适量的冲突，则会提高员工的兴奋程度，激发员工的工作热情和活力，从而使组织不停地创新和前进，同时也

提高了组织的凝聚力和竞争力。因此，我们面临的问题应该是如何有效地处理冲突，避免冲突的破坏性，而不是如何避免和消除冲突。

2. 寻找恰当方式解决好冲突

关注两个方面：一方面是冲突涉及的事情或者问题，另一方面是冲突涉及的人的需要。我们常常关注怎样解决事情或者问题本身，却忽略了人的需要。这也常常是我们无论怎么沟通，都不能达成共识的根源所在。只有当事情和人两个方面都得到了关注和处理，冲突才能顺利和有效地解决。

冲突中的各方，通常都有比较强烈的情绪。缓和并平息这些情绪，是解决冲突的前提和基础。只有打破了自我保护的屏障，才有可能开诚布公地协商，从而进一步寻求解决冲突的方案。要照顾到冲突中人的需要，应当遵守以下原则。

（1）尊重对方并维护对方的自尊。根据自我价值保护原则，当自我价值被贬低或得不到尊重时，人们会采取自我价值保护策略，处于自我防卫状态。在这样的状态下，沟通的渠道被关闭，解决冲突的概率几乎为零。为了维护对方的自尊，我们要避免责备对方。冲突中的各方都害怕被别人指责和批评。不要假设对方的行为或动机，也不要对其行为或动机妄下结论。认可对方为解决冲突所做出的积极努力。尽可能地找出冲突各方的共同点，这样才有利于共同商讨解决方案。为对方提供时间去发泄和平息情绪。当对方知道你了解他的感受后，对方通常会以更加积极和合作的姿态，和你一起来解决问题。

（2）积极聆听并理解对方的需要和感受。当发生冲突时，尤其在冲突各方都情绪激动的时候，要做到积极聆听并理解对方是很难的。但是，我们不妨尝试与对方做如下尝试：

①多问开放性的问题。问得越多，就越了解对方的观点、需要和感受。

②鼓励对方。坦诚地告知他的观点和感受。

③站在对方的立场，了解他的想法和感受。

④关注事实和感受。向对方表明，你已经倾听并了解他的想法和感受，并复述你听到的事实和感受，确保你的理解准确。

3. 分享自己的想法和感受，鼓励双向沟通

为了解决冲突，我们应当让对方了解自己的想法，感受和自己的需要。分享自己的感受、想法和推理的逻辑，是和对方进行双向沟通，建立信任的有效途径。为了分享信息，我们应当向对方阐明自己的观点，与对方分享自己的感受，并鼓励对方进行更加开放的沟通。解决冲突不是哪一方的责任，而是双方的责任。只有准确地、充分地了解冲突双方的需要和感受，才有可能找到双方都能够接受的方案，为最终顺利解决冲突奠定基础。

概括而言，解决冲突的方法有三种：对抗、回避和解决。对抗是指主动地挑

战对方，逼迫对方接受自己的立场和解决方案，只关注自己的需要而忽视对方的需要。回避是指避免正面对抗，改变话题或在出现冲突迹象时就立刻逃离，对方的需要比自己的需要更重要。解决是指聆听并了解对方的观点，探寻所有可能的解决方案并选择最好的方案，关注每一方的需要。

根据解决冲突的三种方式的不同特点，我们在不同的冲突场景中，根据对方对冲突的反应，可以使用其中一种方式，也可以综合运用这三种方式。例如，对于紧急的情况，如当产品出现质量问题，必须尽快作出决定，以避免更大的损失时，可以采用对抗的方法，果断采取措施，先解决当前的危机，事后再使用解决的方式，促进冲突各方的相互理解，保持良好的人际关系。再如，当对方情绪很激动、很愤怒时，可以采用先回避的方法，等对方的情绪平息后再使用其他的方式来解决冲突。

不管怎样使用对抗、回避和解决这三种方式，在解决冲突的过程中，我们还必须同时运用前面提到的照顾人的需要的各种技巧，满足冲突各方的需要，才有可能找到冲突双方都能接受的方案，并且顺利而有效地解决冲突。

当冲突得到有效解决时，人际关系往往不会被破坏，反而会变得更加紧密。这也印证了我们中国人的一句老话"不打不相识"。总之，当我们与别人发生冲突时，冲突的结果是破坏我们与他人的关系还是使我们与他人的关系更为紧密，主动权是由我们自己选择来决定的。只要我们愿意充分运用解决冲突的各种技巧，完全可以控制冲突的结果，让我们的工作如同精彩的电影和小说一样充满吸引力。

◈ 第四节
本讲小结

（1）择业最重要的是经常向自己追问："我能作出什么样的贡献。"个人是社会成员，不能光考虑个人利益，更主要的是多考虑他人利益、集体利益、社会利益。

（2）在认识自我的基础上选择一个适合自己职业生涯发展方向的职业。认识自我首先要看到自己的优点和缺点，长处与缺处，自己的长处是否能在所选的行业中尽量发挥。

（3）考虑好所选的职场是否能让你获得更多的发展机会，并能减少你一些不必要的束缚和情感上的损失。

（4）人际适应其实就是指一个人在他工作、生活、立业的地方要努力适应工

作环境，其中主要的是要适应人的环境，要真诚与人沟通，与人合作，这样才能充分发挥集体的智慧，才能创造出工作的业绩，从而也能满足个人工作的愉悦感，发挥最大的工作热情。

第五节
思 考 与 阅 读

一、人际关系测试

美国著名成人教育家卡耐基先生曾指出：一个人事业的成功，只有 15% 是由他的专业技术决定，另外的 85%，则要靠人际关系。你是否善于交际？你的人缘如何？通过对下面试题的选答，相信你就会有一个基本的评价。

（1）你最近一次交朋友，是因为

A. 你认为不得不结交

B. 他们喜欢你

C. 你发现这些朋友令人高兴、愉快

（2）当你度假时，你是否

A. 喜欢独自一个人消磨时间

B. 希望交到朋友，可是往往很难做到

C. 通常很容易就交到朋友

（3）你已经定下一个约会，可到时你却疲惫不堪，决定

A. 不赴约了，希望对方会谅解你

B. 去赴约，但担心如果你早些回家的话，他是否会介意

C. 去赴约，并且尽量显得高兴

（4）一个同事向你吐露了一件极有趣的个人问题，你常常

A. 连考虑都没考虑，就把这件事告诉了别人

B. 为同事保密，不把这件事再告诉别人

C. 根据情况决定是否要告诉别人

（5）当你的同事有困难时，你发现

A. 他们不愿来麻烦你

B. 只有与你关系密切的少数朋友才来向你求助

C. 他们愿意来找你请求帮助

（6）对于同事的优缺点，你的处置方法是

A. 我相信真诚，所以对于我看不惯的缺点，我不得不指出

B. 我既不吹捧奉承，也不求责备他们

C. 我喜欢赞扬别人的优点，缺点则尽量回避

（7）在你选择朋友时，你发现

A. 你只能同你趣味相同的人们友好相处

B. 兴趣、爱好不同的人偶尔也能谈谈

C. 一般说来你几乎能和任何人合得来

（8）对于同事们的恶作剧，你会

A. 感到生气并发怒

B. 看心情和环境，也许和他们一起起哄，也许生气并发怒

C. 和他们一起起哄

（9）对于同事间的矛盾，你喜欢

A. 打听、传播

B. 不介入

C. 设法缓和

（10）每天上班以后，对于扫地、打开水一类的琐事，你的态度是

A. 想不到做

B. 轮流做

C. 主动做

（11）一位朋友邀请你参加他（她）的生日活动。可是，任何一位来宾你都不认识

A. 你借故拒绝，说："那天已经有别的朋友邀请我了。"

B. 你非常乐意借此去认识他们

C. 你愿意早去一会儿帮助他（她）筹备生日活动

（12）在街上，一位陌生人向你询问到火车站的路径。这是很难说清楚的，况且，你还有急事

A. 你让他去向远处的一位警察打听

B. 你把他引向火车站方向

C. 你尽量简单地告诉他

（13）你表弟到你家来，你已经有两个月没有见到过他了。可是，这天晚上，电视上有一部非常精彩的电影

A. 你让电视开着，与表弟谈论

B. 你关上电视机，让表弟看你假期中的照片

C. 你说服表弟与你一起看电视

（14）你父亲给你寄钱来了

A. 你把钱搁在一边

B. 你买一些东西，如油画、一盏漂亮的灯，装饰一下卧室

C. 你和你的朋友们小宴一顿

（15）你邻居要看电影去，让你照看一下他们的小孩。孩子醒后哭了起来

A. 你关上卧室的门，到餐厅去看书

B. 你看看孩子是否需要什么东西。如果他无故哭闹，你就让他哭去，终究他会停下来的

C. 你把孩子抱在怀里，哼着歌曲想让他入睡

（16）如果你有闲暇，你喜欢

A. 待在卧室里听音乐

B. 到商店里买东西

C. 与朋友一起看电影，并与他们一起讨论

（17）当你周围有同事生病住医院时，你常常是

A. 有空就去探望，没有空就不去了

B. 只探望与你关系密切者

C. 主动探望

（18）如果有人请你去玩或请你在聚会上唱歌，你往往

A. 断然拒绝

B. 找个借口推辞掉

C. 饶有兴趣地欣然应邀

（19）对于他人对你的依赖，你的感觉

A. 近而远之，我不喜欢结交依赖性强的朋友

B. 很好，我喜欢被别人依赖

C. 我并不介意，但我希望我的朋友有一定的独立性

选 A 得 1 分，选 B 得 2 分，选 C 得 3 分，请算出你的得分。

分数在 45~60 分：你非常善于交际，你的伙伴们非常爱你，你总是面带笑容，为别人考虑的比为你自己考虑的要多，朋友们为有你这样的一位朋友而感到幸运。

分数为 35~45 分：你不喜欢独自一个人待着，你需要朋友围在身边。你非常喜欢帮忙——如果这不花费你太多精力的话。

分数为 35 分以下：注意，你是一个不大合群的人，你置身于众人之外，仅仅为自己而活着。你是一位利己主义者，因此，你的朋友这样少，从你的贝壳中走出来吧，改善一下你同周围人的关系。

二、思考题

（1）"找一份工作不易，找一份好工作更难。"你怎么看？

（2）"择业吧，不管它是什么工作，只要能让我去干就行。"你怎么看？

（3）"你看不惯我，容不下我。我还不愿意跟着你干，不愿意替你卖力呢！"你怎么看？

（4）"都是我不好。得，离开你行吧？拜拜，我不干了。"你怎么看？

三、阅读

（一）厦门大学：自信者无敌

厦门大学校长朱崇实在 2010 届本科生毕业典礼上向毕业生们这样重点强调了自信对于一个人生活工作的重要性：

为什么我如此重视一个人的自信心？因为我认为自信是一个人最重要最可贵的正常心态，或者说最重要的人生态度。什么是自信？翻开辞海辞典和各等著作，对自信有多种解释。我的解释是，自信就是相信自己在社会上有一个合适的位置，自己能与社会和谐相处。哪怕这个位置一时不合适，经过努力或调整会达到合适。对于心态也有多种描述，乐观的心态、悲观的心态、积极的心态、消极的心态、自由的心态、保守的心态等，但我认为最为重要的划分是自信、自卑和自大这三种心态。因为这是人类最基本的心态，而且这三种心态又是相互关联的，过于不自信很可能就变成自卑，而过于自信盲目自信很可能就变成自大。自卑与自大也会相互转化，自卑的人常常表现得非常的自大，而自大的人一遇挫折往往就变得自卑。一个人在心态上无论是自卑或自大，他往往都无法摆正自己在社会上的位置，都很难与自己的周围和谐相处。只有自信的人，才能正确地看待自己，也正确地看待他人，才能在社会上找到自己的合适位置，与整个世界和谐地相处。

当然，心态是世界上最复杂最多变的一种精神状态，一个人的心态往往是自信、自卑、自大交织在一起，只有自信，而没有自卑或自大的人是极少极少的。因此，当我们感觉自己有自卑或自大的心态时，不必紧张，只要正确对待，并加以调整就好了；但怕的是我们自己意识不到自己有这样的心态。所以，当你走出校门步入社会在生活或工作中遇到挫折或麻烦的时候，你一定会寻找发生挫折或麻烦的

原因，千万记住，在查找原因的时候，首先查查自己的心态，是不是因为自卑或自大的心态影响了你的生活与工作，给你带来了挫折与麻烦。

说到这里，我由衷地期望在座的各位同学都能保持一个自信的心态，相信自己是这个世界必不可少的一个分子，是这个社会必不可少的一个成员；相信自己能为这个美好的世界增光添彩，能为这个美好的社会添砖加瓦；相信自己能与社会与自然和谐地相处。有了自信的心态，你就会懂得幸福、懂得美好、懂得宽容、懂得感恩、懂得责任、懂得奉献；有了自信的心态，你就一定能为自己的理想而脚踏实地地不懈奋斗，可以言败，但永不言弃，失败了查找不足重头再来继续奋斗；有了永不言弃的精神，胜利一定属于你；有了自信的心态，你会无比地感恩这个社会、感恩自己的父母、感恩所有关心和帮助过自己的人，从而当自己有能力时你就会尽自己所能去报答和感谢他们。总之，自信的心态会让你活得自由、活得自在，会让你为了这个美好的社会而辛勤地劳动同时也尽情地享受。

（本文节选自厦门大学校长朱崇实在 2010 届本科毕业典礼上的讲话）

（二）北京大学：怀疑与信仰

谢谢你们叫我回家。让我有幸再次聆听老师的教诲，分享我亲爱的学弟学妹们的特殊喜悦。一进家门，光阴倒转，刚才那些美好的视频，同学的发言，老师的讲话，都让我觉得所有年轻的故事都不曾走远。可是，站在你们面前，亲爱的同学们，我才发现，自己真的老了。1988 年，我本科毕业的时候，你们中的绝大多数人还没有出生。那个时候你们的朗朗部长还是众女生仰慕的帅师兄，你们的渭毅老师正与我的同屋女孩爱得地老天荒。而现在他们的孩子都该考大学了。

就像刚才那首歌唱的，"记忆中最美的春天，难以再回首的昨天"。如果把生活比作一段将理想"变现"的历程，我们只是一叠面额有限的现钞，而你们是即将上市的股票。从一张白纸起步的书写，前程无远弗届，一切皆有可能。面对你们，我甚至缺少一分抒发"过来人"心得的勇气。

但我先生力劝我来，我的朋友也劝我来，他们都是 1984 级的中文系学长。今天，他们有的仍然是一介文人，清贫淡泊；有的已经主政一方，功成名就；有的发了财做了"富二代"的爹，也有的离了婚、生活并不如意，但在网上交流时，听说有今天这样一个机会，他们都无一例外地让我一定要来，代表他们，代表那一代人，向自己的弟弟妹妹说点什么。

是的，跟你们一样，我们曾在中文系就读，甚至读过同一门课程，青涩的背影都曾被燕园的阳光，定格在五院青藤缠满的绿墙上。但那是 20 世纪的事了，我们之间横亘着 20 多年的时光。那个时候我们称为理想的，今天或许你们笑称其为空想；那时的我们流行书生论政，今天的你们要面对诫勉谈话；那时的我们熟悉的热词是民主、自由，今天的你们记住的是"拼爹""躲猫猫""打酱油"；那个时候的我们喜欢在三角地游荡，而今天的你们习惯隐形于伟大的互联网。我们那时的中国依然贫穷却豪情万丈，而今天这个世界第二大经济体，还在苦苦寻找迷失的幸福，无数和你们一样的青年喜欢用"囧"形容自己的处境。

20多年时光，中国到底走了多远？存放我们青春记忆的"三角地"早已荡然无存，见证你们少年心绪的"一塔湖图"正在创造新的历史。你们这一代人，有着远比我们当年更优越的条件，更广博的见识，更成熟的内心，站在更高的起点。

我们想说的是，站在这样高的起点，由北大中文系出发，你们不缺前辈大师的庇荫，更不少历史文化的熏染。《诗经》《楚辞》的世界，老庄孔孟的思想，李白杜甫的辞章，构成了你们生命中最为激荡的青春时光。我不需要提醒你们，未来将如何以具体琐碎消磨这份浪漫与绚烂；也不需要提醒你们，人生将以怎样的平庸世故，消解你们的万丈雄心；更不需要提醒你们，走入社会，要如何变得务实与现实，因为你终将以一生浸淫其中。

我唯一的害怕，是你们已经不相信了——不相信规则能战胜潜规则，不相信学场有别于官场，不相信学术不等于权术，不相信风骨远胜于媚骨。你们或许不相信了，因为追求级别的越来越多，追求真理的越来越少；讲待遇的越来越多，讲理想的越来越少；大官越来越多，大师越来越少。因此，在你们走向社会之际，我想说的只是，请看护好你曾经的激情和理想。在这个怀疑的时代，我们依然需要信仰。

也许有同学会笑话，大师姐写报社论写多了吧，这么高的调子。可如果我告诉各位，这是我的那些中文系同学，那些不管今天处于怎样的职位，遭遇过怎样的人生的同学共同的想法，你们是否会稍微有些重视？是否会多想一下为什么20多年过去，他们依然如此？

我知道，与我们这一代相比，你们这一代人的社会化远在你们踏上社会之前就已经开始了，国家的盛世集中在你们的大学时代，但社会的问题也凸显在你们的青春岁月。你们有我们不曾拥有的机遇，但也有我们不曾经历的挑战。

文学理论无法识别毒奶粉的成分，古典文献挡不住地沟油的泛滥。当利益成为唯一的价值，很多人把信仰、理想、道德都当成交易的筹码，我很担心，"怀疑"会不会成为我们时代否定一切、解构一切的"粉碎机"？我们会不会因为心灰意冷而随波逐流，变成钱理群先生所言"精致利己主义"，世故老到，善于表演，懂得配合？而北大会不会像那个日本年轻人所说的，"有的是人才，却并不培养精英"？我有一位清华毕业的同事，从大学开始，就自称是"北大的跟屁虫"。对北大人甚是敬重。谈到"大清王朝北大荒"江湖传言，他特认真地对我说："这

个社会更需要的，不是北大人的适应，而是北大人的坚守。"

这让我想起中文系百年时，陈平原先生的一席话。他提到西南联大时的老照片给自己的感动：一群衣衫褴褛的知识分子，器宇轩昂地屹立于天地间。这应当就是国人眼里北大人的形象。不管将来的你们身处何处，不管将来的你们从事什么职业，是否都能常常自问，作为北大人，我们是否还存有那种浩然之气？那种精神的魅力，充实的人生，"天地之心、生民之命、往圣绝学"，是否还能在我们心中激起共鸣？

马克思曾慨叹，法兰西不缺少有智慧的人但缺少有骨气的人。今天的中国，同样不缺少有智慧的人但缺少有信仰的人。也正因此，中文系给我们的教育，才格外珍贵。从母校的教诲出发，20多年社会生活给我的最大启示是：当许多同龄人都陷于时代的车轮下，那些能幸免的人，不仅因为坚强，更因为信仰。不用害怕圆滑的人说你不够成熟，不用在意聪明的人说你不够明智，不要照原样接受别人推荐给你的生活，选择坚守、选择理想，选择倾听内心的呼唤，才能拥有最饱满的人生。

梁漱溟先生写过一本书《这个世界会好吗？》。我很喜欢这个书名，它以朴素的设问提出了人生的大问题。这个世界会好吗？事在人为，未来中国的分量和质量，就在各位的手上。

最后，我想将一位学者的话送给亲爱的学弟学妹——无论中国怎样，请记得：你所站立的地方，就是你的中国；你怎么样，中国便怎么样；你是什么，中国便是什么；你有光明，中国便不再黑暗。

（本文节选自卢新宁在北京大学中文系2012届毕业典礼上的致辞：
《在怀疑的时代依然需要信仰》）

（三）华南理工大学：秉持信念

古人有曰："肺腑之言，留待别时。"作为你们的校长和老师，我的肺腑之言只有一句，那就是在你们今后的日子里，不管你们身处何地，不管你们遇到的是挫折还是诱惑或者是暂时的迷茫，都请你们始终牢记华工精神，秉持信念前行。

秉持信念前行，需要科学的认知。今天你们以优异的成绩走出了学校大门，明天你们将进入另一个更大的社会课堂。你们可能会面临更高难度的考试，但"生而有涯而学无涯"；你们可能会遇到一些在学校里从未遇到的问题，但"君子之学必日新。日新者，日进也。不日新者，必日退。"你们也可能觉得自己做的都是些不起眼的小事，但岂不知，"合抱之木，生于毫末；九尺之台，起于累土。"只要你一步一个脚印，只要你们坚持坚定的信念，无论你在什么岗位上，都会绽放出属于自己的精彩！

秉持信念前行，需要有坚强的意志。华工的首任院长罗明燏先生留学期间毅然谢绝了美国航空顾问委员会对他的高薪挽留，回到祖国。1945年他拒绝了为美国空军指点广州地图，使广州城免于一场轰炸的厄运；我国著名电子信息专家、华工第一任教务长冯秉铨先生为了重建华工电子系，一个人开设了12门专业课和专业基础课，最多时他一周要上27个学时，他的提包里常常放着两样东西：必需的药品和几块干面包。纵观古今，任何一个成功的人物，都必须具有坚定的信念和坚强的意志。拥有才华、热情和青春的你们，只有将自己的宏伟抱负投身到祖国发展的大事业中去，勇担时代重任，锲而不舍地努力，才能做出一番绚丽的成就和事业。

秉持信念前行，需要有博大的胸怀。一个成功的人，肯定是一个有理想、有抱负和有才华的人，同时也是一个充满爱心和责任感的人。古人云："成大业，以德为先。"良好的道德品质是做人做事必须具备的基本素养。父母养育你们长大，国家培养你们成才，学校和老师教给你们知识，让你们自信地走向社会。我想说的是，在你走向社会之前，首先应该懂得感恩。这几天利用端午节放假的机会，我拜访了几位学生家长，很受感动和启发。电力学院夏智勇同学的家长告诉我，4年前他的孩子高考成绩很好，可以有很多选择，但他就是要读华工，因为华工培养的学生好、就业好，能找到好工作。他纯朴的话让我高兴，更让我感到责任重大；机械学院凌云志同学，父母都是农民，家庭经济情况一般。但他们靠自己的辛勤劳作，把自己的两个孩子都培养成优秀的华工学生。云志同学和他的姐姐凌少云对我说，"父母没有读过书，是农民，但我们为有这样的父母感到骄傲，我们要让他们有一个幸福的晚年。"他们的话让我觉得我们的教育是成功的。我认为，懂得感恩的人，胸中有大爱的人，才是一个性格完善的人。爱是世界上最柔软却是最巨大的力量。华南理工大学作为全国重点研究型大学，我们的人才培养目标就是培养有大爱、敢担当、能创新的社会精英和国家栋梁之材。

同学们！再过几个月就是华南理工大学60周年校庆了。在这样一个特殊年份，你们将走向自己新的岗位，母校甲子之年的新一轮改革发展也已经启步前行。历史的发展证明：一所大学的声誉，主要来自她的毕业生的声誉；一所大学的社会地位，主要来自于她的毕业生的社会地位。无论我们是工作在校园里，还是在社会上，所有的华工人都有一个共同的目标和心愿，那就是让祖国更加繁荣富强，让人民更加幸福安康，让华工的办学水平和社会影响力更上一个新的台阶。

（本文节选自华南理工大学校长王迎军在2012年毕业典礼上的
致辞《秉持信念前行》）

（四）中国政法大学：做一个幸福的人

同学们，在这依依不舍、挥手告别的时刻，我想起了一首诗：

从明天起，做一个幸福的人

喂马，劈柴，周游世界

从明天起，关心粮食和蔬菜

我有一所房子，面朝大海，春暖花开

这首我们耳熟能详的现代诗歌《面朝大海，春暖花开》，是我校已故教师、当代著名诗人海子的代表作，它在一定程度上反映了当代人对幸福的向往。今天，借此诗句，我想与大家谈一谈这个时尚而又经典的话题，那就是"幸福"，作为对全体毕业研究生和全校师生的祝福与期望，祝福大家一生一世与幸福永远伴随，希望大家成为幸福的法大人。

英国哲学家大卫·休谟说过："人类刻苦勤勉的终点就是获得幸福，因此才有了艺术创作、科学研究、法律制度，以及社会的变革。"的确，我们无论是对国家富强与民族复兴的追求，还是对民主法制与公平正义的追求，抑或是对财富与爱情的追求，其终极意义都是为了追求人的幸福。

当下中国，幸福感缺失问题引起了社会的普遍关注。事实上在我国，幸福，已经超越了个人精神感受层面，进入了国家公共政策领域，一些机构甚至推出了城市幸福指数排行榜，其内容涉及城市建设、生态安全、经济转型、公共政策等，幸福公民的内容也包括物质生活水平、身体健康、家庭和谐、自我价值实现，等等。许多专家学者都在给幸福下定义。幸福究竟是什么呢？坐在宝马车里哭就比坐在自行车上笑幸福吗？留在国家中央机关就比扎根西部服务基层幸福吗？做颠倒红尘的富律师就比做儿童公益的穷律师幸福吗？这些都不尽然。哈佛大学排名第一的视频公开课《幸福》的讲师泰勒·本·沙哈尔认为，幸福是"快乐与意义的结合"，在快乐中去做有意义的事情就是幸福。我比较认同他的观点。那么怎样才能"在快乐中去做有意义的事情"呢？我认为，有两点很重要，这就是我今天想对大家讲的两点：修身立世与修业济世。只有坚持修身立世与修业济世，我们才能得到长久的幸福。

我要讲的第一点是，坚持修身立世，感受生活中的快乐。

曾子的《大学》开篇就讲了"格物、致知、诚意、正心、修身、齐家、治国、平天下"的道理，特别强调修身是内明外用的关键，是齐家、治国、平天下的前提。所以，注意改变人性中不利于感受快乐的缺陷，提高自身修养，是我们处理好家庭关系、做好本职工作、参与公共事务的基础，更是我们在这个世界上幸福生活的基础。

修身首先要修境界，要活得踏实。任何人都会对周围的生活环境产生"情感的共振"，会在意周围的人对自己这样或那样的评价，并可能按照这种评价来行事。这就是生活环境会对人产生影响的原因，也是人的攀比之心的来源。我们的很多苦恼都源于这种人性带来的攀比，这就要求我们对生活环境有清醒的认识和判断，对尘世有独立的人格和自由的思想，不在名利场中迷失自我，不在沧浪之水中随波逐流。请记住孔子的两句话："内省不疚，夫何忧何惧。""君子居之，何陋之有？"

修身其次要修心态，要活得从容。同学们，你们进入社会以后，我不担心你们能否成功，因为我相信，法大的学子通过自己的努力，一定会拥有一份属于自己的成功。我所担心的恰恰是你们急于成功，以至于你们每天都忙忙碌碌，没有时间感受生活的细节和美好，甚至都没有时间抬头仰望一下星空。其实，成功并不等于幸福，急于成功反而是快乐杀手，急功近利可能欲速则不达。正如电影《饭局也疯狂》里谭大师的那句戏谑之言，"幸福与贫富无关，与内心相连"。

修身也要修习惯，要活得自在。思维指引行为，行为渐成习惯，习惯养成性格，性格决定命运。亚里士多德曾说："我们的习惯造就了我们，卓越不是一次行为，而是一种习惯。"这里讲的习惯，不是别人点拨你的为人要有城府，而是深浅由性，待人真诚；不是别人让你羡慕模仿的夸夸其谈，而是言之有物，言行如一；不是热衷于参加各种中国式饭局，而是给自己固定的时间去运动、读书和保持业余爱好。这里讲的习惯，是从我们本性出发，获得我们内心认同，能够给我们带来快乐的习惯。

我要讲的第二点是，坚持修业济世，追求生活中的意义。

英国哲人亚当·斯密在《国富论》和《道德情操论》中分别阐述了人在经济上的利己性和在伦理上的利他性，并指出伦理上的这种"利他"的道德情操永远地根植于人的心灵深处，这是自我价值的产生原因，也是人生意义的原始来源。幸福人生只有快乐还不够，还需要有意义，还需要实现自我价值，还需要经国纬政、经世济民，有所贡献，这是人的本性所决定的。

修业首先要修社会公德，践行公序良俗。中国近代思想家梁启超在我国最早提出公德与私德之分，他讲，公德是人人相善其群，私德是人人独善其身。人生活得是否快乐主要取决于私德，人生活得是否幸福还需要公德。同学们踏入社会以后，尤其是进入公权力部门的同学，你们或掌握当事人一生命运，或决定一个行业发展，或影响一方群众生活，这就需要我们加强公德修养，尽自己努力，来升华社会公共生活，完善社会公共秩序。春秋时期，晋国执政者范宣子问鲁国大夫叔孙豹说："古人有言曰'死而不朽'，何谓也？"叔孙豹回答说："豹闻之，太上有立德，其次有立功，其次有立言，虽久不废，此之谓不朽。"立德、立功和立言，是中国古代读书人的人生理想。在这"三不朽"之中，最高层次是立德，

立德对社会的贡献要远远大于立功、立言。可以这么说，在公共事务与公共生活中树立公德，既是职业道德的要求，也是对社会的实在贡献，更是自我价值的高度实现。

修业其次要修社会责任，发扬"照一隅"精神。我曾在多个场合讲过"照一隅"精神。那是数年前，我访问韩国的一所大学，他们校长送给我一本书，名为《照一隅》，"照一隅"的意思就是照亮一个角落，他介绍这是他读中国《史记》得到的启示，"照一隅"是他的人才培养观，他希望他们大学培养出来的学生都有"照一隅"精神。照亮一隅，其实就是人生意义所在。如果将来你是一名法官或检察官，公正审理手里的每一个案子就是意义；如果将来你是一名律师，依法维护当事人的权益就是意义；如果将来你从政，造福一方百姓就是意义；如果将来你经商，对你的客户诚信服务、对你的员工负起责任就是意义；如果将来你为学，潜心治学、教书育人就是意义。无论你是居庙堂之高的贤达，还是处江湖之远的白丁，无论你是阳光，是星光，还是月光，或者是烛光，只要你有一分热发一分光，照亮了一隅，履行了自己的社会责任，那你就找到了人生的价值、生活的意义。

修业最后要修社会理想，为法制天下、公平正义而努力。中国现正处在一个转型发展时期，经济的可持续发展、政治的文明进步、社会的管理创新、文化的繁荣灿烂、国家的民主富强和中华民族的伟大复兴，还需要我们一代又一代中国人不懈努力。我们研究生身为读书人、知识分子、社会精英，要有读书人以天下为己任的境界和情怀，关心国家的发展、社会的进步和人类的文明。推进国家法制昌明、政治民主、经济发展、文化繁荣、社会和谐，不仅是法大的历史使命，同时也是我们每一位法大人的历史使命。同学们步入社会以后，既要埋头拉车，踏踏实实地做好本职工作，也要抬头看路，尽己所能推进国家法制建设和社会公平正义，在实现人类美好理想的过程中实现自我价值，收获人生的意义。

电视剧《士兵突击》里的许三多有句名言，"好好活就是做有意义的事情，做有意义的事情就是好好活。"2000多年前，罗马帝国的恺撒大帝在登上梦寐以求的权力顶峰后，也曾说过一句著名的话"这一切原来是如此空虚和无聊"。这两个时空、两种身份的两个人，说的两句看似毫无关联的话，却道出了人生的真谛：没有幸福，"神马都是浮云"；人生的意义在于你是否生活幸福。其实，正如道不远人一样，幸福也不远人，幸福就在我们身边，幸福就在我们内心。今天，就在你们中间，有一位来自韩国的博士毕业生，他叫金英俊，师从张晋藩先生。他入校时67岁，今年已70高龄。他曾任韩国高级检察官、律师，退休后来中国学习汉语，研究中国法文化。他学习认真刻苦、研究潜心致远，模范遵守校纪校规，在学生中堪称楷模。真可谓"发愤忘食，乐以忘忧，不知老之将至"。他攻读中国法制史博士学位，没有任何功利考虑，只为实现其从事中韩法文化交流的夙愿。

我想，金英俊同学就是在追求幸福，他就是一个幸福的法大人。据说，他还希望在法大继续从事博士后研究，情意甚切。金英俊同学的事例告诉我们，我们既不要醉生梦死的虚无主义，也不要忙碌奔波的功利主义，而要在快乐中体会生活，在快乐中帮助别人，在快乐中做好工作，在快乐中实现人生价值，在快乐中寻找人生意义，做一个高在境界、富有才华、帅在洒脱的"高富帅"，做一个自在行止、富有才情、美在心灵的"白富美"，做一个幸福的法大人。

做一个幸福的法大人！这就是我在同学们离校之前最想对大家说的话。

（本文节选自中国政法大学校长黄进于 2012 届毕业生典礼上的
致辞《做一个幸福的法大人》）

开始行动吧

案例：一心一意一件事"虚拟实境"

研发虚拟现实（VR）头盔的美国科技企业 Oculus Rift，2014 年 3 月获社交网站巨头"脸谱"投资 23 亿美元收购。而该企业现年 22 岁的创办人勒基一夜间成为巨富。他表示童年时收看了讲述结合现实与虚拟的经典科幻电影《黑客帝国》，得出创作灵感，承认 VR 的概念早已存在但被人遗忘多时，是他将 VR "起死回生"。

报道称，勒基自小在中产家庭长大，童年时已对科技大感兴趣，大部分时间留在屋内研究计算机及拆解家用电子游戏机。2007 年，15 岁的勒基用维修 iPhone 所赚的零用钱，购买了 6 台 3D 屏幕，并自制了首部 VR 头盔，他遇上此前科学家同样面对的问题，就是无法解决转头时的影像延误，以及佩戴时的不适与晕眩。

报道指出，勒基数月后突破难关，将立体及 360° 视角结合，扩阔镜内视野，在装置内装上更灵敏的传感器，确保影像能顺畅移动。他还研发出可欺骗视觉皮层的方法，令它以为眼前所看的是实景，成功制造首个虚拟现实体验。勒基于 2012 年从大学退学，与朋友开拓 VR 头盔事业，2013 年获 FB 创办人朱克伯格垂青。

报道还称，Oculus 将于 2015 年 9 月推出全新的 Crescent Bay 型 VR 头盔，是旗下首款内设耳机的装置。业界估计在本月 6 日至 9 日的 CES 科技展上，至少有数款 VR 头盔面世，索尼及微软或在今年内加入战场，意味 VR 头盔有机会成为科技主流。

（中新网 2015 年 1 月 4 日电，香港《文汇报》报道）

一、大学生择业的步骤和原则

（一）选择与确定目标

只有选择了正确的航向，轮船才能顺利到达彼岸；没有灯塔的指引，夜航者很可能迷失在苍茫的大海中。对大学生来说，目标就是人生计划的方向和灯塔。有了合适的目标，才能把能量汇聚到一个地方，有效挖掘人生的财富。下面是择业的五大前提。

（1）明确职业理想和职业目标。职业理想在职业生涯设计过程中起着调节和指南作用。一个人选择什么样的职业，以及为什么选择某种职业，通常都是以其职业理想为出发点的。任何人的职业理想必然要受到社会环境、社会现实的制约。社会发展的需要是职业理想的客观依据，凡是符合社会发展需要和人民利益的职业理想都是高尚的、正确的，并具有现实的可行性。大学生的职业理想更应把个人志向与国家利益和社会需要有机地结合起来。

（2）正确进行自我分析和职业分析。首先，要通过科学认知的方法和手段，对自己的职业兴趣、气质、性格、能力等进行全面认识，清楚自己的优势与特长、劣势与不足，避免设计中的盲目性，达到设计高度适宜。其次，现代职业具有区域性、行业性、岗位性等特点。要对该职业所在的行业现状和发展前景有比较深入的了解，比如人才供给情况、平均工资状况、行业的非正式团体规范等，还要了解职业所需要的特殊能力。

（3）构建合理的知识结构。知识的积累是成才的基础和必要条件，但单纯的知识数量并不足以表明一个人真正的知识水平，人不仅要具有相当数量的知识，还必须形成合理的知识结构，没有合理的知识结构，就不能发挥其创造的功能。合理的知识结构一般包括宝塔型和网络型两种。

（4）培养职业所需的实践能力。综合能力和知识面是用人单位选择人才的依据。一般来说，进入岗位的新人，应重点培养满足社会需要的决策能力、创造能力、社交能力、实际操作能力、组织管理能力和自我发展的终身学习能力、心理调适能力、随机应变能力等。

（5）参加有益的职业训练。职业训练包括职业技能的培训，对自我职业的适应性考核，职业意向的科学测定等。可以通过"三下乡"活动、大学生"青年志愿者"活动、毕业实习、校园择业及从事社会兼职、模拟性职业实践、职业意向测评等进行职业训练。

在这五个前提中，正确的职业理想居于首位。

（二）目标分解

职业生涯没有目标不行，目标太多不行，目标总变也不行。对目标的处理方法是：选择、明确、分解、组合，加上时间坐标。分解是在现实处境与美好愿望的实现之间建立可拾级而上的阶梯。大学生可以根据自己的职业目标与发展择业，采取大择业分步骤完成法，将职业目标分解成一个个具体目标，在每一学年、每一学期，甚至每个月、每个星期都有自己的小目标，然后根据具体的小目标，采取相应的具体措施，步步落实，逐一实现，最终完成职业目标。如果你的择业目标是成为一个掌握上亿元资产公司的总经理，你就要把这个总择业分成几个中期的择业，如什么时候成为一个部门的主管，什么时候成为一个部门的经理，然后再把这些择业进行进一步的细分，使它成为直接可操作的具体计划。

目标可以按性质分解，也可以按时间分解。

（1）按性质分解为外职业生涯目标与内职业生涯目标。外职业生涯目标包括工作内容目标、职务目标、工作环境目标、经济收入目标、工作地点目标等。而内职业生涯目标侧重于职业生涯过程中的知识、经验的积累，观念、能力的提高和内心感受，主要包括：观念目标、掌握新知识目标、提高心理素质目标、工作能力目标、工作成果目标、处理与其他人活动关系的目标等。我们在分解和组合自己的职业生涯目标时，外职业生涯目标与内职业生涯目标是同时进行的，而且内职业生涯目标是应该重点掌握的内容。

下面是某公司营销部经理制定的一份职业生涯目标。

职务目标：金牌营销总监

2002 年至 2004 年　公司营销总监

2004 年至 2007 年　行业争相追捧的职业经理人

2007 年至 2008 年　金牌营销总监

能力目标：能顺畅清晰地进行即兴演讲；能冷静利落地解决突发事件；能游刃有余地处理、协调各方面的关系。

成果目标：能获得中国营销界的"金鼎奖"；能在国内权威营销类刊物上发表自己的心得和见解。

经济目标：前三年年薪以 30% 的年增长率递增。到 2008 年达到年薪 30 万元。

这份职业目标设定清晰，时间坐标也非常明确，内外职业目标如经济目标、职务目标等都很具体明确。

（2）按时间分解为短期目标、中期目标和长期目标。

短期目标的特征：目标可能是自己选择的，也可能是企业或上级安排的、被动接受的；未必由自己的价值观决定，但是可以接受；目标切合实际，具备可操作性；具体的完成时间明确，对实现目标有把握；需要适应环境；眼光瞄准现实，朝向长期目标，以"迂"为直；接受已经发生的事实。

中期目标的特征：结合自己的志愿和所在单位的环境及要求制定目标；基本符合自己的价值观，充满信心，且愿意公之于众；目标切合实际并有所创新；能用明确的语言定量说明；有比较明确的时间，且可做适当的调整；对目标实现的可能性作过评估；可以利用环境；具有全局眼光；与长期目标一致；改变有可能改变的事情。

长期目标的特征：目标是自己认真选择的，和社会发展需求相结合；非常符合自己的价值观，为自己的选择感到骄傲；有实现的可能，并有挑战性；能用明确语言定性说明；在一定时间范围内实现即可；对实现目标充满渴望；立志改造环境；有长远眼光；目标始终如一，长期坚持不懈；创造美好未来。

职业生涯目标择业，应从一生的发展写起，然后分别定出十年，五年、三年、一年计划，以及一月、一周、一天的计划。计划定好后，再从一天、一周、一月计划实行下去，直至实现你的一年目标，三年目标，五年目标、十年目标。

下面是从事物流管理工作的张先生在 2015 年制定的职业生涯目标。

职务目标：
2018 年 6 月　本公司物流经理
2019 年 6 月　专业公司高级物流经理
2020 年 6 月　跨国公司首席物流总监
成果目标：
2018 年 4 月　第三方物流项目正式启动
2019 年 6 月　拥有自己的股份、期权公司
2020 年 6 月　引进最先进国家如美国、日本等的物流项目
经济目标：
2018 年 6 月　年薪 10 万元
2019 年 6 月　年薪 30 万元
2020 年 6 月　年薪 50 万元

该目标分解清晰、方向一致且具有很强的可实现性。目标中包括短期目标、中期目标和长期目标。

（三）目标组合

目标组合是处理不同目标相互关系的有效措施。如果只看到目标之间的排斥性，就只能在不同目标之间作出排他性选择；如果能看到目标之间的因果关系与

互补性，就会积极进行不同目标的组合。目标组合的方式有以下三种。

1. 时间上的组合

（1）并进组合。是指同时着手实现两个现行的工作目标（如有的企业行政总监实际在进行人力资源经理和行政经理两项工作），或指建立和实现与目前内容不相关的预备职业生涯目标（如一个秘书为了今后的发展，在做好本职工作的同时业余学习新闻专业的硕士课程）。做好本职工作的同时学习另一个专业的知识，使本专业和相关技术专业同时发展。建立和实现本职工作以外的目标是居安思危、具有长远眼光的表现，需要具备较强的时间管理能力和学习上的毅力。

（2）连续组合。是指一个目标实现之后再去实现下一个，连续而有序地实现各个目标。一般而言，较短期目标是实现较长期目标的必要支撑。因为目标的期限性是相对的：随着时间的推移，长期目标成为中期目标；中期目标成为短期目标；短期目标成为近期目标。只有完成好每一个近期目标才能实现最终目标。

2. 功能上的组合

功能上的组合是使目标之间形成因果关系或产生互补作用。

（1）因果关系组合。通常情况下，内职业生涯是原因，外职业生涯是结果。比如能力目标的实现，将有利于职务目标的实现；职务目标的实现，会带来经济目标的实现。因此，要想实现因果组合，就需要我们不断更新知识，树立新观念，然后去实践，这样我们的实践能力就提高了，职务提升，业绩突出，报酬也就会不断增加。

（2）互补作用组合。就是把存在互补关系的目标进行组合。如某管理人员希望在成为一个优秀的部门经理的同时得到 MBA 证书，这两个目标之间存在着直接的互补作用，实际的管理工作为 MBA 的学习提供实践的经验和体会，而MBA 学习又为实际的管理工作提供理论和方法。

3. 全方位组合

全方位组合已超出职业的范畴，它涵盖了人生的全部活动，指个人事务、职业生涯和家庭的均衡发展，相互促进。这就要求我们在建立职业生涯目标时，应考虑自己在个人发展、家庭生活和职业生涯中的各种愿望。完美的择业并不把生活中的其他内容排斥在外，而应在生活中建立不同目标间的协调关系。

参考

张华大学毕业后去一家大型国企工作，他在 2007 年开始的时候为自己制定了如下一系列职业目标。

职务目标：三年内做大型国企总经理助理，五年后成为一家商学院的讲师并成立自己的企业，担任总经理。

能力目标：三年内精通电子、电器和网络技术。了解、掌握通信与计算机网络技术相关的最新技术的发展趋势，协助总经理管理企业并不断取得发展，成为行业内的成功企业家。

成果目标：在两年后完成题目为"企业与企业环境改造"的课题并出版专著。

经济目标：三年后年薪达到 5 万元，五年后年薪达到 8 万元。

从这份职业目标中可以看出，张华有全面发展的志向，既想成为一位企业家又想成为一位优秀的管理方面的讲师，这是一个很好的目标组合。因为当讲师是一个总结思考的过程，当总经理是一个实践的过程。能力目标、成果目标和经济目标比较协调统一。

二、择业的方案与制定

1. 制定发展策略

你可以问自己：我所学的专业和准备从事的职业能帮助我实现人生的主要目标吗？理想的择业，应该是跨入大学之时就开始进行。只要你有了目标，任何时候开始你的择业都不晚。大学生的个人学业和职业发展计划可以是一个两年计划，也可以是一个五年计划、十年计划。不管属于何种计划，都应该能够回答以下问题。

（1）我要在未来的两年、五年或十年内实现哪些学业和职业的个人具体目标？

（2）我要在未来的两年、五年或十年内获得什么学位或达到何种程度的谋生能力，甚至积累多少资金？

（3）我要在未来的两年、五年或十年内有怎样的生活方式？

在制定具体策略时，建议注意以下几个问题。

（1）为什么这个目标对我而言是最可能的？

（2）我将如何达成这一目标？

（3）我将分别在何时进行上述每一项计划？

（4）有哪些人将会或应该帮助我共同进行此项计划？

（5）对我而言还有哪些不能解决的问题？

2. 参加职业训练

大学生应考虑如何在调整好专业及选修科目的学习的同时，积极参加有益的职业训练。当前，大学生进行的职业训练较少，即使是职业测评，也只是在 20

世纪 80 年代末才出现，直到 90 年代末才有少部分人开始运用它为自己择业作参考。职业训练包括职业技能的培训，对自我职业的适应性考核，职业意向的科学测定等。目前，高校组织大学生参与的暑期"三下乡"活动、大学生择业活动、大学生毕业实习工作，以及鼓励有条件的学生利用假期到父母或亲戚朋友单位实习等都是职业训练很好的形式。大学生通过参加有益的职业训练，努力提高自己的综合能力，因为综合能力与专业知识的积累同样重要。因此，大学生在择业时，应注意培养从事某行业岗位的基本能力和某些专业能力，即重点培养满足社会需要的决策能力、创造能力、社交能力、实际操作能力、组织管理能力和自我发展的终身学习能力、心理调适能力、随机应变能力等。

3. 考虑三个要素

择业我们的职业生涯，需要考虑的要素：一是时间段；二是生涯目标；三是资源配置。

（1）时间段。从时间段来看，择业一般分为近期（1 年以内）、短期（2~5 年）、中期（6~10 年）、长期（11~20 年）和最终 5 个时间段。

（2）生涯目标。从生涯目标来看，在每个时间段内需要明确这些目标：财务目标（有多少存款和不动产）、职业目标（职位与职务）、家庭目标（婚姻与子女教育）、个人生活目标（健康与休闲）。

（3）资源配置。实现这些目标所需要的资源可分为两类：时间和金钱。因此在各阶段的择业中，还要包括自己的时间和金钱有多少比例用于实现上述职业目标、家庭目标和生活目标。只有在资源配置与生涯目标相匹配的时候，这些目标才是可以实现的。

4. 择业制定的方法

择业并不如某些书上所说的那样玄机无限，只要你对自己有一个基本认识，同时掌握一定的方法，你也能对自己择业、为自己的职业生涯发展画一个蓝图。许多职业咨询机构和心理学专家进行职业咨询和择业时常常采用的一种方法就是有关五个"What"的归零思考模式：从自己是谁开始，然后顺着一路问下去，共有 5 个问题：

（1）What are you？

（2）What do you want？

（3）What can you do？

（4）What can support you？

（5）What you can be in the end？

回答了这 5 个问题，找到它们的最高共同点，你就有了自己的择业。

对于第一个问题"我是谁？"应该对自己进行一次深刻反思，有一个比较清醒的认识，优点和缺点都应该一一列出来。

第二个问题"我想干什么？"是对自己职业发展的一个心理趋向的检查。每个人在不同阶段的兴趣和目标并不完全一致，有时甚至是完全对立的。但随着年龄和经历的增长而逐渐固定，并最终锁定自己的终生理想。

第三个问题"我能干什么？"则是对自己能力与潜力的全面总结，一个人职业的定位最根本的还要归结于他的能力，而他职业发展空间的大小则取决于自己的潜力。对于一个人潜力的了解应该从几个方面着手去认识，如对事的兴趣、做事的韧劲、遇事的判断力，以及知识结构是否全面、是否及时更新等。

第四个问题"环境支持或允许我干什么？"，这种环境支持在客观方面包括本地的各种状态，如经济发展、人事政策、企业制度、职业空间等；在主观方面包括同事关系、领导态度、亲戚关系等，两方面的因素应该综合起来看。有时我们在做职业选择时常常忽视主观方面的东西，没有将一切有利于自己发展的因素调动起来，从而影响了自己的职业切入点。而在国外通过同事、熟人的引荐找到工作是最正常也是最容易的。当然我们应该知道这和一些不正当的"走后门"等歪门邪道有着本质的区别。这种区别就是这里的环境支持是建立在自己的能力之上的。

明白前面4个问题，就会从各个问题中找到对实现有关职业目标有利和不利的条件，列出不利条件最少的、自己想做而且又能够做的职业目标，那么第5个问题"自己最终的职业目标是什么？"就有了答案。下面我们对某高校的计算机专业女生的职业选择和职业目标确定作一次分析，或许能够启发许多和她一样的同学。

参考。

某高校女生，计算机专业，在临近毕业时常常对自己的职业动向难以选择。就现在来说计算机专业属于热门，找一份差不多的工作并不难，但由于自己是女生，在就业时肯定不如同班的男生，同时自己对教师的职业比较喜欢。在这种存在多种矛盾的情况下，我们不妨和她一起进行一次有关择业方面的认真思考，并通过对其职业前途的择业确定其就业方向：

What are you？

某重点高校计算机专业毕业生；优秀学生干部，学业成绩优秀。英语过国家六级；辅修过心理学、管理学；参加过高校演讲比赛，拿过名次；家庭状况一般，既不属于有钱之类，也不是生活拮据的那种。父母工作稳定，身体健康，暂时还不需要有人特别照顾；自己身体健康；性格上不属内向，但也不是特别活跃，喜

欢安静。

What do you want？

很想成为一名老师，这不仅是儿时的梦想，而且比较喜欢这种职业；其次可以成为公司的一名技术人员；如果出国读管理方面的硕士，回国成为一名企业管理人员也是可以接受的。

What can you do？

做过家教，虽然不是自己的专业，但与孩子交流有天生的优势，做家教时当学生成绩进步时很有成就感；当过学生干部，与同学相处比较好。组织过几次有影响的大型活动；实习时在公司做过一些开发，虽然没有大的成就，但感觉还行。

What can support you？

家里亲戚推荐去一家公司做技术开发；GRE考得还可以，已经申请了国外几所高校，但能不能有奖学金还很难说，况且现在签证比较困难；去年曾有几家学校来系里招聘教师，但不是当老师，而是要去学校做技术维护，今年不知会不会有学校再来招聘教师；有同学开了一家公司，希望自己能够加盟，但自己不了解这个公司的具体业务，也不知道它有多大的发展前途。

What you can be in the end？

最后的选择可能四种，分别如下。

（1）到一所学校当老师，自己有这方面的兴趣和理想，在知识和能力方面并不欠缺。在素质教育大趋势下，与师范类专业相比，自己有专业方面的优势，讲授知识时可以让学生了解更多的前沿知识，特别是现在计算机在中学生中有了相当的普及和基础，并且自己有信心成为学生心目中理想的好老师；不足的就是缺乏作为一名教师的基本训练及一些技巧，但这可以逐步提高。

（2）到公司做技术人员，收入上会好一些，但通过近几年的发展看，这种行业起伏较大，同时由于技术发展较快，得随时对自己进行知识更新。压力较大，信心不足，兴趣也不是很大。

（3）去同学的公司，丢掉专业从最底层做起，风险较大，这与自己求稳的心理性格不符，同时家庭也会有阻力。

（4）如愿获得奖学金，能够出国读书，回国后还是去做一名企业管理人员。不确定因素较多，且自己可把握性较小，自己始终处于被动状态。

单纯从职业发展上看，这4种选择都有其合理性，但如果从个体而言，第一种选择显然更符合她本人的职业取向。从心理学上看，选择第一种能够使得她得到最大的满足，在工作中也最容易投入，做出一定的成绩后会有很大的成就感。从职业前途看，教师这个职业也日益受到社会的尊重，社会地位呈上升趋势。从性格上看这种职业也比较符合她的职业取向。主要困难是非师范生进入这个职业的门槛比较高，如果她能够在确定自己的最终目标后努力去弥补在职业技巧方面的差距，那么她实现自己的职业理想将为时不远。

视点○

关注女大学生择业体系构建

女大学生的个人职业生涯择业在一定程度上反映出她们对自己的社会价值定位。金融风暴使大学生的就业形势更加严峻，在进行择业的过程中，由于缺少有效的指导，女大学生存在不少认识偏颇之处，在就业环境和自身心态的双重挤压下陷入误区。目前，在我国，关于女大学生职业生涯择业的问题仍然缺乏令人满意的解决机制。女大学生择业体系的构建呼唤高校和社会各界的共同关注，只有以良好的择业体系做后盾，女大学生才能在初涉职场之时打好有准备之仗。

（一）女大学生择业误区分析

1. 角色定位存在偏差

由于受传统文化氛围的影响，女大学生会有意识地用传统的性别角色来要求自己、规范自己，使择业不能超越传统的女性角色定位。长期以来，舆论强调女性应同时扮演好家庭主妇和职业女性两种角色，要求女性首先是贤妻良母，然后才是事业成功的职业女性。女性如果为了事业而忽略家庭，就会遭受来自家庭和舆论的双重指责。当事业与家庭之间出现矛盾时，舆论压力通常促使女性放弃事业而成全家庭。社会对女性的这种双重角色期待和以家庭为重的评价标准给女大学生造成了巨大的压力，极大地影响了她们的择业心理。

2. 职业期望值不当

由于对就业市场了解不够客观、全面，女大学生在择业时不能正确衡量自己在就业市场上的价值，导致职业期望值偏高或偏低。这部分女大学生要么好高骛远，漫无目的地追求高薪酬、高福利的工作，要么盲目自卑，不能充分认识个体的优势而一味夸大自身不足，滋生出害羞、忧郁、失望等负面情绪，影响职业选择。过高或过低的职业期望值会使女大学生在走向社会后产生一系列不适应感，令她们对未来感到失望，对自己失去信心。

3. 职业方向不明

不少女大学生对自己未来的职业方向把握不准，对自己喜欢做什么（兴趣、价值观等）、能够做什么（专业知识、技能、工作经验等）、适合做什么（性格、气质、智商、情商等）、擅长做什么（语言表达、逻辑推理、数字运算等）都缺乏明确的认知。为了亲身体验职场，积累"工作经验"，女大学生课余从事各种兼职工作（如家教、促销员和业务员等），但由于没有明确的职业方向做路标，

她们的社会实践往往遍地开花，多有"量"的积累而鲜有"质"的提高。

4. 职业进取心不足

女大学生对家庭和社会有一种难以割舍的依赖性，她们的"等""靠"心理严重，在择业时缺乏主动性。一些女大学生缺少现代知识女性应有的自立自强精神，内心深处存有"夫贵妻荣"的藤蔓意识和依附心理。"工作好不如嫁得好"成为一部分女大学生不言自明的共识，女大学生临毕业"不忙工作忙征婚"的新闻在近一时期屡见不鲜。另外，那些愿意迈出求职步伐的女生又钟情于工作的稳定和安逸，以便为未来的家庭生活留出较大的空间，其进取心和发展意识不足。

5. 价值取向趋于扭曲

作为知识女性中最年轻最富有朝气的群体，女大学生的价值取向一直引人注目。尽管出于自强的心理，女大学生肯于为自己的才能而奋斗，但内心深处依然会不由自主地听从来自家庭、朋友等多方面的暗示，而这种暗示常常会潜移默化地成为"功利"和"安乐"心理的催生因素。此外，女大学生在实际择业中常常感到社会现实与自己择业的模型差距很大，她们长期以来在学校里形成的价值观念、生活方式、定式思维、行为规范都因此受到了撞击，使她们产生不适感。

（二）构建女大学生择业体系

合理构建女大学生择业体系需要高校和社会的共同努力，具体可从以下几个方面着手。

1. 营造关怀女性的人文氛围

在我国，女性与男性享有平等劳动就业权利的原则早已在《宪法》《劳动法》《妇女权益保障法》等法律中有明确体现，但这些法律在可操作性上还存在不足，在细节方面仍有可供完善的空间。例如，对于女性从业者达到一定比例的用人单位，可以通过立法给予它们一定的税收优惠和政策倾斜，从而鼓励用人单位吸纳女性就业，提高女大学生的就业率；建立健全生育保险制度，对孕期和哺乳期的女性实行弹性工作制，其间以国家补偿的形式消除用人单位的后顾之忧。全社会应努力为女性营造一个更公平的就业环境和更广阔的发展空间，让她们与男性一同施展才干，推动社会进步。

2. 开设针对职业生涯的"女性课程"

"女性课程"是针对女性受教育者的特殊生理、心理和社会际遇特点而设置的。女大学生的择业、就业和择业问题是全社会普遍关注的焦点，女大学生自身对这个问题也感迷茫和困惑。许多女生的就业意识模糊，谋职技巧更是欠缺，很难适应就业市场的环境。高校开设"女性课程"有助于从校园起步加强女大学生的求职能力，全面提高女大学生的基本素质和职业素养，为她们培养自己的终身职业能力做好充分的准备。

3. 加大心理辅导工作的力度

女大学生的心理问题主要集中在学习、人际关系、自我意识、恋爱等几个方面，高校可以针对这几个重点问题开展对女大学生的心理辅导工作。个体心理辅导、朋辈心理辅导、团体心理辅导等方式都可能根据具体情况运用到辅导过程之中。心理辅导可以对女大学生在择业过程中出现的困惑给予及时的疏导，防止她们走入误区。

4. 推进自我认知测评建设

自我认识是女大学生择业的第一步，它是一个非常复杂的过程，必须借助心理测量学科的研究成果，利用科学的手段进行测评。自我认知测评建设的主要内容是人员建设和测评手段建设。目前，国内的测评工具大多从国外引进，翻译的质量和中西方文化的差异使这些工具的信度和效度均大打折扣。因此，开发研制以我国文化为背景，以女大学生为常模的高信度、高效度、本土化的测评工具显得尤为重要。

5. 建立健全职业信息咨询渠道

女大学生在寻求自己职业理想的过程中必须熟悉外在的工作环境。高校要积极致力于各种信息渠道的建设，以帮助女大学生们迅速、准确地获得第一手的社会发展信息资料，使她们准确把握职业理想的方向。信息咨询渠道的建设包括两个部分：主渠道建设，如报纸、网站、布告栏、招聘会、课堂、座谈会等的组织和完善；非主渠道建设，如中介机构、校友会、社会团体、实习机构等社会力量的协助和配合。

6. 加强择业咨询建设

由于女大学生缺乏社会经验，对未来的职业世界只有笼统、模糊的感性认识，她们对择业的理解难免存在不足之处，高校只有加强面向个体的、个性化的咨询辅导才能满足女大学生的择业需求。职业咨询辅导可以视学校的具体情况设立在就业指导机构或心理健康教育机构，由经验丰富的专业咨询人员从事这项工作。除了个别咨询外，高校也可以针对一些具有普遍性的话题进行团体咨询。

7. 建立电子化跟踪档案

学生的成长轨迹往往暗示着他们的职业走向。高校应分年级、分专业为全校学生建立电子化的跟踪档案，详细记录每个学生的特长、爱好、经历及优缺点等，根据择业教育的进程，对学生的档案进行补充，以便导师、辅导员依据学生的成长情况对每个学生进行个别的指导，帮助其做出合理的择业。

8. 建立择业评估体系

在学生自愿的情况下，高校可通过调查问卷、讨论、实际操作等方式对大学

生的职业技能、职业理想、职业道德等进行评估。学校可依据评估结果对学生的职业目标和发展方向予以校正性的引导，使其得到及时的补救和完善。

9. 构建女大学生成才的支持系统

心理学研究表明，成就动机、人格特征、家庭价值观和社会文化环境是女性成就大小的决定性因素。许多成功女性的经历告诉我们，来自家庭和社会文化环境的支持对促进女大学生成才是非常重要的。因此，我们的家庭和社会应该为女大学生的自身发展和价值实现营造更为平等、宽松的成长环境。

三、做好时间管理

在一切资源中，时间是最稀有的资源，又是最易损失、最易流失的资源。时间具有不可替代性，物质资源不足可以借贷，人才缺乏可以招聘，唯有时间租不到、借不到、买不到。时间还具有不可逆转性，它无法储存，也无法转让。自然法则公平合理地将时间均衡地分配给每个人，一天 24 小时，一小时 60 分钟，一分钟 60 秒，谁也不多，谁也不少，但使用起来的效果却大相径庭。在同样的时间里，有的人获得了成功，有的人一无所获。凡是有志于创新立业的人，对时间都有极强的责任心。邓小平同志在深圳视察时肯定了"时间就是金钱，效率就是生命"的口号。这一口号不仅是深圳特区多年来经济建设高速发展的经验总结，而且反映了现代经济和科学发展的客观要求，也说明时间管理已经引起了国家的重视。

随着社会主义现代化建设的发展，每个人都面临着如何对待时间的问题，而且越来越多的人将受到时间需求爆炸的影响。那么，怎样才能有效地控制这种难于应付的局面呢？实现管理的现代化必须首先实现人的自身管理的科学化。而其关键则是探索时间管理的规律，掌握时间管理的诀窍，这样才能有效地利用自己。

当然，学会并掌握这种时间管理的诀窍，绝不是使我们的生活永远处于一种高度紧张的状态，整天马不停蹄地紧张工作绝不是我们今天所提倡的工作作风。我们的目的是使每个人都能够用最少的时间，做更多的工作，以增加工作的效率，从而使自己获得更多的闲暇时间，从事自己喜好的工作和娱乐；使自己的生活节奏轻松明快，鲜明而富有弹性。

（一）树立时间观念

时间运筹是知识爆炸时代对成功者的要求。据统计，近 10 年的发明创造，比以往两千年的总和还多，而发达国家的大学毕业生，在毕业 4 年后，其知识已经有 50% 过时，6 年左右就全部过时了。在这种情况下，如果不想被时代抛弃，能够把握自己的工作及生活，就必须不断学习以提高自己。而这就要求必须能够

264

合理掌握、运用时间，才有可能在工作、家庭、学习之间取得平衡。与此同时，现在是一个讲效率、讲信用的时代，一个经常迟到或者效率极低的人，往往代表着能力低下、不尊重别人、责任感差等不良素质，必定与成功无缘。

（二）管理时间的方法

虽然我们每个人的时间都是每天 24 小时，但若运用得当，每天就能够获得 28 小时甚至 32 小时。发明家爱迪生相当注意时间的使用效率，因此在他 79 岁时，他说自己这么多年对于时间的使用相当于一个已活了 135 岁的人。所以，合理运用、管理时间，就相当于延长我们的生命。我们可以用以下几种方式来提高自己的时间利用率。

1. 时间管理分类法

时间管理分类法的基本原理就是抓住工作的 80% 的价值，集中 20% 的组成部分这一法则，运用"关键的事情占少数，次要的事情占多数"这一规律，根据其价值不同而付出不同的努力来定量管理自己的时间支出，其目的在于用一分的努力达到八分的效果。这是一种分类管理、重点控制的管理方法。

2. 时间管理记录统计法

时间管理记录统计法的原理就是针对无形劳动人员的时间管理的现状，把数理统计的方法应用于无形劳动人员的时间管理中，通过时间耗费记录的试样抽取获得时间耗费的真实信息，并应用反馈原理组成一个封闭的回路。对时间记录进行综合分析，判断时间耗费的整体特征及浪费状况，哪些时间耗费是无用的，哪些是必要的，哪些是经过调整可以节约的，进而反馈于下一个循环，提高时间的利用率和有效性，改进时间的管理。

3. 时间管理目标法

时间管理目标法的原理就是运用控制论和反馈原理把目标管理的方法应用于时间管理上，起到预控时间的作用，从而达到预定的目标，提高工作的有效性。

4. 时间管理信息法（全面时间管理法）

时间管理信息法是针对人们时间管理现状的微观原因，从成功人才的时间运筹中，总结出人们取得成功所应具备的时间管理的素质，而进行自我训练的一种方法。

（三）时间统计表

苏联昆虫学家柳比歇夫每天都要统计自己的时间，这是一个很好地了解自己如何使用时间的方法。我们可以将自己每天做的所有事情列表，并标明所用时间，经过一段时间的记录后，你也许会惊叹：我居然浪费了那么多时间！我们可以自行设计一个统计表，将每天每个时间段所做的事情填进去，可以将其精确到分钟。经过一段时间的记录，进行总结，可以发现自己时间使用的效率及所浪费的时间。

长期进行统计，还可以以此为依据来检验自己时间管理的效果。注意要经常回顾、修正自己的时间统计表，不断反馈使用效果，总结经验，然后使用更有效的时间管理模式。

（四）计划并科学地使用时间

仅树立起时间管理的概念并不能使你真正合理地运用时间，还要学会计划并且科学地使用时间。通过我们对自己使用时间的计量，可以看出每天必须做的工作，根据自己的情况有计划地做这做那，并给每件事情设置时限，要求自己在什么时间段、多长时间做成哪些工作。渐渐地，你的工作及生活就会走上正轨，时间利用率就更高。

注意，进行计划时要学会科学地进行安排。我们每个人生物钟是不一样的，同样的工作，对有些人来讲上午比较容易完成，有些人则适合晚上做。一定要根据自己的情况，找出自己的时间段，利用最适合自己的方式，才会提高时间的有效性；反之，只会事倍功半。

（五）优先管理时间法

意大利经济学家柏拉图提出了"80：20"原理，也称"柏拉图原理"，指的是在整个生产过程中，起初花费 20% 的时间能够得到 80% 的产出，而剩下 80% 的时间仅仅能得到总结果 20% 的产出。这样在给定的组或者数量中，有些部分具有更高价值。这个原理广泛应用于各个领域，也包括时间管理方面。

优先管理时间就是根据事情的重要性和紧迫性将其分为 A、B、C 三类，其中 A 类占所有活动的 15%，而其贡献对总业绩应该占 65%；B 类占总任务的 20%，其价值占总价值的 20%；C 类占总任务的 65%，而仅占 15% 的总价值。在做计划时，把 A 类放在头脑最清醒、工作效率最高的时间段来完成；B 类其次，C 类放在一些身体疲劳或者边边角角的时间去完成。

（六）避免拖拉和等待

我们经常会这样想：这件事情可以等一会儿或者等明天再做；等我心情好的时候吧！等下个星期……事情就这样一天天拖了下去。请牢记这个观念："浪费时间就是浪费生命，就等于慢性自杀。"

（七）合理支配时间

1. 确定每天的"小九九"

就像刷牙一样，养成每天把要做的工作排列出来的习惯，按其重要性编上号码，一件一件往下做，力争做一件成一件。这样目标明确，重点突出，时间就会得到有效的支配，工作的效率就会提高。一个人光忙忙碌碌是不够的，问题是忙些什么。只有知道忙些什么，才能把所要做的事做好。

2. 充分利用最有效率的时间

如果把最重要的任务用一天里最有效率的时间去做，就能花较少的力气做完较多的工作。对于大多数人来说，要求环境清静和思想集中的工作最好是在上午9点以前做，而需要与人交往的任务则安排在稍晚一些为宜。人人都可以通过不断摸索来发现做某种工作最合适的时间。

3. 不要苛求做"完人"

一开始不要过于仔细认真，要求把什么事情都做得尽善尽美，没有一点纰漏。比如写文章时，发现其中有几个错别字，那就把它改正好了，不必重新誊写一遍；否则，事无巨细，把时间花在这些诸如几个错别字就得抄一遍的小事上，就不值得了。

4. 分清事情的主次

紧迫的事情不一定重要，重要的事情不一定紧迫。在日常生活中，两者往往不一致。而我们中间的许多人往往把自己的一生放在较紧急的事情上，忽视了不那么紧急但比较重要的事情，这是很不幸的。当你的面前摆着一堆问题时，不妨问问自己，哪一件真正重要，把这些作为最优先处理的问题。如果你听任自己让紧急的事左右着你，你的心理上就会充满焦虑。稍有点远见，防患于未然，也许可以保证你把时间用在达到你的目标上，而不是用于对付紧急事务上。

5. 学会说"不行"

人的精力是有限的，人的时间也是有限的，而我们每天接触的事又那么多，要想事事做好是不可能的，也是不现实的。怎么学会说"不行"吧，这就是出路。这不是消极的办法。要知道，事半功倍之道就是取决于懂得有所为、有所不为，承揽的任务太多是会影响效率的，什么都想干，那就什么也干不好。

6. 让电话为你效劳

电话可以成为极好的节约劳动力的工具，它可以在几分钟里了解到用书信需要几周甚至几个月才能了解的东西，可以替你省时、省力。打电话的时间不能太长，要长话短说，一般不要超过3分钟。

7. 为自己节省生命

省时、惜时的最佳途径，就是吸收别人的经验，看看人家是怎样安排和利用时间的，又是如何在有限的时间内发挥工作效率的。人在一生中，不但应当自己努力节约时间，而且应当向成功人学习有效地节约时间的方法，以避免摸索之中的错误。歌德说过："如果我们珍惜时间，时间也会珍惜我们的。"

8. 提高使用时间的质量

有些人也许在一丝不苟地计划着自己的时间，然而却总是收获不大，这多半

是因为你使用时间的效率不高。我们在做任何一件事情时，都要专心致志，这样才可以提高效率，如果在读书的时候想着明天的工作，而在工作的时候又考虑今天的晚饭，那结果必然是什么也做不好。另外，在花费时间做事情前也要考虑一下这件事值不值得花时间去做。比如，有的人想要成为数学家，却花了大量的时间阅读知名数学家的生平与介绍，那无论他下多少功夫，多么专注，也不可能成为一名数学家。

四、心态决定人生成败

纵观人的一生，无论择业还是立业，我们的心态在很大程度上决定了我们的成败。以下四条是心态决定人生成败的作用原理。

（1）我们怎样对待生活，生活就怎样对待我们。

（2）我们怎样对待别人，别人就怎样对待我们。

（3）我们在一项任务刚开始时的心态决定了最后有多大的成就，这比其他任何因素都重要。

（4）在任何重要组织中，人的地位越高，就越能找到最佳的心态。

难怪有人说，我们的环境——包括心理的、感情的、精神的，完全是由我们自己的心态来创造的。

心态分为两种：积极的和消极的。积极的心态能发挥潜能，能吸引财富、成功、快乐和健康。消极的心态却排斥这些东西，夺走生活中的一切，它使人终身陷在谷底；即使爬到了巅峰，也会被它拖下来。

积极心态的要素是信心、希望、诚实、爱心、踏实等，消极心态的要素是悲观、失望、自卑、欺骗等。

有这样一个故事。一个有积极心态的人被大水困住，只得爬上屋顶。邻居中有人漂浮过来说："约翰，这次大水真可怕啊。"约翰回答说："不，它并不怎么坏。"邻居有点吃惊，就反驳道："你怎么说不怎么坏？你的鸡舍已经被冲走了。"约翰回答："是的，我知道，但是我六个月以前养的鸭子在附近游泳。""但是，约翰，这次大水损害了你的农作物。"这位邻居坚持地说。约翰仍然不屈服地说："不，我的农作物是因为缺水而损坏了，但是就在上周，代理人告诉过我，我的土地需要更多的水，所以这下就解决问题了。"这位悲观的邻居再次对约翰说："但是你看，约翰，大水还在上涨，就要涨到你的窗户上了。"约翰笑得更开心了，说道："我希望如此，这些窗户实在太脏了，需要冲洗一下。"

这是个玩笑，但是透着幽默和豁达。显然，在情势不可扭转的情况下，约翰已经决定以积极的态度来应付各种情况。

百科全书上说，心态是为达到某种目的采取的心境或心理姿势。经过一段时间的积极心态训练以后，即使遇到消极的情况，你也能使心灵自动地做出积极的反映。要达到这种境界，你必须以很多良好、有利的信息来充实你的心灵，并随时保持这种状况。

大学生们在择业中，一定要明白积极的心态有助于发挥潜能，促进成功。世界冠军摩拉里就是这方面的典型。

早在少不更事、守着电视看奥运竞赛的年纪，摩拉里的心中就充满了梦想。遗憾的是，在1984年的洛杉矶奥运会和1988年的汉城奥运会上，他的梦想都没能实现。他变得很沮丧，转而到康乃尔念律师学校。有三年的时间，他很少游泳，可是心中始终有股烈焰，因为他实在无法抑制这份渴望。离1992年夏季赛不到一年的时候，他决定再试一次。在这项属于年轻人的游泳比赛中，他已届"高龄"，简直就像拿着枪矛戳风车的现代堂吉诃德。当时几乎所有人都认为，他想赢得百米蝶式泳赛，简直是异想天开。

但是，令人惊讶的是，他不仅成了美国代表队成员，还赢得了初赛。他开始加强想象，增加意想训练，在心中仔细择业赛程，不停地在头脑中"预演"赛程。到后来，不用一分钟，他就能将比赛从头到尾，像观察清晰透彻的水晶般仔细看过一遍，他相信他的速度会占尽优势。预先想象了赛程，他就信心十足地投入比赛。赛后，他如愿以偿地站到了领奖台上。凭着积极的心态，摩拉里将梦想化为现实，美梦成真。

雪莉·比维的例子也很有说服力。

雪莉·比维10岁那年，别人告诉她，她将永远不能再走路了。但是22岁那年，她以1980年美国小姐的身份走在伸展台上。雪莉11岁时遭遇车祸，左腿被轧碎，缝了一百多针，医生告诉她，她永远也不能走路了。雪莉可以坐下来放弃，许多人都可以这么做。那么她到底是怎么取得美国小姐身份的呢？奇迹深深地根植于她积极的心态之中。在车祸发生前的一个偶然事件直接影响到她对自己的看法。5岁那年，在一间小杂货店内，有个送牛奶的人看到她，并对她说，她将来会成为美国小姐。雪莉相信这个人的话，也正是这么一个积极有力的想法，催生了雪莉的积极心态，使她成为1980年的美国小姐。

带着满腔热情准备走向职场的大学生朋友们，"心态决定一切"。饱含爱、希

望和鼓励的积极心态往往能将一个人提升到更高的境界，帮助你实现一个个计划，实现宏伟的择业。反之，带着失望、怨恨的消极心态去从事那份梦想的工作，将会遭到难以忍受的打击。因此，我们一定要密切注意自己的心态，让积极的心态照耀人生之路。

五、目标修正与变通

下面将要谈到的，对我们未来的生活来说非常关键。我们已经从一个工业化时代进入到信息化时代。这种转变，对人们的生活产生很大的影响。在美国，自1989年到现在已经有36000个工作岗位消失了。同时，很多的行业也已经永远地消失了。随着科学技术的不断发展，这种现象也开始影响到世界上其他许多国家。在中国，我们已经看到很多大型企业也在纷纷减员，很多人已经下岗，商人们也感到生意变得"越来越难做"。对此我们没有必要抱怨，这实际上是社会进步和发展的表现。

全球最大的新闻机构——美国 CNN 的报道说："在 21 世纪，我们将处在一个无固定化职业的社会。"也就是说，不管是老板还是工薪族，如果自认为现有的职业或事业是可以终生不变的，那将是非常危险和不现实的想法。未来学家预测：再过 20 年，人类正在从事的职业中有相当一部分将永远在地球上消失，失业和破产会成为新时代最时髦的名词之一。当然，与此同时，也会诞生很多我们现在设想不出的新行业、新职位。

回顾历史，每当人类经历一次重大变革时，总是旧的机会在消失，同时也预示着新的机会在产生。只有那些时刻与时代保持同步的人才能够把握这些机会，从而走向成功；而那些抱着旧有观念不放的人将会逐渐被新的潮流所淘汰。20 世纪 90 年代初，当巨大的变革在美国发生时，很多美国人也不得不考虑重新择业。有一本叫《学习的革命》的畅销书曾写道："在 21 世纪，你最大的雇主将是你自己！个人择业将成为一种趋势。"20 世纪 90 年代，在美国，每天大约有 8000 个家庭开创个人事业。但很可惜，不到 5 年，就有 90% 的个人生意走向了破产。

不管是国外还是国内，个人择业都不是那么容易的，有的还很艰难。

个人择业难以成功往往有以下两个原因。

一是人们在择业初期往往缺少经验，满足现状，不思变通。

缺少经验最典型的表现就是人们在择业之初选错了行业。

比如有一位先生，本来在一家纺织厂任高级工程师。有一天他的企业倒闭了，他只好重新选择事业。在一般情况下，人们愿意选择他们熟悉的行业。他也许会承包或自己开办一家纺织厂，但是他未必就有把握能比原来经营了几十年的那家工厂搞得更好。他用习惯的思维选择了一个正在淘汰的企业或行业，也就难逃破产关门的命运。

人为什么会选错行业？因为过去的时代留给人们的最大陷阱，就是满足现状。当有一天早晨我们醒来，忽然发现自已已经失业、面临着生存的危机时，我们就不得不去考虑要个人择业。在这样一种慌不择路、饥不择食的状态下，我们被迫选择去做老板。但是，我们很可能缺乏真正做老板的眼光、思维方式和积极心态，这时我们就难免会选错行业。

二是经营者缺少精力，经营的方法又不灵活，而且还有恶意跟风者。

要搞好一个企业，至少需要 7 个环节的有效运营。这 7 个环节简称为 7 个字：人、财、物、进、销、存、产。

人，指的是人力资源，更为流行的说法是人力资本。在经营中，要始终处理好内部的和外部的方方面面的人际关系。如果处理不好人的因素，其他一切就都无从谈起。

财，指的是资金。企业需要启动资金、周转资金，不擅理财的公司是注定要破产的。

物，指的是设备和设施及相关的物资系统。例如，两家酒店有同样的装修，一个可以用七年，一个只用了三年就已经破旧不堪了，这里就存在一个物资管理的问题。

进，指的是进货，经营者要有能力低价进货，并且还要保证质量，这样才可以降低成本。

销，指的是把商品有利润地销售出去，并且营业额还要稳定地持续上升。

存，指的是库存要安全、合理。因为库存太少生意做不大，库存大了又占压资金，甚至拖垮企业。

产，指的是产品和品牌，要有科技含量高、市场又适销的产品，这样才有竞争力。

除此之外，经营者还可能会碰到一个头疼的问题：在生产出高质量、低价位的产品，并把它做成一个著名品牌后，会遭遇大量的跟风和仿制，满世界都会塞满类似的产品，并且售价比自己的出厂价还要低。此时经营者又会面临打假的问题。

以上都是择业者和守业者需要年复一年不间断处理的问题，并不是每个人都有精力长时间能做好这些事情的，缺少精力就是造成择业难以成功的又一个原因。

难以成功甚至不能成功还有其他原因。

比如说，对成功有本能的恐惧。有些人从来没有成功过，就会有本能的恐惧。

比如说，懒惰。请千万记住："在懒惰毁掉你之前，你一定要先毁掉懒惰！"

比如说，无知。比尔·盖茨曾在上海 APEC 会议上说："在知识经济时代，知识是你成功发展的基本条件。"无知就等于无能。

比如说，坏习惯。如果你选择了每天打麻将、看电视、喝酒、交坏朋友，你实际上就等于选择了失败。

有一句话说得非常好："当你远离了恐惧，远离了懒惰，远离了无知，远离了坏习惯，你就永远远离了贫穷。"

如今，几乎每一个人都已强烈地感受到了生活的压力，每一个人都将面对巨大的挑战。若干年之后，我们可能要重新选择自己的职业；有些人可能要重新定位自己的事业目标。如果我们的思想观念不能适应时代高速发展的要求，那么我们的一切就会被残酷地留在昨天。我们要学会不断地思考。在新的时代，我们要做的最重要的事是学习和改变。

当今时代，知识更新日新月异，所以我们必须制订一个终生的学习计划，不断地充实和提高自己。在大学生择业中，目标的修正与变通是不言而喻的。如果想成功，只限于学习是不够的，还必须能够变通，有变通的本领。一个人不能变通，就不可能进步，就不可能成功。

变通要从观念开始，从小事开始。这些是改变别的东西的基础。

择业应该遵循这样一个过程：学习——变通——择业。如果你毫无准备、迷迷糊糊地一脚踏入择业的大门，那就等于是掉进了泥潭。

开创个人事业之后，同样需要学习。并且，学习在这种情况下往往是急需的，带有应急的性质。经营者要用一只眼睛盯着现有的事业，用另一只眼睛随时观察这个多变的时代。不学习，不会学习，不变通，不会变通，那就会让你以往所有的努力付诸东流，择业成功不了。

总之，人生目标往往是基于特定社会环境和条件而制定或实现的，这样的环境和条件总是在变化的，确定了的目标也应该根据实际和需要进行修改和更新。对大学毕业生来说，就业环境的不断变化，使不断修正、更新自己的择业成为必需。

择业中有一条适时性和适应性的原则，择业不是一经设计就是一成不变的，它应随着社会需求的发展而变化。因此，大学生应注意职业需求变化对择业的影响，并及时收集、分析社会需求信息，随时调整好自己的择业。

心声。

十年择业一封信

听说你准备择业，我觉得应该告诉你一些事情。

无论谁失败都是一个悲剧。当然，如果有人将其当成喜剧看，那么在某种时候就可能重蹈覆辙。

（1）如果你择业的目的不是为了钱，不是为了利润最大化，那就叫慈善事业！偶尔去下敬老院就行了，不必注册公司。

（2）需要忍受孤独与诱惑。你在没钱的时候要忍受孤独，有钱之后要抵制诱惑。

（3）如果你对政策的解析与电视、报纸上的雷同，请不要择业。很明显你没有独立思考的能力。

（4）人脉不是指那些行长、局长、处长、科长。人脉是你一切可以调用的关系与资源，人是一切要素的载体。

（5）关于退路：置于死地的基本上死的比生的多。所以一定要留一条退路。不顾一切地择业，是让我钦佩却望而止步的事。考虑下家庭吧。

（6）关于资源的调配：资源应集中利用、弹性利用。战线拉得太长是失败的开始。另外，一切你所能仰仗的资源，无论是你父母的，或是你丈母娘的，都应该通通加以利用。资源永远是多多益善，切记资源不要分散、无效和浪费。

（7）不要进入不熟的行业。

（8）尽量使用成熟的技术。新技术有很多不确定性。

（9）关于父母的因素：最了解你的也许是你的父母，最不了解你的也许还是你的父母。恰当的时候要会说不！如果你是个孝子，还要研究下怎么说不！

（10）来自妻子的因素：如果有老婆，你碰到的问题是两个家庭的问题；如果没有，那就是你的问题。

（11）有大量的重要工作需要你亲力亲为，所以强壮的身体和旺盛的精力必不可少。

（12）能够坚持，你面对的不会是一帆风顺。

（13）心如止水：如果这个世界还时不时地带给你一些惊喜，请不要择业。因为你阅历不够！

（14）接触社会的时间不到 5 年不要择业。除非有稍纵即逝的机遇。

（15）按预算的 125% 准备资金，择业开始后，会有许多超出预算的地方。

（16）自信和魅力：如果你自己都不相信自己，还会有谁相信你？有时候需要背水一战的勇气、决心与魅力。输要输得像英雄，死要死得像烈士，做好这个准备！

（17）速度、连贯性，敏锐性，灵活性及创造力。

（18）战略实施步骤、经营时间表、产品生产、服务计划、成本、毛利、预期的经营难度和资源需求，要有清晰的思路。

（19）关于人的因素：这点相当重要。不管是蒙是骗还是软硬兼施，都一定要保证公司员工的相对稳定性。人员流失就像放血，开始没什么感觉，却会要你的命。

（20）合伙的生意不好做。一家独撑的压力又非常大。如今这个社会，做什

么事情的成本都很高，所以需要慎选合作伙伴。人品好坏其实关系不大，有时候只是借鸡生蛋。这笔生意也许就是五年十年，并不是相伴一生，只需要有公共的利益就好。要设立相互的约束机制，涉及了钱，什么事情都有可能发生。

（21）遇上初次做生意的人要慎重考虑，他们普遍都有浪漫主义情怀。今后的坎坷会将他变成团队中的定时炸弹。

（22）一个坏的团队能把一个好的主意运作得一塌糊涂，所以看着办吧！

（23）善谋者不战，善战者不败，善败者不乱。如果已经输了，请记住我们打麻将时常说的一句话——少输为赢。人生是算总账的，必要时要有壮士断臂的气度！

（24）要听别人的意见，不管是好的还是坏的。

（25）择业不同于炒菜，不可能等所有的配料都准备齐之后才开火做饭。

《勇敢的心》与《硫磺岛的家书》都是很好的片子。择业永远都是王者的游戏，我们需要的是试一试的勇气！

我和荀关玉教授和龚云虹教授在曲靖师范学院首次见面，非常愉快地探讨了关于大学生职业生涯管理的一些话题，希望合作撰写一本"升级版"的职业生涯教程。这本书基本上还是以我们交谈的内容为核心展开的。所以书的行文多是交谈式，没有说教，多为故事。这种形式到底好不好，还得读者朋友去体会了。

中国人才结构要与产业结构互动，需要解决人才的创业问题，高层次人才通过创业来引领新的产业发展，这是经过实践检验过的一条有效路径。然而，这个议题仅是针对高端人才，拥有技术，或者具有极强的创业精神（Entrepreneurship），好比 Alexander Bell 带来了电话及通信，Tomas Edison 带来了电灯及电力，Orville and Wilbur Wright 带来了飞机，Steve Jobs 带来了个人电脑，等等。有人问：这个世界又有几个这样的人？我们只是普通人罢了，干吗活得那么累啊！这个问题促使我们思考，假如创业的学问不是大多数人才的选择，那么什么学问是他们的选择？

答案是：择业学。"男怕入错行，女怕嫁错郎"，这是古训。难道女就不怕选错行吗？现在看来一样要面临这个难题。选择一个什么样的职业？怎样选择自己适合的职业？这是本书回答的两个主要问题。

把自己放到社会的大背景下，不要以自己为中心，而是以这个社会为中心，考虑自己的位置，这是选择职业的基本前提。恰恰很多人忽视了这一点，在择业时首先问自己：家里有没有亲戚或者熟人可以介绍一个好工作？而不是自己冷静地分析一下：我看到的这个世界，哪里是我的立足点？这么大的世界，怎么可能容不下区区一个我们！这个世界一定是公平的，只要存在，就一定有自己的空间。

记得我 20 岁时，从湖北省孝感市农业学校毕业，按照国家政策，被统一分配到老家汉川市农业机械管理局下属的农业技术推广站工作。记忆最深的是派到汉川市刁东农场原种村，做一段时间的农业技术推广，接触各种各样的农业机械，真是新鲜。我还会兽医，给农民的猪、猫、狗看病，也是很有乐趣。然而，那时心高气傲，总想干大事，哪里服气到村里干活？我们那一批学生，是从初中生里面选拔到农业学校的，每个月有国家发的粮票，饭可以管饱，不用家里交一分钱的学费，入校的时候是多么的骄傲！然而，从农村来，到农村去，何曾心甘情愿过？于是就搜寻这个世界，看看哪里还有空间？假如我到达那个理想的空间，我需要什么能力和准备？——我发现了做公务员是很多人的选择，但是对我一个学畜牧兽医的中专毕业生来说，要求显得非常高：要有理论功底，会写材料，会打字。我用了近三年的时间，我拿到了武汉大学法律专业的大专文凭，还考取了中南财经政法大学公共管理专业的研究生。不光如此，我成为《孝感晚报》的专栏作者，有些作家朋友，学会了打字（那个时候连第一代电脑"386"都没有见到过，只有四通打字机）。然后我就凭借这些，在一个偶然的机会下调到中共汉川市委组织部。后来，我借助这些基本功夫到了中共湖北省委组织部工作，中间被中央组织部组织局借去做过一个研究，然后考上武汉理工大学管理学院的博士研究生，放弃所有的工作，安心读了3年书。2006年当我30岁的时候，我选择了到交通运输部管理干部学院做一名教师。18年的时间，我从村里走出来，经历了县、省会城市、首都，现在还在美国访问学习。不断的选择，靠的是什么？是被社会选择。没有一次是想选择什么工作就有什么工作，每一次都是因为有一项工作需要一个人来干，恰好你就是这个人。

到底什么样的工作是适合自己的呢？这首先要认识自己是一个什么样的人。我经常反问自己：你了解自己吗？有时候半夜三更完成了某项工作之后，对着镜子问自己：你到底是谁？你到底需要什么？这件事情是否是你必须做的？一个人知道自己是谁，并不是一件很容易的事情。是的，有很多人不知道自己的声音是什么样子的，因为自己感觉的和真实的声音其实是两回事。有的人并不知道自己的长相，因为在心中的样子与在现实生活中的样子本来就不是一个样子。有的人并不知道自己的性格，所以在做完一些性格测量之后会突然发现自己"很不像"自己。认识自己是谁很难，但是了解自己"不是谁"却比较容易。自己不是什么样的人？自己不需要什么？自己不喜欢什么？自己不能做什么？自己不必坚持什么？这些问题的答案，决定了选择什么样的工作——那真正才是适合自己的！

择业是一门学问，与创业并肩，没有高下。研究人力资源管理、人才管理、职业生涯管理的学者，对这门学问，一直并不看重。好像这些东西没有什么理论值得研究，然而这门学问却决定着千千万万人的命运。我们试着揭开这门学问的神秘面纱，然后迎来更多的学者们参与、批评、建设。以期通过对择业学推广，影响和改变那些需要它的人们。美国人把每一个小孩都当成未来美国总统的候选人在培养，我们也假设每一名本书的读者都有可能改善自己、改变中国、创造更加美好的世界。

　　一本书是否有用，不在于每一句话，而在于读完以后能否给读者思考的空间。读者朋友们如果有什么意见和建议，完全可以和我及时交流。期待着您的互动！

　　能改变就改变，改变不了就改善，改善不了就承担，承担不了就放弃。以为后记。

赵光辉

2015 年 1 月

参考文献

［1］马克思恩格斯选集（第1卷）［M］.北京：人民出版社，1972.

［2］马克思主义基本原理概论［M］.北京：高等教育出版社，2008.

［3］邓小平.邓小平文选（第3卷）［M］.北京：人民出版社，1993.

［4］娜日斯，温宁.马克思主义的人的全面发展理论的形成与现实意义［J］.内蒙古农业大学学报，2009（4）.

［5］沈艳丽.试论马克思主义人的全面发展理论的历史轨迹［J］.经济研究导刊，2011（18）.

［6］郝军.马克思的人的全面发展理论及其当代诠释［J］.北京化工大学学报，2009（4）.

［7］陈军，李哈.中国化的马克思主义人的全面发展理论与实践［J］.武汉科技大学学报，2008（2）.

［8］史国枫，黄书进.论马克思主义人的全面发展理论的中国化［J］.社科纵横，2010（3）.

［9］庄江山.马克思主义人的全面发展理论及其当代意义［J］.兰州学刊，2009（12）.

［10］郁风.习近平的用人观［J］.人才资源开发，2012（1）.

［11］王学范.毛泽东的人才思想及实践［J］.湖北广播电视大学学报，2006（6）.

［12］王水兴，颜廷海.邓小平人才思想与人的全面发展［J］.前沿，2005（3）.

［13］程旭惠.论邓小平人才思想与"人才强国战略"［J］.前沿，2007（3）.

［14］杨凤英，杨发.江泽民人才思想初探［J］.理论探索，2004（5）.

［15］马毓新，姚芳.江泽民的人才思想及现实启迪［J］.经济与社会发展，2010（1）.

［16］肖建杰.中共三代领导集体人才观之比较［J］.社科纵横，2006（5）.

［17］刘丽萍.我党三代领导人的人才思想和人才观探析［J］.哈尔滨商业大学学报，2005（4）.

［18］张文全.浅析科学人才观的内涵与特征［J］.山东省经济管理干部学院学报，2007（3）.

［19］陈全明，张广科.试论科学人才观［J］.中南财经政法大学学报，2004（6）.

［20］沈荣华.科学人才观——对马克思主义人才思想的继承和发展［J］.中国人才，2012（1）.

［21］李智勇.牢固树立科学发展人才观　为加快建设人才强国提供理论支撑［J］.求是，2011（22）.

［22］路甬祥.科学发展［M］.北京：高等教育出版社，2006.

［23］胡雪梅.人才是科学发展的第一资源［J］.中国人才，2012（9）.

［24］邹凤岭.人才资源全球化竞争与人才资源管理创新［J］.乡镇企业研究，2012（2）.

［25］高海涛.跨越式发展——我国的现代化之路［J］.财经政法资讯，2003（4）.

［26］薛利.跨越式发展和可持续发展对航天人才的需求［J］.国防科技工业，2004（7）.

［27］王辉耀.构建我国全球化人才战略高地［J］.企业研究，2010（9）.

［28］张琪.全球化条件下人才发展的战略思想［J］.首都经济贸易大学学报，2002（4）.

［29］阿赫巴特.全球化与大学——不平等的神话与现实［J］.北京大学教育评论，2006（4）.

［30］潘蕾蕾.我国高等教育全球化发展的制约因素［J］.中国科教创新导刊，2012（32）.

［31］张婷，王续琨.人才是科学发展的第一要素——诺贝尔科学奖的启示［J］.武汉理工大
学学报，2004（14）.

［32］赵永乐.坚持人才优先发展　强力推动科学发展［J］.第一资源，2012（1）.

［33］中共中央、国务院.国家中长期人才发展规划纲要（2010—2020年）［M］.北京：人民
出版社，2010.

［34］夏雷.人才概念新思考［J］.人才开发，2008（7）.

［35］蒋阳生.什么是人才？——人才概念新探［J］.干部人事月刊，1996（2）.

［36］夏建刚，邹海燕.人才概念内涵探析［J］.中国人才，2003（4）.

［37］叶忠海，陈九华.简论列宁人才思想的基本内容［J］.扬州师院学报（社会科学版），
1983（3）.

［38］刘蔓录.对"科学技术是第一生产力"的再理解再认识［J］.马克思主义研究，2005（12）.

［39］童爱玲.发展人才主体生产力与教育创新［J］.中国高教研究，2005（3）.

［40］温志彬.基于面板数据的福建省人力资本对地区经济发展影响的研究［J］.华东经济管理，
2008（5）.

［41］石彦.经济社会发展的人才支撑［J］.中国人才，2008（1）.

［42］桂绍明.科技人才资源与经济社会发展的相关性研究［J］.科技进步与对策，2001（6）.

［43］吴永忠.科学、技术与经济之间关系的再认识——基于创新理论发展的哲学思考［J］.
北方论丛，1999（4）.

［44］何涌.企业家理论及其对发展中经济的适用性［J］.经济研究，1994（7）.

［45］李晓元.论人力资源的第一生产力作用［J］.社会科学辑刊，2003（1）.

［46］冷余生.论创新人才培养的意义与条件［J］.高等教育研究，2000（1）.

［47］蔡克勇.迈向知识经济时代　培养持续创新人才［J］.高等教育研究，2000（1）.

［48］张刚.企业技术创新的动力源与信息源［J］.科研管理，1998（4）.

［49］英特尔（我国）有限公司.人才是企业创新主体［N］.中国电子报，2008-07-22.

［50］吴江.人才是最活跃的先进生产力［N］.中国组织人事报，2012-06-01.

［51］李小岩.人才资源是人类经济和社会发展的核心资源［J］.人力资源，2006（6）.

［52］赵文生.生产力对人才竞争的呼唤——就两机风波说人才竞争［J］.生产力研究，1994（2）.

［53］张磊.西方技术创新理论的产生与发展综述［J］.科技与经济，2008（1）.

［54］张一方.知识经济时代的人才战略和社会发展结构的数理模型［J］.湖南城市学院学报（自然科学版），2004（3）.

［55］刘松汉.国际视野下的人才战略［J］.群众，2010（11）.

［56］夏国英.新时期人才的国际视野与战略思维［J］.人才开发，2001（12）.

［57］刘萍，李先保.论现代科学技术革命与人才发展［J］.中国商界（下半月），2010（12）.

［58］田文霞，宁官保，古少鹏.浅析现代科技革命与农林院校复合型人才培养［J］.山西农业大学学报，2006（12）.

［59］张礼军.现代科技革命的挑战与人才培养［J］.重庆邮电学院学报，1998（10）.

［60］李颂华，毕岩，金晓玲.现代科技革命与人才发展战略［J］.沈阳建筑大学学报，2006（8）.

［61］成长春，朱志梅.现代科学技术革命与人的全面发展［J］.南京中医药大学，2003（4）.

［62］关于进一步加强党管人才工作的意见［J］.人力资源管理，2012（11）.

［63］闫建.西方发达国家人才战略比较［J］.中共乐山市委党校学报，2006（4）.

［64］秦剑军.知识经济时代人才强国成略研［D］.武汉：华中师范大学，2008.

［65］［日］桥本寿朗.日本经济论［M］.上海：上海财经大学出版社，1997.

［66］张柏林.大力实施人才强国战略，走人才强国之路［J］.中国人才，2004（5）.

［67］王明杰，王伟英.国外人才战略的比较研究［J］.长沙大学学报，2005（3）.

［68］王祖茂.美国的人才机制［J］.当代世界，2000（9）.

［69］胡腾.德国人力资源开发启示［J］.合作经济与科技，2007（9）.

［70］陆鹏.人力资源开发战略的中外比较及其借鉴［J］.经济科学，2001（1）.

［71］周光召.知识经济与人才队伍建设［J］.决策与信息，1998（7）.

［72］颜亮，何德功，郑汉根.世界强国人才战略透析［J］.国际人才交流，2005（3）.

［73］丁溪.知识经济［M］.哈尔滨：哈尔滨工业大学出版社，2006.

［74］张国玲.我国古代人才选拔制度述评［J］.济宁师专学报，1998（2）.

［75］薛林军，马晓霞.我国古代人才选拔制度的变革及其对教育的影响［J］.山西高等学校社会科学学报，2009（7）.

［76］王晓红.我国古代人才选拔思想考略［J］.兰台纵横，2010（7）.

［77］赵蔚琴.我国古代识人方法及其启示［J］.中共福建省委党校学报，2002（6）.

［78］张兆凯.我国古代人才选拔的制度化轨迹——论先秦儒家的人才思想与选才原则［J］.株洲工学院学报，2004（3）.

［79］孙立成.我国历史上的人才思想史略［J］.北京林业大学社会科学论文集，1989（1）.

［80］黎滢.党的人才思想对我国古代人才思想的继承和超越［J］.理论导报，2010（9）.

［81］陈晶瑛.我国古代人才思想及启示［J］.中国人力资源开发，2008（6）.

［82］夏建刚，等.我国古代人才思想评析［J］.人才开发，2003（6）.

［83］刘丽.简述古代人才思想发展特点［J］.视野纵横，2010（2）.

［84］王凡.中华古代人才思想的精髓及其现代价值［J］.佛山科学技术学院学报（社会科学版），2000（1）.

［85］左建伟.论我国古代人才选拔制度的变革［J］.理论研究，2011（6）.

［86］翟居怀.我国人才选拔制度的历史探析［J］.教育与职业，2008（2）.

［87］胡树华，徐宏彬.我国历代人才制度对当今选人用人制度改革的启示［J］.湖北省社会主义学院学报，2003（3）.

［88］樊小东，侯义佳.我国古代选才用才思想对现代管理的启示［J］.中国人才，2007（6）.

［89］戴向文.对我国古代选拔人才思想的历史考辩［J］.湖湘论坛，1995（3）.

［90］陈哲夫.我国历史上选拔人才的思想［J］.北京大学学报（哲学社会科学版），1985（2）.

［91］于学强.我国古代德才兼备的用人标准的实现制度及其启示［J］.理论与改革，2011（4）.

［92］叶立青，吴晓燕.试述我国人才制度的演变［J］.建材高教理论与实践，2000（4）.

［93］邵楠.试论我国古代用人制度及其借鉴意义［J］.中共山西省直机关党校学报，2010（2）.

［94］刘远飞.儒家管理哲学的核心理念初探［J］.东莞理工学院学报，2011（2）.

［95］钱国旗.治国安邦的基本准则——儒家政治学说论要［J］.青岛大学师范学院学报，1997（1）.

［96］邓中平.浅析我国古代选官制度及启示［D］.重庆：西南政法大学，2010。

［97］刘文川，雷露.国内外科技人才情况比较分析［J］.人口与经济，2012（4）.

［98］中华人民共和国国务院.国家中长期科技人才发展规划（2010—2020年）.2010.

［99］任采文.不断提高党管人才工作科学化水平［J］.中国人才，2012（17）.

［100］李元亮.日本的人才培养［J］.人才开发，2004（3）.

［101］赵刚，孙健.自主创新的人才战略［M］.北京：科学出版社，2007.

［102］邹宏如，敖洁，李铁明.印度科技人才培养及其启示［J］.贵州大学学报（社会科学版），2006（4）.

［103］崔西斌.我国人才资源现状和可持续发展问题战略研究［D］.天津：南开大学，2004.

［104］马平轩.党管人才领导体制和工作机制分析［J］.人才开发，2008（7）.

［105］吴江.发挥党管人才的制度优势［J］.中国组织人事报，2012-12-29.

［106］马平轩.党管人才领导体制和工作机制分析［J］.人力资源开发，2008（9）.

［107］陈小平，赵国忠.人才发展战略：模型构建及对策实证研究［M］.北京：中国人事出版社，2012.

［108］邹宏如，敖洁，李铁明.印度科技人才培养及其启示［J］.贵州大学学报，2006（4）.

［109］王春法，潘铁.美国吸引国外科技人才的政策及其启示［J］.创新科技，2007（7）.

［110］白艳莉.海外人才引进：构建人力资源强国的重要路径——国际经验与启示［J］.生产力研究，2009（12）.

[111] 江峡.美国吸引全球高科技人才的政策与战略 [J].湖北行政学院学报，2007（2）.

[112] 余辉，龚炯.创新理论和企业家激励机制 [J].陕西经贸学院学报，2000（12）.

[113] 刘奇.对熊彼特创新理论的初探 [J].经营管理者，2010（21）.

[114] 王洪.西方创新理论的新发展 [J].天津师范大学学报（社会科学版），2002（6）.

[115] 张磊，王淼.西方技术创新理论的产生与发展综述 [J].科技与经济，2008（1）.

[116] 冯正刚.吸取中华智慧跳出西方创新理论模式——关于走出一条我国式创新道路的思考 [J].湖南经济管理干部学院学报，2006（1）.

[117] 雷宇，李生校.熊彼特创新理论中的企业家生成机制 [J].绍兴文理学院学报，2005（12）.

[118] 桂昭明.我国人才理论创新的发展趋势 [J].第一资源，2011（4）.

[119] 杨建君，陈波，李垣.基于能力的企业家模型及其分析 [J].预测，2002（1）.

[120] 邓春玲.借鉴西方企业家理论与实践构建我国企业家成长机制 [J].东北财经大学学报，2003（1）.

[121] 张滟，陈维政.论西方企业家理论的演变和发展 [J].商情（教育经济研究），2008（1）.

[122] 刘波，孙林岩.企业家理论分析和借鉴 [J].科技与管理，2000（1）.

[123] 段文斌.西方企业家理论评述 [J].经济学动态，1997（11）.

[124] 顾纪生.评当代西方人力资本理论 [J].世界经济文汇，1988（6）.

[125] 张祖明.人力资本理论视角下的高校人才工作机制创新 [J].郑州大学学报（哲学社会科学版），2009（1）.

[126] 郭鸿懋，陆军.人力资本理论与我国人才资源配置激励制度设计 [J].天津社会科学，1998（5）.

[127] 胡杨玲.西方人力资本理论——一个文献述评 [J].广东财经职业学院学报，2005（12）.

[128] 刘雯，唐绍欣.西方人力资本理论的新发展述评 [J].经济科学，1998（4）.

[129] 韩伟莺.西方人力资本理论研究及发展综述 [J].经营管理者，2012（19）.

[130] 潘翔.用西方人力资本理论提高我国人力资本的投资效果 [J].新疆有色金属，2004（1）.

[131] 匡素勋.论人力资源管理模式的创新——兼谈美国人才管理模式及其借鉴意义 [J].当代经济研究，2007（6）.

[132] 何熙文，王汉鹏.浅谈人力资源管理理论及发展前景 [J].经营管理者，2009（23）.

[133] 刘晓英.人力资源管理理论发展历程的回顾 [J].甘肃省经济管理干部学院学报，2008（6）.

[134] 姜仁华.人力资源管理理论及对农业科技创新人才培养的启示 [J].农业科技管理，2010（12）.

[135] 王俞.西方人力资源管理概念浅析 [J].中国人才，2003（9）.

[136] 卞灵赋.西方人力资源管理理论的中国化问题 [J].中国科技信息，2005（10）.

[137] 唐巍.中西方人力资源管理理论之管窥 [J].职业教育研究，2008（9）.

［138］张一方．知识经济时代的人才战略和社会发展结构的数理模型［J］．湖南城市学院学报（自然科学版），2004（1）．

［139］于海洋．发达国家人才战略及对我国的启示［J］．经济师，2005（6）．

［140］舒珺，穆得超，等．基于我国科技创新现状的科技人才优先发展战略探析［J］．科技管理研究，2012（1）．

［141］桂乐政．人才优先发展战略的内涵解析［J］．科技进步与对策，2012（8）．

［142］吴德贵．论人才优先发展战略方针［J］．人事天地，2010（10）．

［143］陈书洁，曹立锋．区域人才资源开发合作的主要方式研究：基于十六个区域人才开发的历史实践［J］．中国人力资源开发，2011（4）．

［144］吴坚．宏观人才资源治理结构的实证分析［J］．商业时代，2011（6）．

［145］孙建立．人才资源开发与经济发展方式转变［J］．中国人才，2012（11）．

［146］实施人才强国战略的重要抓手：国家人才发展规划12项重大人才工程全面启动实施［J］．中国人才，2011（23）．

［147］培养青年人才，提升未来人才竞争力：国家12项重大人才工程简介：《青年英才开发计划》［J］．中国人才，2011（23）．

［148］以更宽广的眼界，思路和胸襟引进海外高层次人才：国家12项重大人才工程简介：《海外高层次人才引进计划》［J］．中国人才，2011（23）．

［149］王蕊．创新人才发展的理念和途径［J］．山西高等学校社会科学学报，2011（3）．

［150］徐坚成．优化创业型创新人才发展环境的对策研究［J］．科技管理研究，2012（3）．

［151］李源潮．落实人才强国战略　创新人才发展理念［J］．中国人才，2011（13）．

［152］胡屏岗．创新·人才·发展［J］．中国审计，2004（11）．

［153］赵永乐．大力宣传和普及运用科学人才观完善党管人才工作运行机制［J］．中国人才，2012（12）．